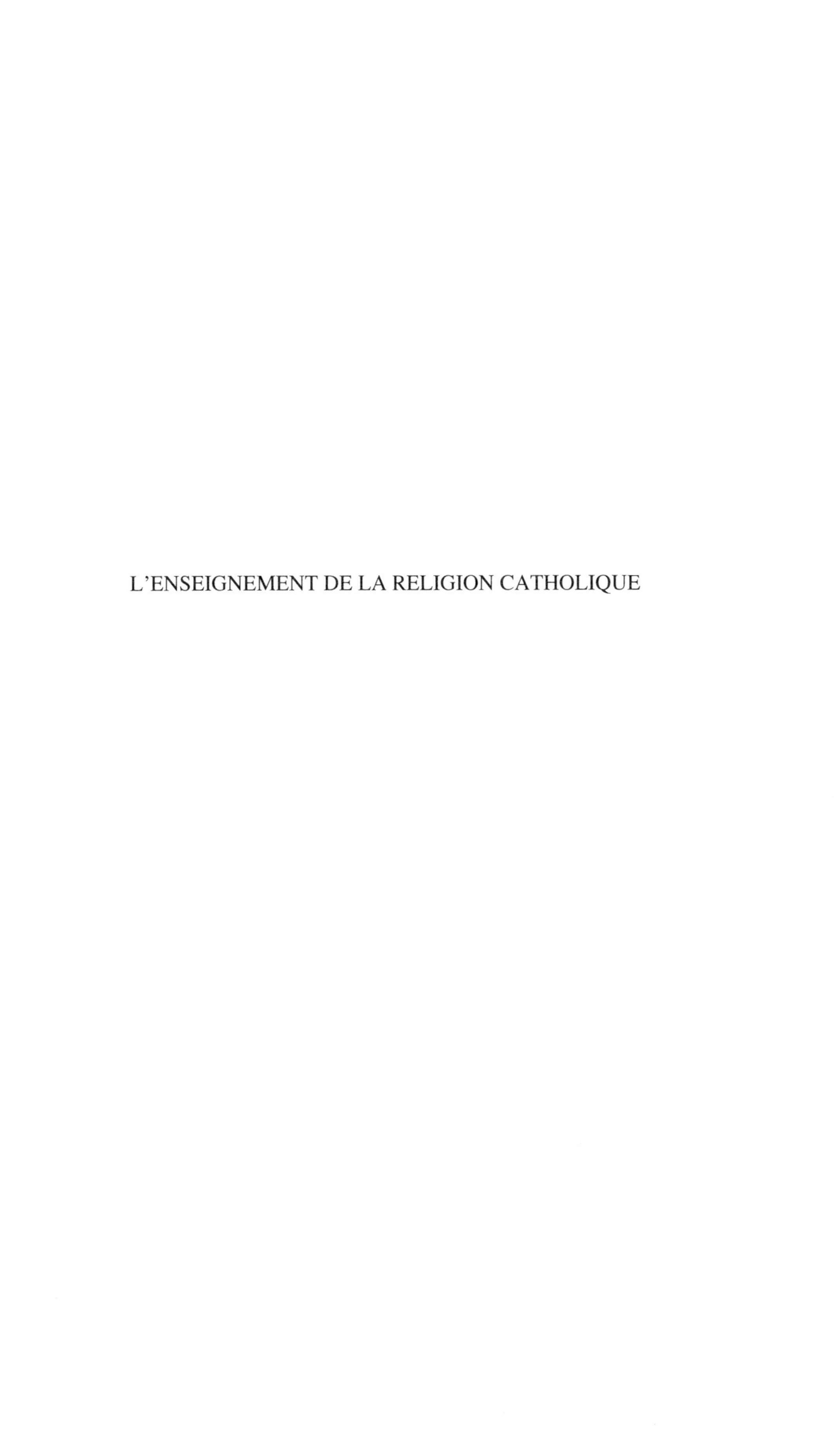

L'ENSEIGNEMENT DE LA RELIGION CATHOLIQUE

BIBLIOTHECA EPHEMERIDUM THEOLOGICARUM LOVANIENSIUM

CIX

L'ENSEIGNEMENT DE LA RELIGION CATHOLIQUE À L'ÉCOLE SECONDAIRE

ENJEUX POUR LA NOUVELLE EUROPE

Sous la direction de

J. BULCKENS et H. LOMBAERTS

LEUVEN
UNIVERSITY PRESS

UITGEVERIJ PEETERS
LEUVEN

1993

CIP KONINKLIJKE BIBLIOTHEEK ALBERT I, BRUSSEL

ISBN 90 6186 560 3 (Leuven University Press)
D/1993/1869/35

ISBN 90 6831 513 7 (Uitgeverij Peeters)
D/1993/0602/66

ISBN 2-87723-075-9 (Peeters France)

Leuven University Press/Presses Universitaires de Louvain
Universitaire Pers Leuven
Krakenstraat 3, B-3000 Leuven-Louvain (Belgium)

AVANT-PROPOS

En 1992, le *Hoger Instituut voor Godsdienstwetenschappen* (Institut Supérieur de Sciences Religieuses), rattaché à la Faculté de Théologie, a fêté son 50e anniversaire. L'Institut fut conçu au départ comme une école destinée à organiser un programme complémentaire d'études religieuses à l'intention des étudiants des autres facultés de la K.U. Leuven (Université Catholique de Louvain). À partir de 1958, le *Hoger Instituut* devint principalement un institut de formation pour les futurs professeurs de religion de l'enseignement secondaire. Jusqu'à présent, près de 1100 étudiants flamands y ont obtenu leur diplôme de licencié en Sciences religieuses (une formation de quatre ans) et quelque 700 étudiants ont obtenu un diplôme de gradué (formation de deux ou trois ans). Près de deux tiers de nos diplômés sont actifs dans l'enseignement de la religion.

Dans le cadre du cinquantenaire un colloque de deux jours s'est tenu à Leuven les 5 et 6 novembre 1992. Les organisateurs du colloque avaient choisi un thème cher à une très large majorité de nos diplômés, à savoir les récentes évolutions dans les objectifs et la légitimation de l'enseignement de la religion. Ils ont voulu s'ouvrir, dans un vrai dialogue, aux vues changeantes sur l'enseignement religieux défendues dans les pays d'Europe à la fin du XXe siècle. Face au nouveau visage de l'Europe, l'enseignement de la religion en milieu scolaire se trouve confronté à des missions et des défis nouveaux. Nous avons voulu les identifier et tenter d'y apporter une réponse. Le lecteur trouvera dans le présent ouvrage les comptes rendus des conférences, complétés par deux contributions louvanistes qui ne faisaient pas directement partie du programme du colloque.

Le recueil se compose de trois parties. La *première partie* présente la situation générale du cours de religion à l'école en Europe occidentale. H. Lombaerts analyse l'enseignement actuel de la religion à la lumière de l'interaction changée entre religion et société à la fin du XXe siècle[1]. F. Pajer présente une vue panoramique de

1. La contribution de H. Lombaerts fut préparée pour le recueil italien *L'insegnamento scolastico della religione nella nuova Europa*, éd. F. PAJER, Leumann (Torino), Elle Di Ci, 1991. Nous la publions ici avec l'autorisation de l'éditeur.

l'évolution des conceptions du cours de religion durant les dernières décennies et dans les différents pays occidentaux. Étant donné qu'en Flandre près de 75% des jeunes de 12 à 18 ans fréquentent des écoles catholiques, nous estimons qu'il est également utile de reprendre, dans cette publication, un article sur la mission éducatrice de l'Église catholique, en particulier par le biais de l'école catholique. Le canoniste louvaniste C. Van de Wiel s'est chargé de cette contribution.

Dans la *deuxième partie* du recueil, nous donnons la parole à des conférenciers provenant des pays voisins. Les évolutions qu'ont subies les conceptions de l'enseignement de la religion en Allemagne se sont largement répercutées dans toute l'Europe occidentale. Pensons au texte du synode ouest-allemand de 1974, *Der Religionsunterricht in der Schule*. R. Englert retrace l'évolution postérieure à 1974 et les nouvelles tâches de l'enseignement de la religion. J. Gallagher traite du cours de religion dans les écoles catholiques en Angleterre et au Pays de Galles. Le lecteur constatera que les nouvelles visions y suscitent également des réactions divergentes. En France, la séparation de l'Église et de l'État en 1905 a banni l'enseignement religieux des écoles publiques; seule l'Alsace-Lorraine fait exception à cette règle. Il est frappant de constater que ces dernières années on met en cause, y compris dans le camp de ladite *Laïcité*, un manque grave de connaissance de la culture religieuse. P. Lamotte retrace les causes en indiquant des pistes qui pourraient y remédier. Aux Pays-Bas, le cours de «catéchèse scolaire» évolue de plus en plus dans le sens d'un cours concernant «la conception de la vie» (*levensbeschouwing*). C. Hermans tente d'éclaircir cette évolution. Il analyse surtout comment s'articule le rapport entre révélation et expérience dans les récents ouvrages scolaires de religion.

La *troisième partie* est consacrée à la situation du cours de religion en Belgique. Les auteurs tentent surtout d'analyser si les conceptions du cours de religion qui, à l'étranger, sont principalement élaborées dans la perspective des écoles publiques, ont également droit de cité dans les écoles catholiques. J. Bulckens apporte des réflexions critiques à l'égard de l'objectif général de l'enseignement de la religion, tel qu'il est ressorti du nouveau programme de religion pour l'enseignement secondaire (1985). Cette étude théorique est suivie d'un premier compte rendu détaillé d'une enquête menée auprès de licenciés qui enseignent le cours de religion dans les écoles secondaires flamandes, principalement catholiques. Cette enquête, réalisée par quelques étudiants de l'Institut de Leuven sous la direction des professeurs J. Bulckens et D. Hutsebaut, présente des vues divergentes du cours de religion. Les données de l'enquête permettent de confronter l'élaboration des théories aux conceptions et comportements des enseignants sur le terrain. M. Simon commence son exposé sur la situation de l'enseignement religieux en Belgique francophone par une présentation détaillée d'un passé commun à la Flandre et à la Wallonie. Il montre ensuite les évolutions récentes dans les programmes d'études et les manuels scolaires de religion. Une allocution prononcée par P. Van den Berghe, évêque d'Antwerpen, a clôturé le colloque. Il démontre que l'école et l'enseignement de la religion (catholiques) doivent être entièrement à l'écoute de la Parole libératrice de Dieu mais aussi de la vérité du phénomène pédagogique.

En guise de conclusion J. Bulckens et H. Lombaerts esquissent le tableau des points sensibles où se cristallisent descriptions, analyses et prospectives.

Par ce colloque et par la publication des Actes, le *Hoger Instituut voor Godsdienstwetenschappen* a voulu prendre part au dialogue entre les différents pays occidentaux et entre les différents courants dans notre pays à propos de l'enseignement de la religion et de la définition de l'école catholique. Que ce dialogue soit un enrichissement est notre plus cher souhait.

Pour terminer, nous tenons à remercier tout spécialement le professeur émérite F. Neirynck, qui a bien voulu recevoir le recueil dans la série de la *Bibliotheca Ephemeridum Theologicarum Lovaniensium*, ainsi que le personnel administratif de la Faculté de Théologie, à savoir K. D'huyvetters, L. Kenis et B. Weynants, qui ont assuré la mise en page des textes.

Jozef BULCKENS
Herman LOMBAERTS

TABLE DES MATIÈRES

III

L'ENSEIGNEMENT RELIGIEUX À L'ÉCOLE CATHOLIQUE EN BELGIQUE

COUVERTURE:

Le Signe (1963), construction en béton armé de Jacques Moeschal (23 m. hauteur) au carrefour de plusieurs autoroutes européennes à Bruxelles.

Par sa forme mi-close elle exprime des sentiments d'accueil et d'au revoir.

I

L'ENSEIGNEMENT DE LA RELIGION À L'ÉCOLE EN EUROPE À LA FIN DU XXe SIÈCLE

RELIGION – SOCIÉTÉ ET ENSEIGNEMENT RELIGIEUX À L'ÉCOLE

L'Europe se trouve à de multiples carrefours. L'année 1992 – date symbolique – marque une nouvelle étape dans l'histoire du continent. L'Europe voit la chance de se ressaisir et de valoriser ses ressources historiques au service d'une plus grande autonomie politique et économique. En 1992, l'Europe a aussi pris congé des conséquences sinistres de deux guerres mondiales. Raisons pour fêter. Bien que modestement, car le passage de «l'Europe du monde entier aux nationalismes modernes»[1], aux États Unis de l'Europe, n'est pas sans ambiguïtés, étant donné son histoire. Le démantèlement du bloc communiste de l'Est, après plus de quarante ans de dictature, suscite bien sûr l'espoir d'intégrer les diverses cultures. Mais cet idéal est interpellé par les multiples mutations à traverser afin d'honorer un mythe très ancien. Les événements politiques récents illustrent également que la modification du rapport entre le monde capitaliste et le monde communiste affecte les relations entre l'hémisphère nord et l'hémisphère sud, d'une part, entre le monde occidental d'origine chrétienne et le monde arabe, plus proche de l'Islam, d'autre part.

Ayant été, pendant des siècles, le point de référence pour le monde entier, le Vieux Continent chrétien se trouve actuellement dans une phase historique où les certitudes du passé s'affrontent une fois de plus à l'interpellation des temps présents. Mais de quelles certitudes s'agit-il[2]? Cette nouvelle Europe, où puisera-t-elle son inspiration pour orchestrer le saut qualitatif? Comment pourra-t-elle dépasser une régression conjoncturelle due à ses options économiques et politiques?

Toutes ces transformations se sont annoncées depuis des décennies. Les secousses institutionnelles et relationnelles ont mis à nu la nécessité d'une refonte de la société. Plus particulièrement, la démocratisation de la scolarisation a créé des impasses dues à une restructuration globale de la société. L'école, investie des aspirations mythiques du

1. É. POULAT, *Liberté, laïcité. La guerre des deux France et le principe de la Modernité*, Paris, Cerf, 1988.

2. Au chap. II de *Liberté, laïcité*, É. Poulat illustre à quel point «le Royaume de Dieu et ses métamorphoses» représente quelques grandes défaites, devant lesquelles le retour modeste à l'essentiel est incontournable.

premier monde, est acculée à assumer les exigences extrêmes pour assurer l'avenir des nouvelles générations[3]. Dès l'école maternelle, la carrière scolaire est planifiée. Les options qui s'y prennent sont directement liées aux intérêts politiques et économiques de la société[4].

C'est dans ce contexte que la mise en question de l'enseignement religieux dans les écoles trouve son essor. Les débats récents à ce sujet dans les différents pays européens prouvent que la société se positionne différemment, non seulement par rapport à l'enseignement de la religion, mais surtout face à la religion en général. La révision des concordats[5], les querelles autour des horaires et des programmes[6], le désintéressement grandissant de la part des élèves et la démotivation d'un bon nombre de professeurs, n'expriment pas seulement un manque d'adaptation au monde moderne. L'ampleur de la question exige une révision fondamentale de l'enjeu même d'un enseignement religieux à l'école, lié à une mutation socio-culturelle.

Alors que la «seconde évangélisation» lancée par Jean-Paul II comme une urgence pour le monde entier, veut valoriser l'importance des racines chrétiennes pour l'unification d'un continent européen[7], une diversification pragmatique s'impose et semble indiquer que progressivement l'enseignement de la religion à l'école se distance des intentions évangélisatrices.

À titre d'introduction, ce premier chapitre veut évoquer une perspective globale, une sorte de grille de lecture, pour mieux apprécier l'appel qui nous vient de l'avenir de l'Europe en ce moment.

Trois moments de réflexion seront développés: 1. déceler le lien entre la situation socio-religieuse actuelle du continent et les changements de la société globale; 2. revaloriser le rôle de l'école dans cette société et 3. réfléchir sur l'apport spécifique de l'enseignement de la religion dans le contexte d'une scolarisation généralisée.

3. H. LOMBAERTS, *L'école chrétienne face à la société contemporaine*, dans *Lumen Vitae* 42 (1987) 369-379. Ici p. 370: «le mythe de l'excellence».

4. D. BLOCH, *Rapprocher l'école et l'économie*, dans *Études* (1987) 597-606; J.-M. BERTHELOT, *Le piège scolaire*, Paris, P.U.F., 1983; S. MOLLO-BOUVIER, *La sélection implicite à l'école*, Paris, P.U.F., 1986.

5. E. BUTTURINI, *La religione a scuola. Dall'Unità ad oggi*, Brescia, 1988; N. GALLI, *Problemi generali e specifici aperti dal nuovo concordato*, dans *Religione e scuola* 15 (1987) 504-510; ID. (éd.), *Quali valori nella scuola di stato*, Brescia, 1989, 233-277.

6. *Religionsunterricht an weiterführenden Schulen in Europa*, dans *Materialien für den Religionsunterricht an Gymnasien*, 1990/1.

7. R. LUNEAU, (éd.), *Le Rêve de Compostelle. Vers la restauration d'une Europe chrétienne?*, Paris, Le Centurion, 1989; J. DECORNOY, *L'Europe sanctifiée par Jean-Paul II*, dans *Le Monde Diplomatique*, décembre 1990, p. 10.

I. Société et Religion

Le statut et l'importance de la religion dans chacun des pays européens est le résultat d'une longue négociation historique. Il serait difficile d'émettre des énoncés qui valent pour l'entièreté du continent. Il y a pourtant des tendances qui se profilent de plus en plus dans tous les pays. Elles témoignent d'un modèle de civilisation et de culture qui se généralise. Les options socio-économiques et politiques en constituent la base. Ces conditions affectent la sensibilité aux valeurs et la quête du sens. Il est utile d'en signaler quelques caractéristiques, et d'indiquer leur impact sur le positionnement de la religion.

1. Le positionnement de la religion

De nombreux sondages s'efforcent de mettre à jour l'évolution de l'adhésion de la population européenne à une tradition religieuse particulière, de la pratique religieuse, de l'impact de la religion sur la vie quotidienne. La plus notoire de ces enquêtes est certainement l'étude réalisée par le *European Value Systems Study Group*, pour la plupart des pays européens entre 1981-1983. Elle se répète en ce moment (1991)[8]. Bien que des différences importantes existent entre les pays, et qu'à l'intérieur de chaque pays le profil des croyants est loin d'être homogène, une forte majorité de la population européenne continue à se nommer chrétienne. Les auteurs remarquent pourtant que cette population, catholiques et protestants, adopte une position plus réservée par rapport à l'institution ecclésiale et tend à sélectionner ses croyances en comparaison avec la doctrine proposée par les Églises. La courbe de la pratique religieuse continue à baisser. Et bien que l'Église garde une influence certaine dans la société, l'appartenance ecclésiale est caractérisée comme problématique. C'est comme si les chrétiens se sentaient tiraillés entre différents systèmes de valeurs et de logiques de pensée. Une analyse de l'appartenance ecclésiale a amené P.M. Zulehner à formuler l'hypothèse d'un athéisme ecclésial[9].

8. J. Stoetzel, *Les valeurs du temps présent: une enquête européenne*, Paris, P.U.F., 1983; J. Kerkhofs, *Between 'Christendom' and 'Christianity'*, dans *Journal for Empirical Theology* 1 (1988) n° 2, 88-101; L. Voyé, B. Bawin-Legros, J. Kerkhofs & K. Dobbelaere, *De versnelde ommekeer*, Tielt, Lannoo, 1992; F. Andrés Orizo, *Los nuevos valores de los españoles*, Madrid, 1991.

9. *Ecclesiastical Atheism*, dans *Journal of Empirical Theology* 1 (1988) n° 2, 5-20.

Une analyse approfondie des résultats des différentes enquêtes en France signale que les positions dures contre la religion ou l'identification radicalisée avec une tradition s'estompent. Par contre, le groupe important de personnes hésitantes ne se profile pas clairement et semble s'éloigner progressivement des institutions. Susceptible d'être affectée par de multiples influences, cette population évolue vers une incroyance de plus en plus prononcée[10].

Dans ce contexte, on ne peut sous-estimer l'importance de l'effondrement du bloc communiste en Europe de l'Est. Le pôle 'athée' de l'Europe, ayant obligé les Églises à se situer par rapport à un ennemi, vient d'abandonner sa position paranoïde. On pourrait parler d'une victoire historique. La voie s'ouvre maintenant pour rétablir la présence ecclésiale à travers le continent, en continuité avec les premiers missionnaires et encouragée par de nouvelles canonisations. Pourtant, la peur de l'ennemi continue à se cultiver, la reconquête de l'Est: «du communisme à la franc-maçonnerie». L'impact de multiples influences semblent écarter la possibilité d'une action linéaire en faveur d'une tradition religieuse ou idéologique particulière. Dans une situation pareille, les Églises de l'Est auront-elles le temps, l'espace et un accompagnement suffisamment serein pour se rendre compte de ce qui s'est passé en dehors de leurs pays durant quarante ans? Auront-elles l'assistance objectivante et la documentation appropriée pour faire l'analyse de leur histoire et la mettre en rapport avec l'évolution dans le reste du monde? Auront-elles le temps d'anticiper les implications de l'évolution probable des pays de l'Est vers le capitalisme? Il est aussi important pour les chrétiens de l'Ouest de se rendre compte selon quels modèles les Églises de l'Est ont réagi par rapport à la domination communiste[11]. Le positionnement des Églises par rapport à la société ne peut se soustraire à la conquête, non par la 'franc-maçonnerie', mais plutôt par le monde capitaliste et la modernité.

De même, on ne peut sous-estimer la nécessité d'un réajustement entre les différentes traditions chrétiennes. Certains pays ont été très marqués par la Réforme, d'autres n'en ont pratiquement pas connu l'existence. Le mouvement œcuménique pose le problème de la crédibilité du christianisme devant les options prioritaires de la société.

10. J. MAITRE et al., *Les Français sont-ils encore catholiques?*, Paris, Cerf, 1991.
11. C. ARENDS & G. VAN DARTEL (éd.), *Katholieken in Oost-Europa. Opleving, getuigenis en engagement*, Kampen, Kok, 1989.

Il insiste sur l'importance de rétablir une solidarité prophétique au service de la co-existence sur cette terre, en réponse à l'appel du Dieu de la vie, plutôt que de suraccentuer l'importance des frontières entre Églises.

Une troisième problématique semble susciter des inquiétudes dans l'optique d'une Europe unifiée. Rejoignant les préoccupations de la fin du XIXe siècle, le modernisme, la 'post-modernité' et l'influence des sectes et des cultes sont considérés comme responsables du désarroi et de la vague de déchristianisation. Devant la persistance de l'évolution du monde moderne, devant la prise de conscience, massive cette fois, des chances de vie que la société et la culture contemporaines offrent à tous, il y a toujours lieu pour certaines tendances dans l'Église de percevoir 'la crise' en termes d'une disqualification du monde. La réponse logique serait donc de renforcer l'adhésion au corps doctrinal et à une discipline institutionnelle afin de 'vaincre' le monde, tel que Abbruzzese le perçoit dans *Comunione e Liberazione*[12]. Son analyse est une des nombreuses études sur les influences réciproques entre la modernité et le christianisme en Europe[13]. L'intérêt pour les sectes ou les 'nouveaux mouvements religieux' doit être lié directement à l'impact de la crise de la modernité[14]. Ces phénomènes réclament une étude minutieuse et une interprétation nuancée pour en saisir la portée[15]. L'adulte est invité à dépasser les polarisations stériles et à instaurer un climat de dialogue et de clarifier les présupposés à partir d'où individus et groupes se positionnent par rapport à la foi. Une telle orientation réclame de nouvelles compétences pour le chrétien adulte. Elles permettront de prendre distance par rapport à une dépendance passive vis-à-vis de l'autorité d'une tradition religieuse.

12. S. ABBRUZZESE, *Comunione e Liberazione. Identité catholique et disqualification du monde*, Paris, Cerf, 1989; ID., *«Communion et libération» dans l'histoire du rapport Église-Monde en Italie*, dans *Études* 374 (1991) 107-118.

13. K. GABRIEL, *Die neuzeitliche Gesellschaftsentwicklung und der Katholizismus als Sozialform der Christentumsgeschichte*, dans K. GABRIEL & F.-X. KAUFMANN (éd.), *Zur Soziologie des Katholizismus*, Mainz, Grünewald, 1980, 201-225; F.-X. KAUFMANN, *Bewußtseins-Anpassung. Religiöse Indifferenz und Opportunismus*, dans F.-X. KAUFMANN et al., *Ethos und Religion bei Führungskraften*, München, Kindt, 1986; F.-X. KAUFMANN, *Religion und Modernität. Sozialwissenschaftliche Perspektiven*, Tübingen, Mohr, 1989; voir aussi l'ouvrage collectif édité par le Centre Thomas More: *Christianisme et Modernité*, Paris, Cerf, 1990.

14. A. TOURAINE, *La crise de la Modernité*, Paris, Cerf, 1992.

15. F. CHAMPION & D. HERVIEU-LÉGER, *De l'émotion en religion. Renouveaux et traditions*, Paris, Le Centurion, 1990.

Le débat sur l'enseignement de la religion dans les écoles n'est qu'un symptôme, mais de quelle importance, de cette mutation de la société et de la culture, à laquelle l'Europe est confrontée pour le moment. Pour en saisir les vraies racines, il est important de s'arrêter à un certain nombre d'observations et de questions.

2. *La socialisation religieuse éclatée*

La 'socialisation religieuse' des enfants et des jeunes est affectée par les mêmes facteurs contextuels. Toutes les études psycho-sociologiques de l'éducation religieuse démontrent l'importance indiscutable de la famille pour la socialisation religieuse (socialisation primaire)[16]. L'école poursuit le travail d'intégration des traditions rituelles, d'une doctrine, d'un code de comportement social, en vue d'assurer le développement d'une identité sociale et culturelle (socialisation secondaire). L'école a donc aussi une influence fondamentale pour la socialisation religieuse, mais sous certaines conditions seulement: soulignons l'importance du développement des facultés cognitives et la capacité de réfléchir sur la connaissance humaine comme telle[17]. L'intégration dans un milieu professionnel et social représente un troisième réseau de socialisation, pour les adultes, garant de continuité et de stabilité.

En Europe, il va de soi que la christianisation des nouvelles générations est assurée essentiellement par les familles et par l'école. Jusqu'il y a peu, les différentes Églises pouvaient compter sur l'apport de ces deux milieux éducatifs pour que la continuité de l'appartenance religieuse soit maintenue.

Actuellement, cette continuité est menacée. Les études sociologiques de la religion dressent un bilan complexe et nuancé qui signale l'importance de quelques modifications structurelles.

Quant au premier milieu de socialisation, bon nombre de familles s'abstiennent de plus en plus de la transmission d'une tradition religieuse à leurs enfants. Ils préfèrent remettre cette responsabilité aux professeurs attitrés. Les (jeunes) parents ne s'opposent pas à ce que leurs enfants soient initiés à une religion particulière. Mais ils

16. J. De Hart, *Impact of Religious Socialization in the Family*, dans *Journal of Empirical Theology* 3 (1990) n° 1, 59-78, H.J.M.E. Vossen, *Family Religious Socialization: A View from Practical Theology*, dans *Journal of Empirical Theology* 3 (1990) n° 1, 79-88.

17. R.L. Fetz, & K.H. Reich, *World Views and Religious Development*, dans *Journal of Empirical Theology* 2 (1989) n° 2, 46-61.

estiment que, tout compte fait, c'est l'affaire de leurs enfants. Ils choisiront quand ils auront l'âge de maturité. Dès lors, ces parents ne s'occupent plus directement de l'initiation religieuse[18]. En termes plus abstraits, les sociologues parlent d'une distanciation entre la famille et l'Église. Après la séparation entre Église et État, religion et science, état et science, la différenciation structurelle de la société se poursuit donc de façon de plus en plus globale. Cette évolution va de pair avec un ensemble de glissements dans les comportements religieux repérés de multiples façons depuis des décennies. Une baisse progressive du nombre de baptêmes à la naissance; un plus grand nombre de ruptures avec l'institution ecclésiale; la diminution de la pratique religieuse et une réserve manifeste par rapport à une appartenance ecclésiale semblent créer un vide[19]. Il en résulte une sur-charge pour l'école, pour les professeurs de religion en particulier, ce qui explique en partie 'la crise' de l'enseignement de la religion dans les écoles[20]. L'ignorance religieuse chez les élèves est souvent invoquée comme un obstacle important qui cause une démotivation chez les professeurs de religion.

Les autorités ecclésiastiques n'arrêtent pas de souligner le caractère dramatique de l'ignorance religieuse, du manque d'identité ecclésiale, de l'analphabétisme par rapport au langage religieux et l'incapacité de s'exprimer à ce sujet, de l'indifférence contagieuse par rapport à l'importance de la religion et du christianisme pour la vie quotidienne, de l'individualisme grandissant, propre à une société de consommation. La liste des disqualifications s'étend en accusant l'athéisme, l'hédonisme, le sécularisme, le matérialisme, le modernisme... comme les premiers responsables[21]. Devant un diagnostic

18. *Schulischer Religionsunterricht in einer säkularen Gesellschaft. Eine Erklärung des Zentralkomitees der deutschen Katholiken* (24/25 November 1989), dans *Herder Korrespondenz* 45 (1990) 31-36, 44.

19. F.-X. KAUFMANN, *Unbeabsichtigte Nebenfolgen kirchlicher Leitungsstrukturen. Vom Triumphalismus zur Tradierungskrise*, dans H.J. POTTMEYER et al., *Kirche im Kontext der modernen Gesellschaft*, München, Schnell und Steiner, 1989, 8-12.

20. U. SCHNEIDER, *Rollenkonflikte des Religionslehrers. Bedingungen ihrer Entstehung und Aspekte ihrer Bearbeitung*, Frankfurt, 1984; Y. SPIEGEL, *Beruf: Religionslehrer – Schwerpunkte der gegenwärtigen Diskussion*, dans *Jahrbuch Religionspädagogik*, 1985; K. KÜRTEN, *Der evangelische Religionslehrer im Spannungsfeld von Schule und Religion. Eine empirische Untersuchung*, Neukirchen, Neukirchener, 1987.

21. *Christifideles Laici*, Rome, 1988, n°s 3-6.

tellement négatif, il va de soi que les parents, les professeurs, les catéchètes se voient accusés d'avoir échoué dans leur 'mission'[22].

La 'crise' s'arrête-t-elle aux 'agents' de la socialisation religieuse? Les questions portent également sur la structure d'une interaction institutionnelle avec un environnement changeant. Et ces structures à leur tour sont directement liées à l'historicité du contenu même d'une profession de foi et de sa tradition[23]. Plutôt que de se concentrer sur un problème interne aux Églises, il y a lieu de s'intéresser davantage à l'interaction réciproque entre les Églises et leur environnement social et culturel. La théorie des systèmes invite les institutions précisément à élaborer une représentation plus complexe des interactions structurelles qui lient les membres d'une organisation ecclésiale ou religieuse entr'eux et avec l'environnement[24].

3. Réciprocité des influences

Comme F.-X. Kaufmann le fait remarquer: quand l'Église catholique met en valeur l'impact qu'elle a eu sur le continent européen et sur la culture occidentale, il est vrai aussi que la société globale, avec ses évolutions socio-culturelles, économiques et politiques, a influencé l'Église d'une façon décisive et fondamentale[25].

La perception du rapport entre le changement de la société et l'évolution du positionnement social de la religion, reflètent une complémentarité certaine. La différenciation structurelle et fonctionnelle de la société moderne a pour conséquence que le christianisme occupe une autre position dans cette société. Faisant face à ces circonstances nouvelles, le christianisme s'est davantage identifié avec l'organisation ecclésiale. Ce déplacement favorise à son tour le fait que des chrétiens cherchent plus ouvertement une émancipation personnelle concernant le sens de la vie et les valeurs. Ils adoptent une plus grande distance par rapport à l'influence de l'Église, généralement indiquée comme le

22. J. RATZINGER, *Die Krise der Katechese une ihre Überwindung*, Einsiedeln, 1983; cf. aussi U. HEMEL, *Zur katechetische Rede Kardinal Ratzingers in Frankreich*, dans *Katechetische Blätter* 109 (1984) 35-42.

23. F.-X. KAUFMANN, *Unbeabsichtigte Nebenfolgen kirchlicher Leitungsstrukturen* (n. 19), p. 12.

24. F.-X. KAUFMANN & J.-B. METZ, *Zukunftsfähigkeit. Suchbewegungen im Christentum*, Freiburg - Basel - Wien, Herder, 1987, p. 37.

25. *Unbeachtsichtigte Nebenfolgen kirchlicher Leitungsstrukturen*, (n. 19), p. 16ff; F.-X. KAUFMANN, *Zukunftfähigkeit* (n. 24), p. 37ss.

mouvement de la sécularisation[26]. En s'appropriant la représentation pratiquement exclusive du christianisme, seules les Églises se chargent de la communication religieuse dans la société. Face au déclin de la pratique religieuse et de l'appartenance formelle à une Église particulière, un retour au 'ministère sacerdotal' comme le noyau essentiel de l'identité ecclésiale est considéré comme un mouvement logique. Une bureaucratisation plus forte se met en place afin de sauvegarder la continuité de la tradition et de renforcer le pouvoir et la discipline institutionnelle.

La crise de transmission d'une tradition ecclésiale doit être située dans ce contexte. Les positionnements successifs des Églises face aux changements de la société et de la culture ont contribué à la situation actuelle. Cette thèse diffère de celle qui prétend que ce sont surtout des facteurs issus de l'environnement qui sont à l'origine d'une confusion massive et de la perte de membres effectifs et qui constituent un danger pour la continuité des Églises en ce moment.

4. Un cas d'urgence

On peut s'interroger dès lors sur la stratégie adoptée actuellement par les Églises, notamment celle qui consiste à renforcer les frontières de l'institution et à contrôler plus strictement les influences extérieures. Cette réaction veut promouvoir un retour aux certitudes et aux sécurités. Est-ce une stratégie heureuse, susceptible de relever le défi du test de crédibilité auquel les Églises se voient confrontées en ce moment? On peut s'interroger aussi sur l'efficacité de la réaction, apparemment logique, des pasteurs et de certains responsables ecclésiastiques, de vouloir se réapproprier l'enseignement religieux scolaire, en vue d'arrêter toutes les influences modernistes et sécularistes venant de l'environnement. Pour ré-évangéliser l'Europe, l'enseignement religieux devrait donner la priorité au 'spirituel'.

Quand certains adultes et certains jeunes critiquent l'aspect organisationnel de l'Église pour justifier leur prise de distance, ils en dévoilent une faiblesse réelle. Dans toute institution, l'aspect organisationnel représente une source continue de tensions. Les membres y vivent l'écart entre l'idéal, le rêve, les intérêts personnels d'une part, et

26. K. Gabriel souligne le caractère ambigu du terme 'sécularisation'. Il favorise plutôt une polarisation, introduite artificiellement, susceptible de contourner la confrontation avec la société contemporaine: *Tradierungsprobleme einer «bestimmten» Religion?*, dans *Religionspädagogische Beiträge* 25 (1990), p. 20.

d'autre part les exigences de la réalité fragile d'un projet collectif. L'Église pourrait se situer de façon plus souple par rapport aux différentes quêtes de sens, à la recherche de vérité, telles que de nombreuses personnes et groupes les mettent en œuvre dans des circonstances peu ou pas conformes à la discipline ecclésiale. Sans aucun doute, l'Église a un double devoir: se positionner clairement comme médiation de la présence divine de Jésus-Christ et protéger les frontières de son identité spécifique; valoriser et respectueusement intégrer les découvertes et les itinéraires spirituels de tant de personnes, et y discerner une trace inaperçue du Dieu de la vie.

K. Gabriel associe une certaine résistance à la deuxième préoccupation à une spirale du silence. De nombreux efforts, des expériences parfois de grande qualité, de multiples itinéraires spirituels sont passés sous silence, ou mis sous un jour de méfiance. L'attention est orientée vers des comportements et des types de réflexion moins menaçants. Il est important, selon K. Gabriel, de casser cette spirale et de reconnaître ouvertement les lieux où la présence du Christ risque de se manifester[27].

Les études historiques rassemblées par J. Delumeau sur le rôle des femmes dans la transmission de la foi constituent un dossier éloquent. Il y a lieu de s'interroger sur le sens de la discipline ecclésiale réglant le rapport de la femme chrétienne avec l'Écriture et le ministère de la prédication[28].

Devant la menace du vide, plusieurs réactions se manifestent. La tentation existe d'évacuer la perplexité, de s'accrocher à des interprétations sécurisantes et sélectives, à une relecture de l'histoire filtrée par des solutions impératives pour le dilemme du présent. À lire Danièle Hervieu-Léger, ces réactions ne manquent pas d'éloquence:

> Si le langage religieux ne 'tient' plus par lui-même, c'est qu'il n'y a plus, dans la modernité, d'ajustement possible et pensable entre l'ordre objectif du monde, l'univers collectif des significations et l'expérience subjectivement vécue du sens. Ou plutôt cette cohérence ne peut plus être présentée que comme un objectif humain, comme l'horizon continuellement repoussé d'un travail collectif. Elle n'y relève pas d'une révélation donnée une fois pour toutes. Ce qui rend précisément si fascinants ces langages perdus du sens que sont les traditions religieuses, dans une modernité incertaine de ses propres repères, c'est que, dans leur rationalité obsolète, ils mettent en évidence le caractère impérieux

27. K. GABRIEL, *Tradierungsprobleme einer «bestimmten» Religion?* (n. 26), p. 22-23.

28. J. DELUMEAU, *La religion de ma mère*, Paris, Cerf, 1992.

> du besoin individuel et collectif de cohérence. Mais dans le même temps, ils révèlent, de façon aiguë, l'impossibilité d'y apporter, sur le mode religieux, une réponse culturellement plausible. En disqualifiant «l'intellectualisation de l'expérience» qu'implique sa traduction dans un langage religieux articulé, en valorisant – contre toutes les sophistications théologiques – les manifestations sensibles de la présence du divin, les courants émotionnels contemporains tentent de contourner ce conflit structurel de la condition croyante dans la modernité. Mais on peut se demander dans quelle mesure cet évitement du conflit n'est pas, en lui-même, une expression ultime du deuil qu'ils font de cette cohérence qui s'inscrivait, de façon extrêmement articulée, dans le langage religieux traditionnel[29].

Ce qui est à l'ordre dans ce processus, c'est bien l'adaptation des groupes religieux à une nouvelle situation culturelle de la modernité: la remontée de l'émotion pourrait accompagner 'l'é-vide-ment' symbolique et la 'désymbolisation' de l'univers moderne, qui englobe au plan culturel, le mouvement de l'éviction sociale de la religion[30]. Il est plausible d'émettre l'hypothèse que de nombreuses personnes et groupes répondent à une redistribution de l'expérience émotionnelle. Un processus qui ne s'organise pas de façon 'linéaire', mais bien selon une diversité 'arborescente'. Et «dans ce débordement de l'expression affective de l'expérience religieuse, on peut lire quelque chose d'une protestation contre l'encadrement bureaucratique de l'expérience croyante personnelle»[31].

Des perplexités, il y en a de multiples qui émergent dans cette deuxième moitié du vingtième siècle. Il y a bien sûr la déstabilisation des religions institutionnelles et des systèmes idéologiques. Il y a aussi les phénomènes inquiétants de l'émergence de nombreux conflits armés dans le monde, malgré les expériences éprouvantes de ce siècle; il y a la menace de l'environnement écologique, les implications inquiétantes d'une maîtrise grandissante du début et de la fin de la vie, le danger fatal du SIDA, la production et la vente d'armes, la dépendance meurtrière des pays de l'hémisphère sud par rapport au monde occidental...

Chaque fois, il s'agit de 'cas d'urgence'. On comprend la perplexité des responsables religieux devant ces multiples situations. L'analyse de la question morale peut nous aider à clarifier notre

29. Fr. CHAMPION & D. HERVIEU-LÉGER (éd.), *De l'émotion en religion* (n. 15), p. 243.
30. *Ibid.*, p. 241-243.
31. *Ibid.*, p. 244.

attitude devant les bouleversements dans le domaine religieux. «Plutôt que se lamenter sur un contexte aussi défavorable, mieux vaut sans doute reconnaître que nous rencontrons là une des conditions inéluctables d'un jugement moral aujourd'hui. Au lieu de rêver d'une morale en béton, il faut sans doute apprendre à décider dans cette urgence et découvrir les voies par lesquelles un jugement risqué peut et doit se prendre dans le contexte de l'urgence»[32].

Par rapport aux «sociétés postmoralistes», G. Lipovetsky insiste sur l'importance d'une vigilance avertie pour discerner la tendance actuelle de «dissoudre socialement la *forme* religieuse de l'éthique; le devoir lui-même». Il s'agit d'une nouvelle logique différente de celle qui argumentait en faveur de l'autonomie de la morale vis-à-vis de la religion[33].

Les Églises se voient interpellées quant à la crédibilité quand elles se prononcent sur l'importance des dilemmes posés à l'homme contemporain. Devant les situations d'urgence, il est important de se recentrer sur l'essentiel! L'essentiel est modelé par un contexte changeant et diversifié. Plusieurs critères sont invoqués pour s'assurer une crédibilité institutionnelle. Les vocations religieuses et sacerdotales, le nombre de participants aux manifestations religieuses, l'intensité des expressions d'adhésion, la reconnaissance publique d'une autorité officielle... tous ces comportements suggèrent une attitude intérieure équivalente au présupposé même d'une religion institutionnalisée. Le risque réside dans la tentation de refuser tout questionnement des évidences propres à l'identification avec une identité collective, institutionnellement gérée.

Malgré les précautions institutionnelles, ces influences affectent les adhérents et modifient les interactions entre une organisation et son environnement.

Les chiffres indiquent qu'il ne s'agit pas d'un accident de parcours[34]. Il y a lieu de parler d'un état d'urgence, de se sentir dans

32. P. VALADIER, *Inévitable morale*, Paris, Seuil, 1990, p. 20.

33. G. LIPOVETSKY, *Le crépuscule du devoir. L'éthique indolore des nouveaux temps démocratiques*, Paris, Gallimard, 1992.

34. Voir les analyses du fonctionnement réel de l'infrastructure pastorale et catéchétique d'un diocèse, et de son 'efficacité' probable: N. DERKSEN, *Eigenlijk wisten we het wel, maar we waren het vergeten. Een onderzoek naar parochieontwikkeling en geloofscommunicatie in de parochies van het aartsbisdom Utrecht*, Kampen, 1989; M.F.M. VAN DEN BERK & R.G. SCHOLTEN, *De moeizame weg van beleren naar leren. Opzet van de katechese in de parochies van de bisdommen Haarlem en Rotterdam*, Kampen, Kok, 1989.

l'obligation d'agir. Ce sont là des indices propres à une situation *éthique*. Devant l'urgence, on fait l'expérience de l'impossibilité de faire face. On reste dans le doute concernant l'évidence du bien qui est à faire. Les nombreuses divergences témoignent de la difficulté pour beaucoup de justifier leur attitude rationnellement. «L'action s'organise à partir de l'intuition d'un mal à éviter, d'une situation insupportable à dénoncer, d'un défi à relever sous peine de conséquences incontrôlables»[35].

F.-X. Kaufmann insiste sur trois orientations importantes pour garantir une plus grande crédibilité des Églises[36]. Nous pourrions y ajouter: ce sont trois orientations qui peuvent favoriser la création d'un espace libéré de la domination organisationnelle, où la question religieuse peut se poser en toute vérité.

- Se démarquer du modèle organisationnel bureaucratique de l'État, afin d'être davantage disponible à la progression lente vers la foi et l'adhésion ecclésiale, de respecter la liberté et l'itinéraire personnel d'un chacun, de s'intéresser davantage à l'adulte en quête de vie religieuse, plutôt que de se cantonner dans des décisions d'identification totale et définitive.
- Promouvoir une théologie et une structure du ministère plus proche de la réalité concrète des communautés, afin d'éviter l'immobilisme et de stimuler le dynamisme communautaire.
- Favoriser une subsidiarité: ce qui peut être décidé et réalisé à un échelon inférieur, plus proche des personnes concernées, doit être assumé par cet échelon. Une décentralisation vers une plus grande personnalisation et autonomisation au niveau des personnes et des groupes.

L'acceptation de la contingence, de la fragilité, de la souplesse devant les divergences et le fait que 'le bien' se construit à partir de solutions imparfaites et provisoires, exige en même temps l'abstention d'une morale objectiviste. «Il n'y a pas de vie morale authentique sans l'acceptation et l'accueil de cette contingence de la pratique. Cette attitude revêt une vraie qualité religieuse car elle débusque l'individu de sa prétention à dominer le réel; elle a sans doute plus de portée spirituelle (chrétienne) que la soumission à une divinité objective, dont on serait assuré, ou que l'on se serait assurée, donc qu'on aurait dominée (idolâtrie)»[37].

35. P. VALADIER, *Inévitable morale*, Paris, Seuil, 1990, p. 24ss.
36. F.-X. KAUFMANN, *Unbeabsichtigte Nebenfolgen kirchlicher Leitungsstrukturen* (n. 19), p. 26-31.
37. P. VALADIER, *Inévitable morale* (n. 34), p. 34-35.

II. L'enjeu de l'enseignement de la religion dans l'école

Étant directement affecté par les conséquences de l'interaction réciproque entre l'Église et la société, généralement acceptée comme une évidence, l'enseignement de la religion devrait se trouver une place et un statut qui lui permettent de promouvoir l'établissement d'une nouvelle crédibilité. Une société harmonieusement intégrée à une tradition religieuse fait aussi figure d'une restructuration de l'histoire au service d'un monopole de la religion. Dans plusieurs pays de l'Europe, les réseaux scolaires étaient l'expression d'une mission des Églises, mais également d'autres systèmes philosophiques, anti-religieux ou athées. L'histoire de l'enseignement scolaire est complexe suite à l'imbrication de tant d'intérêts économiques, politiques, religieux et socio-culturels. Grâce à l'apport considérable des Églises, notamment des congrégations religieuses, l'empreinte du christianisme sur la société occidentale a pu se maintenir malgré une laïcisation militante.

1. École et société

Le conflit historique n'a pas été résolu en faveur de l'un ou l'autre de ces partenaires. Dans certains pays, le réseau confessionnel maintient sa position privilégiée et continue sa 'mission'. Mais actuellement, l'école fait de plus en plus figure d'instrument économique, politique et socio-culturel de la société. Le nouveau type de société de la fin du XIXe siècle s'est progressivement imposé dans tous les domaines, aussi dans l'enseignement. Toutes les écoles ont été obligées de tenir compte des nouveaux critères d'une socialisation scolaire généralisée, quelle que soit leur orientation confessionnelle. Les résistances ne sont que provisoires. Les exigences politiques et économiques et la modernisation devancent la justification idéologique d'une hiérarchie de valeurs ou des priorités éthiques et confessionnelles. L'école émerge donc progressivement, avec des rythmes différents, d'une polarisation. Elle s'enracine dans l'évidence que la démocratie doit s'occuper de l'enseignement scolaire. L'égalité de tous les citoyens devant le droit à l'enseignement. L'école est appellée à être 'école' au service des intérêts et des attentes partagés par une population pluraliste de la société moderne. Désormais, élèves et professeurs négocient leur statut et leur style de collaboration en fonction des enjeux de leur avenir. La référence aux systèmes culturels et éthiques, à la religion, se situe à l'intérieur de ce cadre. Ils ne s'identifient plus avec l'inspiration idéologique ou spirituelle du passé. La majorité des professeurs – laïcs bien sûr – motivent leur enseignement à partir d'une déontologie professionnelle, ce qui n'exclut pas un engagement sérieux et généreux. Mais l'espace du métier est consciemment délimité. Une éthique professionnelle contraste avec l'éthique du sacrifice et de la disponibilité entière et gratuite au service de l'enseignement et de la santé des siècles précédents.

Le projet de vie, tel que la société contemporaine est capable de le promouvoir, ne s'exprime plus en termes d'une adhésion religieuse. Le mythe de l'excellence parle le langage des carrières réussies d'une société post-industrielle et internationale. D'où le développement d'un syndrôme de compétences à acquérir par un enseignement très avancé: les langues modernes – et anciennes, les mathématiques, les sciences, la technologie, l'informatique, l'art, le tout à un niveau de haute compétence. Ce n'est plus l'Église qui propage ces rêves. La présentation est faite dans les écoles, dans les salles de cinéma, à la télévision et dans la publicité, par de grandes compagnies internationales qui en ont créé le modèle séduisant. Avec ce modèle, les jeunes sont confrontés avec l'équipement à acquérir: tel style de charme, tel sourire, telle intelligence, tel savoir-faire, tel bonheur dû au hasard inattendu, telle intimité, telle identité féminine ou masculine, tel type de maternité, tel assortiment de convictions personnelles, telle reconnaissance publique, tel univers exotique accessible à quelques-uns seulement, tel goût de vêtement, telle représentation d'une identité originale, telle... C'est par l'orchestration de la consommation qu'une nouvelle différenciation s'introduit dans la société. L'école joue un rôle important pour introduire des différences violentes: la cour de récréation et la salle de classe se prêtent facilement à une démonstration de mode, conduite par la stratégie publicitaire des grandes sociétés[38].

Devant cette situation, et cela dans tous les pays de l'Europe, le statut de la religion dans l'école est soumis à un examen historique, idéologique et juridique. Sous cet angle, l'école de demain sera

38. Voir l'analyse lucide de J. LE DU, *L'économie des désirs et le désir, en économie*, dans *Approches* 19 (1978) 53-91.

différente de celle d'hier. C'est pourquoi nous sommes invités à réinterpréter et à revaloriser l'importance de la religion pour l'enseignement scolaire. Cette question est liée à l'évolution du positionnement social de la religion au sein même de la société. Cette évolution accule tout établissement scolaire à se resituer socialement et culturellement, et à clarifier son idéologie d'appartenance. C'est pourquoi, le débat sur le rapport entre école et religion est complexe[39]. C'est pourquoi il est tellement délicat d'émettre un diagnostic.

Bien que tolérée, il est évident que la religion 'gêne'. Un énervement se manifeste par rapport à sa présence. De plusieurs côtés, et avec des stratégies différentes selon les pays ou les circonstances locales, on essaie de minimaliser son influence et son importance. Que faire de la religion à l'école? Les options sont multiples: écarter franchement la religion de l'école; lui réserver un espace et un temps précis, strictement délimité par la loi; une diversification d'enseignement religieux ou éthique par respect du pluralisme de la population; la mise en question du contenu religieux (chrétien) d'un encadrement ritualisé de la vie scolaire; la mise en question du lien direct entre l'enseignement de la religion et l'Église (catholique ou protestante); un droit de regard critique sur la façon de présenter les religions dans les manuels scolaires... De ce point de vue, l'Europe représente une mosaïque de prises de positions[40]. On comprend que devant le désarroi institutionnel et personnel, il y a lieu d'argumenter en faveur d'un retour à la mission prophétique, à la priorité du spirituel, en réponse au vide spirituel éprouvé par l'homme contemporain et par les jeunes en particulier[41].

2. *Une nouvelle culture de la scolarisation*

Durant cette deuxième moitié du vingtième siècle, nous avons été témoins d'une rupture culturelle. Préparée de longue date bien sûr, son éclatement au grand jour en a accéléré et généralisé la prise de

39. *L'Actualité Religieuse dans le monde*, 15 oct. 1988, p. 18-23.

40. F. PAJER, *L'insegnamento della religione in Europa all'inizio degli anni 90. Un bilancio dell'esistente, un quadro dell'emergente*, dans *L'insegnamento scolastico della religione nella nuova Europa*, Leumann (Torino), Elle Di Ci, 1991, 425-463; ID., *Dieu au programme pour cent millions d'élèves*, dans *Lumen Vitae* 47 (1992) 67-75. U. HEMEL, *L'insegnamento religioso in Europa. Analisi del presente e speranze per il futuro*, dans *Religione e scuola* (1986) n° 4, 162-169; ID., *Der Religionsunterricht im Europa von Morgen – Strukturen und Perspektiven*, dans *Materialien für den Religionsunterricht an Gymnasien*, 1990/1, 81-88.

41. Voir par ex. J. DE COULON, *Dieu à l'école. Les enjeux spirituels de l'éducation*, Lausanne, Faure, 1989.

conscience. Les secousses d'une perte d'équilibre se font sentir longtemps. Un processus qui comprend deux mouvements simultanés. Le deuil: prendre congé d'un certain nombre de schémas de représentation; abandonner des points de référence. La découverte: se laisser conduire par une nouvelle liberté de l'esprit, invitant à établir des liens inhabituels entre des facteurs pas ou peu connus. Une expérience pleine de risques, car il est impossible d'en maîtriser à l'avance les résultats.

C'est ce qui se présente dans le monde scolaire actuellement. Solidaire avec le tournant que prend la société européenne, dite 'sécularisée', l'école est prise dans un mouvement d'exploration d'une culture ouverte et pluraliste, d'une intégration créative et simultanée dans de multiples réseaux. Les enfants comme les jeunes sont invités à se débrouiller à partir d'une information abondante. Ils font la découverte de questions nouvelles; ils expérimentent la recherche de solutions originales et efficaces. Les professeurs se trouvent face à face avec des jeunes 'informés' sur un certain nombre de thèmes, expérimentés dans certains domaines. L'enseignement ne se pratique plus de façon unilatérale. À son tour, l'école se trouve donc devant le dilemme d'abandonner une pédagogie spéculative, centrée sur une hiérarchie de valeurs traditionnelles d'une part, et l'adoption d'un enseignement s'inspirant des priorités de la société contemporaine. Les projets de rationalisation du système scolaire qui s'effectuent dans à peu près tous les pays européens, marquent une rupture. Nous assistons à une mutation de l'école; le métier de professeur s'élabore selon d'autres critères de professionnalité. Les jeunes élèves amorcent une 'carrière' scolaire; des parents se préparent à participer à la gestion des établissements scolaires.

Qui donc a pouvoir sur l'école? Désormais il y a plusieurs maîtres à bord: la structure formelle du management scolaire bien sûr, mais aussi les agents des intérêts commerciaux et publicitaires. Les frontières entre l'école et son environnement filtrent l'interaction selon des intérêts multiples; les élèves et les professeurs se trouvent à la frontière plutôt qu'à l'intérieur de l'établissement. Cette évolution propre à l'institution scolaire réclame une présence autre, une attention différente, une collaboration entre partenaires, chacun disposant de ressources parfois étonnantes, toujours utiles pour nourrir l'apprentissage. Qui ne comprend pas que cette réalité crée des situations dangereuses, tant pour les personnes impliquées que pour l'établissement.

Quel est donc l'enjeu du débat sur l'enseignement de la religion à l'école? On risque de s'y méprendre. La question est réelle; les aspects 'techniques' méritent toute l'attention. En même temps le débat représente une problématique plus vaste: il s'agit aussi d'un symptôme. Peut-être faut-il réfléchir d'abord à la possibilité d'un apport constructif de l'école dans la société contemporaine? Ensuite, selon la logique de cette réponse, il y a lieu de préciser l'apport spécifique et unique d'un enseignement de la religion dans ce contexte. «... la véritable réponse n'est pas dans l'adjonction d'une discipline 'Enseignement des religions', mais dans une évolution de la culture scolaire et dans un rééquilibrage interne aux disciplines»[42]. L'enseignement de la religion (des religions) doit se doter d'une nouvelle base de crédibilité. Cette crédibilité est directement liée à la façon dont l'école, comme institution socio-culturelle, économique et politique, redéfinit son statut et son apport spécifique à la société. Dans la mesure où l'école peut se munir d'un modèle éducatif, capable d'offrir aux jeunes l'espace où ils peuvent intégrer de façon constructive tout ce qui les affecte dans un contexte surinformé, il se crée aussi un espace pour un dialogue intéressant avec les religions.

La tentation d'isoler le 'cours de religion' dans sa discipline propre reviendrait à saboter sa finalité au point de départ. Il est encourageant d'écouter les argumentations 'laïques' en faveur d'un cours de religion. La perspective est pourtant insuffisante. Elle vaut la peine de s'y arrêter un instant.

Le Conseil Européen de la Coopération Culturelle insiste sur l'importance de la prise de conscience par les peuples européens de leur patrimoine commun. Et ce patrimoine a une composante religieuse (et morale) qui s'impose à la raison, aussi laïque qu'elle se veuille, et qui, pourtant, est consciemment ou inconsciemment occultée. Il insiste sur l'importance d'une compréhension intercommunautaire de la dimension religieuse de son identité. Désormais, la 'religion' à l'école devrait se décliner au pluriel. L'école est le lieu-clé pour une éducation interculturelle et multiconfessionnelle.

D'où l'enjeu de combattre un 'analphabétisme religieux', un immense vide culturel dont souffre l'enseignement général dans le domaine de la connaissance religieuse. La 'raison laïque' admet aujourd'hui un enseignement non religieux des religions. Cette aspiration à ce que tous les écoliers et étudiants s'approprient une

42. G. Coq, *L'enseignement religieux à l'école?*, dans *Esprit* 147 (1989) 45-49.

'culture religieuse' émerge d'une nouvelle sensibilité dans la conscience commune de la société occidentale. L'autorité – l'imaginaire collectif – n'est plus située dans une confession religieuse. Elle n'est plus associée aux fonctionnaires d'une tradition ecclésiale particulière. L'homme contemporain se base sur l'autorité de ses compétences, pour gérer sa vie individuelle et collective. L'intégration d'un 'cours de religion' est invoquée pour des raisons humaines, culturelles, fonctionnelles[43].

L'impasse de la religion à l'école est liée à un certain nombre d'idées reçues concernant la religion, commente D. Hervieu-Léger. 1. Le croyant est censé ne pouvoir parler que de l'intérieur de sa croyance; le non-croyant est supposé combattre la croyance qu'il ne partage pas. Une situation qui empêche un climat de sérénité. 2. La religion est par excellence la question qui divise, qui dresse les individus les uns contre les autres. Cela rend le pluralisme religieux inaccessible à l'intérieur de l'enseignement religieux à l'école. 3. La demande de culture religieuse est une demande de culture 'catholique', à laquelle l'Église répond de façon inadéquate. Cela mène à une perte de culture religieuse cumulative, de génération en génération.

Le débat porte sur le statut même de la religion dans la société moderne. Le débat sur le cours de religion porte sur la valeur de l'enseignement à l'école comme quête de vérité dans un contexte socio-culturel hétéroclite. Plutôt que d'argumenter en faveur de l'école comme fournisseur de l'information religieuse nécessaire, historique, voire théologique cloisonné dans l'isolement suspect d'une 'heure de religion' – les remèdes consistent à opérer un changement qualitatif de l'enseignement[44].

Une «pluralité de regards sur le fait religieux permet à celui-ci de contribuer au mouvement même de la culture et chacun peut prendre conscience du rôle de la religion dans la culture humaine, où lui donner un éclairage plus vrai»[45]. La découverte de ce que représente la religion dépend de l'établissement d'une nouvelle 'culture scolaire' et une nouvelle politique de l'éducation. Et G. Coq de conclure:

> Il reste cependant qu'une culture scolaire renouvelée par une laïcité vivante ne saurait assumer tous les enjeux liés à la notion d''inculture religieuse'. En effet, du côté des institutions croyantes, il convient que

43. Voir les arguments présentés par Maddy Noin Ledanois et par Danièle Hervieu-Léger dans *La religion au lycée*, Paris, Cerf, 1990.
44. G. COQ, *L'enseignement religieux à l'école?* (n. 42), p. 48.
45. *Ibid.*, p. 49.

> l'Église pose clairement le problème de son inscription dans la société laïque. Peut-on dire qu'elle ait assumé ses responsabilités en matière de culture religieuse? Beaucoup a été fait en catéchèse, mais au moment où des demandes sont formulées en vue de la connaissance du message chrétien, les communautés chrétiennes ne se sont guère préparées à inventer des lieux ouverts, à offrir ce 'service de la mémoire collective'. Dans le catholicisme notamment, un anti-intellectualisme difficile à surmonter, un attachement dérisoire à l'enseignement confessionnel sont autant d'aveux de faiblesse.
> Allons plus loin: «au lieu de se crisper dans les survivances de chrétienté, il y a urgence à contribuer à construire une véritable société laïque. Cette tâche aurait dû trouver dans le christianisme de profonds serviteurs, car celui-ci n'atteint sa plénitude que dans la liberté des consciences et dans les valeurs qui structurent la laïcité»[46].

L'invocation d'une grille de lecture dualiste, polarisante est assez inquiétante[47]. Elle risque de faire taire les questions de perplexité, tellement nécessaires à une quête de vérité, et d'introduire une stratégie d'action qui risque de camoufler une perversion structurelle. L'ensemble des approches d'enseignement à l'école, y compris un cours de religion peuvent justement jouer un rôle important dans ce travail de clarification des enjeux propres à la religion[48].

III. Perspectives d'avenir

Il y a lieu maintenant d'imaginer quelques caractéristiques d'un enseignement de la (des) religion(s) à l'école, tenant compte des mutations du continent européen. Examinons successivement l'importance de la tolérance, de la dialectique, de la quête de vérité, de l'éthique de l'enseignement religieux.

1. La tolérance

Ch. Wackenheim signale l'importance de réfléchir sur l'intolérance[49].

46. *Ibid.*, p. 49. Voir aussi É. Poulat, *Liberté, laïcité* (n. 1), p. 410.
47. *Creer en tiempos de increencia. Carta pastoral de los obispos de Pamplona y Tudela*, Bilbao - San Sebastian - Vitoria, 1988.
48. Voir aussi P. Lamotte, *Guide pastoral de l'enseignement catholique*, Limoges, Droguet et Ardent, 1989, p. 181, 193, 240-241.
49. *Des religions aux idéologies: «sécularisation» de l'intolérance*, dans *Revue des sciences religieuses* 63 (1989) 117-135.

> La genèse de l'intolérance est étroitement liée à la manière dont les religions et les idéologies poursuivent un certain nombre d'objectifs, qui sont d'ailleurs commun aux uns et aux autres (p. 120). L'intérêt d'une religion ou d'une idéologie particulière d'imposer et de maintenir sa doctrine, la pratique de ses rites... oblige à protéger ses frontières, à veiller à ce que les 'membres' ne s'écartent pas du centre. L'intégration dans un contexte social, en se liant aux intérêts d'un système économique et politique peut contribuer à ce que cette préoccupation se durcisse. L'intolérance est une attitude qui non seulement dénie à l'autre le droit d'avoir des opinions et des convictions différentes, mais cherche à empêcher y compris par la force, toute manifestation de ce droit. Elle se vérifie aussi lorsque, faute de moyens, le «passage à l'acte s'avère impossible» (p. 117).

Devant l'exigence d'une ouverture, d'une écoute dans le respect, le dialogue et l'exploration commune des questions fondamentales concernant les valeurs, une éthique, une tradition religieuse s'impose. Ce serait là un des objectifs prioritaires d'une 'culture religieuse'. Il serait essentiel de préserver l'espace où l'homme et les communautés expriment leurs préoccupations éthiques et leur recherche de sens. Une communauté a droit à l'élaboration de sa cohésion et à se positionner face à l'environnement «différent», à chercher le salut, à gérer le pouvoir, à chercher la vérité. Ces préoccupations essentielles, propres à toute organisation marquée par une tradition confessionnelle ou idéologique, devraient se pratiquer dans le respect et l'intérêt mutuels. Dans cette optique 'l'intolérance' perd sa raison d'être.

2. Une dialectique honnête

Il faut être clair, on peut s'y tromper. En prenant les différentes manifestations d'un nouvel intérêt pour une culture religieuse à la lettre, on risque de se maintenir à l'intérieur du débat sur les symptômes: 'connaître' un volume d'informations; 'pratiquer' une religion; 'reconnaître' une autorité légitime et la discipline proposée...

Le volume d'informations propres à une tradition, l'exégèse des textes sacrés, la justification d'une ascèse institutionnelle recouvrent simultanément une réalité sociale et une valeur symbolique. Tout en s'informant et tout en s'appliquant à une méthode d'investigation, on travaille le matériel objectif en interaction avec sa curiosité personnelle. L'étude ne répond pas uniquement à une question d'information matérielle. Elle a une valeur herméneutique par rapport à une investigation personnelle. C'est à partir de l'articulation entre ces deux niveaux que des personnes décideront en fin de compte si oui on non elles vont apprécier et intégrer la 'matière' étudiée. L'homme intéressé à connaître une religion, une tradition éthique ou philosophique, cherche une information qui en même temps peut construire son identité et réponde à une soif existentielle de se donner des racines solides, dont l'énergie et l'inspiration sont inépuisables.

Un malentendu à propos de ce lien herméneutique entre une information objective, scientifique, académique, ascétique... et une curiosité des émotions, une perplexité irrésistible... peut préparer une rupture fâcheuse, étiquetée ensuite comme 'indifférence' par ceux qui se sentent déçus par l'absence d'un auditoire soumis au discours officiel. Une réflexion sur la dimension dialectique de la situation d'urgence s'impose avant de s'imaginer ce que pourrait devenir l'enseignement de la (des) religion(s) à l'école.

En effet, d'après P. Sloterdijk, le raisonnement dialectique souffre de deux types de perversion[50].

1. L'évolution de la dialectique comme doctrine sur le dialogue et la discussion, vers la dialectique comme ontologie. Dans cette évolution, la dialectique prétend s'approprier, avec violence s'il le faut, la totalité de l'être comme son domaine propre. Hegel a développé la dialectique comme système philosophique, comme philosophie du monde et de l'être. Un système fermé, autosuffisant, ne tolérant aucun autre système. Il s'agit d'atteindre la vérité par le choc des extrêmes. L'empirisme, la dialectique matérialiste, la conscience existentialiste, l'option de donner la priorité à la praxis, à la rationalité du possible, se sont efforcés d'échapper à la dialectique comme ontologie.

La dialectique, poussée à l'extrême, prétend qu'il y a deux partenaires engagés, dont l'un s'impose de force. Simultanément ce premier acteur se présente comme prémisse du débat et comme tierce personne, polémiste et arbitre, en privant le second acteur de sa combativité, de son intelligence, de son moment de vérité. L'antithèse ou la synthèse ne sont que camouflage de la supériorité du vainqueur, elles sont perçues comme déviantes, comme rebelles vis-à-vis de l'hégémonie établie. La dialectique est dominée, pervertie par les fantômes du vainqueur exclusif.

50. P. SLOTERDIJK, *Kritiek van de cynische rede*, Amsterdam, Arbeiderspers, 1984, p. 593-613.

2. Une deuxième forme de perversion se situe dans l'identification de la dialectique avec la philosophie d'une représentation antagoniste du monde en dualités opposées. On se réfère facilement à l'image de la vie des plantes et des lois cosmiques: la dialectique se présente en termes de développement d'une loi universelle, selon le mouvement rythmé qui maintient l'équilibre entre des pôles contraires.

Il s'agit ici d'un abus linguistique. Le moment combatif de la dialectique se transforme en rythme de phases successives propres à la vie. Elle devient une doctrine des polarités. Cette représentation naïve reste proche d'une interprétation ontologique de la dialectique. En fait, il s'agit d'un énoncé de l'ordre de la contemplation apparemment en harmonie avec le rythme de la vie cosmique. Elle invite à l'abandon. Comprendre équivaut à 'être d'accord'. Le combat du sujet n'existe plus et ne peut plus se présenter. Il n'y a que des objets en relation: l'équilibre entre pôles contraires. Qui se présente comme sujet autonome se voit arrêter au nom d'une victoire déjà accomplie. La 'réconciliation' est une nouvelle forme de domination; la synthèse revient à désarmer le second acteur.

Dans cette structure dialectique, le second pôle, l'autre, est disqualifié. Il est l'ennemi qui doit être domestiqué et nié dans sa totalité. Il s'agit d'arrêter l'autre dans ses actions, de l'emprisonner. Faire taire ce qui émerge de l'autre source, irréductiblement différente de la 'thèse'. Il faut donc procéder à la négation destructrice de l'antithèse: perturber le rythme au nom de la victoire. Il s'agit alors d'une dialectique de l'obstruction. Il en résulte que le sujet développe nécessairement une stratégie d'armement pour se donner une identité et la protéger.

L'alternative serait d'en appeler à une créativité, et de s'abstenir de cette faculté d'encombrer, d'obstruer. Développer une culture où les phénomènes rythmiques peuvent suivre leur mouvement dynamique sans être arrêtés par cette intention inhibante. Le désarmement des sujets ouvre donc des chemins vers ce que la vie pourrait être. La rationalité adulte – dialectique – dépasse la pensée exclusive. L'accès à cette conscience de soi peut s'inspirer de plusieurs types d'exploration: la réflection philosophique, l'agir communicatif, la méditation contemplative, l'expérience esthétique... De toutes façons, quant au choix, la décision rationnelle ne peut se soustraire à la vérité rythmique du corps. L'apport décisif de l'école dans un contexte diversifié réside dans la pratique d'une dialectique correcte et crédible.

3. La quête de vérité

En analysant les négociations entre Église et État concernant le statut de l'enseignement religieux dans les écoles, et tenant compte de la crise, de l'insécurité, du désarroi, de l'absence de culture religieuse et de pratique... la tentation existe pour les Églises, de se réapproprier le territoire de l'enseignement de la religion. Une chance pour la 'nouvelle évangélisation'[51]. Il serait important dans ce cas, de renforcer les frontières et de se protéger des influences nocives de l'environnement, en vue de sauvegarder le caractère unique de la tradition chrétienne et ecclésiale. C'est une option qui se défend puisque l'institution ecclésiale est responsable de la préservation de la continuité d'une identité collective.

Il y a pourtant le risque d'un malentendu. Le prétendu ennemi, identifié grâce à la polarisation dualisante, n'est pas nécessairement un ennemi. Il se peut qu'il s'agisse d'une anti-thèse qui énonce le manque de thèse, vécu comme insupportable pour l'imaginaire collectif, suscitant l'angoisse face à l'autre différent.

> ... Les grandes régions de la culture connaissent ces temps-ci des aventures diverses mais fortes. On voit des différences évidentes; la science par exemple, est plus que jamais dominante, tandis que la religion, malgré certains retours, paraît perdre encore de l'influence, ou que la philosophie, après avoir été le lieu même de l'essor scientifique, paraît de plus en plus cantonale. L'économie paraît toute puissante, au point de commander à la science même (spécialement par les budgets alloués).
>
> ... Il me semble qu'on peut au moins proposer ceci: ces régions si diverses témoignent, dans leur dispersion, d'une culture éclatée. Et cet éclatement dit la division de l'homme même, ses coupures intérieures. Nous vivons sur des scissions, entre la raison et la foi (cette grande séparation où commence la modernité), entre l'organisation et le mental, entre l'individuel et le collectif, entre le subjectif et l'objectif, entre la pensée et le sentiment, entre le naturel et le culturel, entre la tradition et le progrès, etc. Ces scissions-là sont, en leur genre, instaurantes. Elles permettent un développement inouï de chaque 'branche' devenue autonome: la médecine organique, par ex. ou les techniques de production ou l'invention esthétique individuelle etc. Mais ce développement se paie: la culture éclatée perd, et sans doute de plus en plus, l'espace premier de l'homme. Elle est de plus en plus incapable de lui donner sa demeure et sa voie[52].

51. *Schulischer Religionsunterricht in einer säkularer Gesellschaft* (n. 18), p. 35-36.
52. M. BELLET, *Dire, ou la vérité improvisée*, Paris, Desclée de Brouwer, 1990, p. 53.

Dans la confrontation avec cet autre, en traversant l'interpellation, il se peut que l'institution en sorte renforcée, purifiée, plus solide dans son identité: qu'elle reste la même, tout en se laissant transformer; se perdre pour retrouver l'originalité de l'identité à un niveau plus fondamental. L'enseignement de la religion risque de se faire piéger par la construction dualiste et de se mettre au service d'une polarisation stérile.

Tâche importante pour l'école de créer un espace où les pièges d'une dialectique 'pervertie' soient identifiés; où les élèves découvrent la valeur d'un dialogue respectueux de la progression complémentaire vers une conscience supérieure et partagée par les partenaires impliqués. L'exploration du territoire propre d'une confession particulière ne peut qu'y gagner.

On ne peut oublier que, historiquement, la tradition judéo-chrétienne s'est souvent positionnée dans 'l'antithèse' comme source d'une originalité irréductible, amorçant une transformation fondamentale du rapport avec le Dieu de la vie. Depuis, à plusieures occasions et suite à un renversement du rapport avec le pouvoir politique, l'antithèse a été transformée et durcie en thèse, avec le droit exclusif de condamner toute déviance, tout effort d'émettre une antithèse[53].

À la racine de cette observation nous retrouvons la quête de la vérité. Le rapport à la religion – pour les croyants – peut être confronté à trois moments: l'exigence de s'approprier 'ce que l'on croit'; le trouble; l'incroyance. C'est dans le deuxième moment qu'on rencontre «l'épreuve de vérité»[54]: ce que je crois n'est pas ce que je crois. Ce que je crois peut en venir ainsi à une situation critique: il y a 'de l'autre'.

> Ce qui apparaît sous l'éclatement actuel, c'est une défaite de 'Dieu' au point que l'athéisme, qui le combat, n'a plus de sens. Ce qui vient en cette place n'a pas de nom ni de référence, il se révèle que la place est nulle part et partout.
> Ainsi meurt la religion en elle-même; accablée à fond par les perversions que son système autorise aveuglément, par l'irréalité oppressive de ses prétentions universelles. Mais il se peut qu'en cette mort s'annonce justement ce qui ne peut pas mourir, l'absolument irréductible dont il était témoigné là[55].

53. Voir K. Gabriel, *Die neuzeitliche Gesellschaftsentwicklung und der Katholizismus als Sozialform der Christentumsgeschichte* (n. 13).

54. M. Bellet, *Dire* (n. 52), p. 20.

55. *Ibid.*, p. 122.

L'enseignement de la religion se voit confronté avec le conflit de l'option entre, d'une part, l'invitation à se mettre au service de l'attitude doctrinaire (qui ne supporte pas 'l'autre'), et d'autre part, l'exigence éthique de permettre que l'épreuve de vérité se vive en toute honnêteté, de permettre à chacun d'aller à la plus forte affirmation possible, à la plus grande puissance possible de ce sur quoi il fait fond[56].

L'école peut jouer un rôle important en instaurant l'espace où la quête de la vérité peut se vivre en toute honnêteté. Elle peut contribuer à faire éclater le malentendu entre l'exigence de fidélité à une profession traditionnelle qui ne reconnaît pas le sujet dans son originalité, son expérience cruciale, d'une part, et le travail de vérité qui s'impose chez les sujets à partir d'un mode d'être qui a changé, d'autre part. Elle contribue à établir la condition fondamentale de la crédibilité de toute confession religieuse[57]. Qu'il vienne à se dire ce qui ne se disait pas: une autre conscience habite sans peur l'inconnaissance. La deuxième option est plus fondamentale que faire chuter des édifices – les idées, les croyances, les règles, les habitudes, qui servaient au faux équilibre.

L'enseignement de la religion ne peut manquer ce grand passage, cette traversée d'un monde structuré selon un raisonnement faussé et interpellé par l'éclatement de la culture, vers une vérité où, «dans ma possibilité de vivre la plus concrète, et selon ses limites, se va jouer le sort de l'humanité en moi»[58].

La tâche est bien plus fondamentale que la transmission d'une connaissance doctrinale, d'une information 'neutre' à propos des grandes religions, d'une tradition particulière..., ou simplement d'un témoignage personnel. Il s'agit d'élaborer les bases essentielles pour que l'enjeu même d'une reconnaissance de Dieu apparaisse dans toute sa vérité. À partir de cette attention, il sera possible de comprendre le code de ce qui est appelée dans une tradition particulière et dans la vie personnelle «la Parole de Dieu».

> La religion est «voie profondément une, qui ne sépare pas mais réunit. Elle parle de par-delà la mort, non pour flatter l'imaginaire, mais parce que son lieu n'est pas notre mortalité. Elle donne à chacun le pouvoir

56. *Ibid.*, p. 21.

57. H. LOMBAERTS, *Texture culturelle et quête de vérité*, dans *Lumen Vitae* 46 (1991) 261-275.

58. M. BELLET, *Dire* (n. 52), p. 57. Voir aussi É. POULAT, *Liberté, laïcité* (n. 1), p. 422.

de porter ce qu'il est, de revenir de ses égarements, d'espérer dans la ténèbre. Elle ne veut entre les humains que le respect, le soin réciproque, la tendre dilection.
Elle est, pour qui la trouve, entièrement voie qui dispense la paix. Elle agit en tout mais dans l'extrême discrétion. Sa parole n'est pas envahissante et autoritaire, mais nécessaire et libre»[59].

4. L'éthique d'un enseignement de la religion

Il est de bon ton d'argumenter en faveur du maintien de l'enseignement religieux à l'école comme discipline parmi les autres matières. Il faut prouver que par le statut du contenu, par ses exigences cognitives, par la complexité de son système intellectuel, la discipline se défend dans le curriculum de l'école. En adoptant un programme solide, en exigeant des professeurs académiquement formés, en s'appuyant sur une pédagogie scientifiquement fondée, il ne peut y avoir de doute.

Dans ce raisonnement on ne tient pas compte d'autres facteurs qui décident aussi de l'importance et de la valeur d'un enseignement de la religion: les parents et leurs motifs en faveur du maintien de la religion à l'école; les élèves et leur décodage de la matière et de ses exigences intellectuelles; les professeurs et leur interprétation du statut de cette discipline; le positionnement de la religion dans la société; la politique scolaire d'un gouvernement et ses priorités économiques et politiques qui commandent l'interprétation de tout ce qui se fait à l'école, y compris la religion...

L'intention opportuniste des Églises de profiter de la situation établie pour maintenir leur souci d'évangéliser dans le monde scolaire est ambiguë. Elle sous-estime la portée du débat et ne respecte pas suffisamment l'enjeu de cette confrontation pour les acteurs impliqués. La question ne porte pas en premier lieu sur le conflit entre l'intention catéchétique d'une part et d'autre part l'enseignement religieux scolaire à un public pluraliste, respectueux des différentes options personnelles.

L'enjeu immédiat – un cas d'urgence à propos de l'essentiel – concerne une *éthique* de l'enseignement religieux, une déontologie qui veut promouvoir l'honnêteté dans la quête de la vérité. Que l'ouverture aux religions non-sémitiques ou l'orientation œcuménique favorise une certaine distance par rapport à la domination

59. *Ibid.*, p. 122.

d'une doctrine particulière peut contribuer à examiner plus objectivement la crédibilité d'une tradition d'une part, l'adhésion personnelle à une tradition particulière d'autre part.

Ne sous-estimons pas non plus le fait que les enfants et les jeunes jouissent actuellement d'une plus grande liberté au sein de la famille et dans la société. De par les médias et la publicité, de par une vie sociale variée et ouverte, ils sont amenés à intégrer une multitude d'informations et à résoudre bon nombre de questions. Ils choisissent très tôt et de façon personnelle leur propre 'consommation' dans beaucoup de domaines. Toute autorité exclusive est mise en question. Cette orientation n'est pas contre la religion comme telle. Elle entre en conflit avec une certaine façon de gérer le domaine religieux, qui reste en deçà de l'intelligence socio-culturelle de notre époque.

Ce serait faire un pas important en avant, si l'enseignement de la religion pouvait se centrer sur une analyse critique de ses présupposés idéologiques et les prémisses de son statut au sein de l'école et de la société. Il y a des questions institutionnelles et idéologiques qui ne peuvent rester dans l'obscurité.

De plus, dans la mesure où les jeunes peuvent s'exprimer, communiquer entre eux et avec les enseignants, leurs parents... à propos de leurs multiples perplexités et questions, l'enseignement religieux peut contribuer à l'intégration d'un sens religieux, indispensable pour comprendre et justifier une profession de foi.

La compétence des professeurs de religion ne s'arrête pas à une bonne connaissance académique des différentes disciplines théologiques et des sciences humaines. Cette compétence risque de faire obstacle à la perplexité et la quête de vérité, telle que les jeunes les perçoivent. La compétence primordiale concerne le dialogue à propos de la conscience religieuse et éthique chez les jeunes – et du manque de conscience – à partir de leur insertion culturelle et sociale. L'apport d'une mémoire historique et de la consistance institutionnelle actuelle se feront valoir à partir de ces bases.

Herman LOMBAERTS

L'ENSEIGNEMENT SCOLAIRE DE LA RELIGION EN EUROPE VUE PANORAMIQUE D'UNE MUTATION

Le sous-titre de mon exposé en indique les limites. En effet il ne sera pas question ici de dresser un tableau détaillé de cette réalité si complexe, différenciée et mouvante qu'est l'enseignement de la religion (ER) à l'école dans chacun des États de notre continent[1]. Il n'est pas question non plus de m'aventurer dans une démarche comparative de tant de modèles si dissemblables d'ER pratiqués en Europe: entreprise certainement risquée et, après tout, assez stérile si l'on part du présupposé que chaque pays suit le dispositif qu'il s'est forgé à partir de ses propres particularités historiques, culturelles, confessionnelles, l'adaptant, entre autres, aux structures de son propre système d'instruction primaire et secondaire.

Il s'agit plutôt d'esquisser ici un survol panoramique – donc rapide et par des traits essentiels et communs – de l'évolution récente et de l'état présent de cet enseignement, considéré tant au niveau de son organisation qu'au niveau de ses légitimations institutionnelles et de ses retombées sociales. Ma tâche sera alors d'essayer de saisir par grands types et au niveau continental, le profil actuel de cette discipline scolaire; de tenter ensuite quelques éléments d'explication pour voir ce qui est en cause dans les mutations survenues et celles qui se produisent en ce moment; d'en entrevoir enfin les suites prévisibles: à quoi faut-il s'attendre et à quoi faudrait-il œuvrer en ce qui concerne l'avenir possible d'un ER en Europe?

L'intérêt, et je dirais même la nécessité, de cette vue globale sur le continent – celui-ci entendu comme la Communauté des Douze mais également comme la Grande Europe, celle des 300 cultures – tient au fait qu'en général, dans nos débats nationaux sur ce sujet, nous présupposons jusqu'à maintenant comme évident et suffisant un triple horizon: l'horizon de notre propre communauté culturelle et

1. Une documentation détaillée, État par État, y compris l'Europe centrale et orientale, concernant la situation actuelle de l'enseignement religieux catholique, protestant, anglican, orthodoxe et non-confessionnel, est présentée dans le Rapport international dirigé par F. PAJER (éd.), *L'insegnamento scolastico della religione nella nuova Europa*, Torino-Leumann, Elle Di Ci, 1991.

linguistique, celui de notre système scolaire national, et celui de notre propre appartenance confessionnelle. Or, s'il est vrai que tout ER ne prend corps que par et dans chacune de ces variantes concrètes, il n'en est pas moins vrai que, Européens, nous participons de fait désormais à un horizon socialement multiculturel, politiquement supranational, religieusement multiconfessionnel et pluraliste.

L'ER vit et vivra enraciné dans un contexte local, régional, mais il ne peut ignorer – comme d'ailleurs tout projet pédagogique en milieu scolaire – ses interconnexions multiples avec ce réseau transnational de ressources, de pressions et pouvoirs, qui marquent tant bien que mal son évolution à l'intérieur de chaque pays ou communauté régionale. À ce propos une incohérence saute aux yeux: un peu partout dans nos pays l'ER s'est ouvert ces dernières années aux expériences et aux problèmes du tiers-monde, aux cultures extra-européennes, aux religions non-chrétiennes. On dirait, par contre, que la «dimension Europe» avec son épaisseur culturelle et religieuse reste encore abondamment implicite ou n'apparaît qu'épisodiquement dans les plans et les manuels d'ER. C'est ce qui pousse certains experts des sciences de l'éducation à se demander «si l'Europe ne doit être considérée que comme une entité géopolitique et économique, ou si elle ne mériterait pas davantage d'attention professionnelle de la part de la pédagogie scolaire, de la pédagogie religieuse, voire de la théologie»[2].

L'opinion publique, la plupart du temps, s'aperçoit de l'existence d'un «problème ER» lors d'une nouvelle loi scolaire, ou de l'aménagement d'un programme scolaire, ou d'une révision du concordat, ou d'une plainte portée par un groupe religieux minoritaire qui s'est trouvé discriminé, etc. C'est en ces moments d'émergence d'une crise que l'on jette parfois un coup d'œil sur les systèmes adoptés par les pays voisins, pour s'en inspirer ou éventuellement pour s'en distancer, en tous cas pour chercher une légitimation nouvelle à une formule peut-être vieillie d'ER, que l'on voit entravée dans sa praticabilité, voire menacée dans ses raisons d'être.

J'estime que la conjoncture européenne actuelle – où tous les problèmes, y compris les problèmes culturels et éducatifs, tendent à se synchroniser et à devenir de plus en plus semblables dans tous les pays – demande d'abord un grand effort de connaissance réciproque

2. U. HEMEL, *L'insegnamento della religione nel contesto delle culture europee*, dans *Religione e Scuola*, mars 1991, p. 36.

et d'information objective. Des circuits d'information, des échanges de projets et de programmes, des lectures comparatives des mêmes, devraient pouvoir s'instituer et fonctionner de façon normale et périodique à l'intérieur, des pays communautaires et s'étendre ensuite aux autres pays. Et cela non pas en vue d'un nivellement – qui se révélerait illusoire et abusif – des pratiques locales, mais en vue plutôt d'un rapprochement, d'une confrontation souhaitable entre les positions de principe et les dispositifs pratiques des uns et des autres. L'initiative, loin d'encourager un repliement de la question religieuse dans les ambiguïtés d'une culture scolaire en quête d'identité, provoquerait par contre une relecture bénéfique du rôle mutant de la religion dans nos sociétés, dans la mesure où l'ER scolaire lui-même représente un analyseur privilégié de l'évolution des rapports entre sociétés civiles et groupes religieux, entre stratégies de l'Église hiérarchique et pouvoirs de l'État, entre exigences de laïcité du système public, appartenances confessionnelles des familles et quête de sens chez les jeunes.

I. Éléments d'analyse

1. Clé de lecture historique

Pour mieux comprendre l'état présent de cette institution qu'est l'ER scolaire, il n'est pas inutile de jeter d'abord un coup d'œil sur son évolution récente. De quel passé nous vient cet ER encore pratiqué dans nos classes? Quelles crises et transformations a-t-il dû traverser? Dans quelle mesure le tournant qu'il subit actuellement peut-il se définir comme une crise parmi d'autres, ou bien l'entrée dans une phase historique inédite, qui obligerait désormais à poser d'une façon radicalement différente le problème de l'éducation religieuse scolaire? Bien sûr, l'évolution des formes de l'ER suit de près les particularités de l'histoire et de la culture propres à chaque pays et à chaque Église nationale. On peut néanmoins caractériser son histoire récente – mettons les trois dernières décennies – par une séquence de phases, qui se produisent d'une façon assez homogène et se défont presque dans le même temps ou à quelques années près dans les différents pays. Des phases qui se répercutent et se rejoignent facilement aux quatre coins de l'Europe, indépendamment des différences linguistiques et confessionnelles, et au-delà même des dispositifs institutionnels très inégaux mis en place dans ce *patchwork* qu'est encore aujourd'hui l'Europe scolaire. On dirait que le dynamisme novateur s'est polarisé chaque fois, par un mouvement pendulaire, autour de l'un des trois axes du projet scolaire: le savoir (ou l'objet), l'élève (ou le sujet), l'école (ou le cadre institutionnel) *(cf. schéma ci-dessous).*

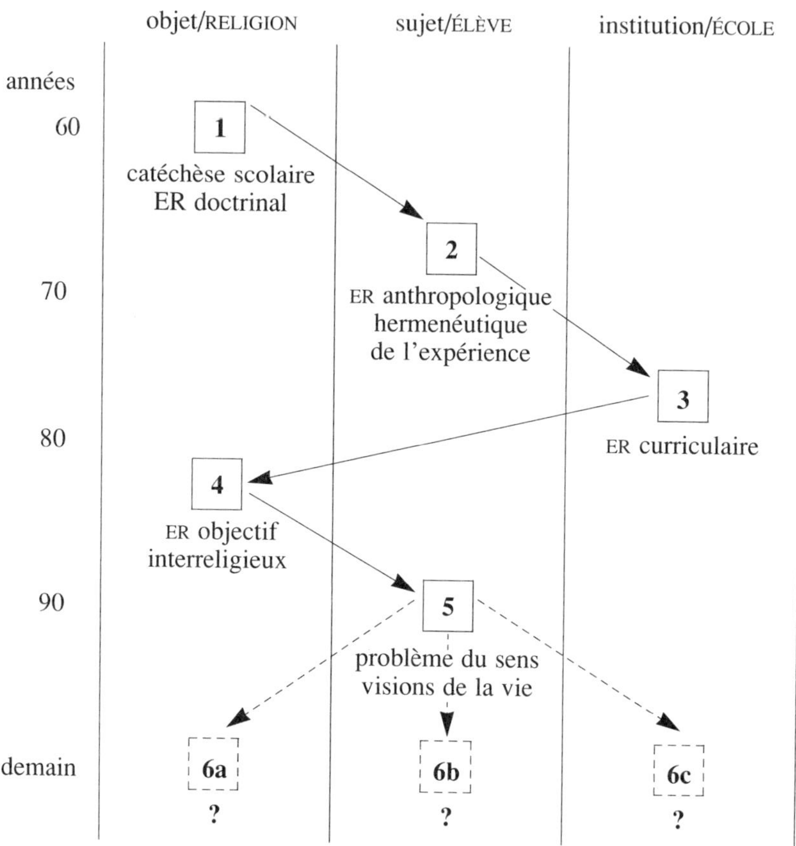

1. Une première étape, qui occupe en gros les deux décennies de l'après-guerre et qui s'épuise au courant des années 60, est celle de la *«catéchèse scolaire»*, où le catéchétique prime tant du côté des objectifs éducatifs explicitement confessionnels que du côté du contenu doctrinal encore bien codé et systématisé, que du côté des méthodes empruntées pratiquement aux parcours traditionnels de l'initiation chrétienne intra-ecclésiale. L'école n'offre que le cadre extérieur de fonctionnement, tandis que la logique interne de l'ER reste totalement dépendante de l'institution ecclésiale. Il n'y a

pratiquement pas de différence qualitative ou de discontinuité entre la catéchèse paroissiale et cet ER. Tout élève est censé être baptisé, croyant et pratiquant: l'ER scolaire présuppose en lui la foi et il se définit carrément comme service éducatif finalisé à l'approfondissement de cette foi.

2. Vers la fin des années 60, l'entrée des Églises dans l'après-concile, la crise de 68, le tournant anthropologique et herméneutique en théologie et en pastorale, l'ouverture du cadre scolaire et des disciplines à l'expérimentation méthodologique et à l'intégration des cultures locales représentent autant de facteurs conspirants pour un ER qui va se centrer sur l'élève, son vécu, ses problèmes et, par extension, sur les tensions de la société environnante. C'est le moment d'un ER appelé *existentiel, expérientiel, herméneutique,* orienté aux problèmes... C'est l'effort d'intégrer le sujet dans l'objet même de l'enseignement. Phase de déstructuration de l'ancien système du savoir religieux (un certain engouement de «déscolarisation» s'empare d'ailleurs de toutes les disciplines), au profit d'une démarche exploratoire plus inductive, par sélection de thèmes et problèmes. Mais phase aussi d'un retour plus fréquent et direct à l'objectivité du document biblique. Les classes de religion deviennent volontiers des «laboratoires», le professeur se reconnaît mieux dans le rôle d'«animateur», l'équipement didactique se diversifie suivant les modes pédagogiques du lieu et du moment...

3. À partir des années 70 et se continuant durant les 80, à la suite de l'adoption généralisée des théories de l'instruction fonctionnelle (pédagogie par objectifs, optimisation des processus d'enseignement-apprentissage, évaluation des résultats vérifiables...), c'est l'organisation du travail scolaire et plus précisément la didactique disciplinaire qui se technicise, en adoptant des procédés de programmation et d'évaluation qui se veulent plus raffinés et «efficaces». L'ER doit suivre le mouvement s'il veut garder une appartenance digne, à part entière, à l'école. Il est porté par là à devenir une *discipline scolaire* parmi d'autres, reconnue au même titre que les autres branches. Il s'inscrit, comme cours, dans un cadre d'objectifs propres à un curriculum scolaire. L'optique et l'objet même de cet enseignement, encore largement confessionnel quant aux contenus, tendent à se réduire (ou à s'élargir, selon les points de vue) au «culturel», à ce qui est censé être susceptible d'élaboration scolaire par des méthodes scolaires.

4. En même temps, de par le fait de devoir s'insérer de façon organique dans les finalités et structures scolaires d'une part, et, d'autre

part, en raison du phénomène grandissant du pluralisme religieux ou simplement à cause de l'abandon massif des pratiques confessionnelles de la plupart des élèves, l'ER se trouve sollicité à amoindrir ou à décolorer ses objectifs spécifiquement catéchétiques et à repousser plus au loin les frontières de son objet d'étude, qui débordera alors facilement le cadre d'une confession religieuse (ordinairement celle du professeur et de ses élèves), pour devenir tantôt *information objective* sur la/les religions, tantôt *analyse culturelle* du phénomène religieux ou approche phénoménologique du sacré... Dès que l'approche confessionnelle et pastorale risque de devenir un luxe réservé à une minorité de la population scolaire, les pouvoirs pédagogiques (autorités scolaire, parentale, ecclésiastique) se concertent, souvent non sans tensions, autour d'un projet d'éducation religieuse de base, à visée transconfessionnelle ou simplement a-confessionnelle, pour que la totalité des jeunes scolarisés, faute de mieux, puisse profiter au moins d'une initiation culturelle élémentaire sur le fait religieux, sur ses traces dans l'histoire, sur ses documents majeurs, sur son rôle et sa persistance dans la vie des sociétés et des individus.

5. La sécularisation s'accentuant, le besoin de thématiser la religion en tant que telle se dissout, et on s'achemine vers une *approche explorative, parfois comparative, des systèmes d'éthique* ou de valeurs religieuses ou non-religieuses. Priorité est faite à la recherche d'un sens de la vie, le choix religieux n'étant qu'une des possibilités parmi d'autres susceptible de donner ce sens. On arrive par là à instituer, comme dans le cas des Pays-Bas, un cours d'éducation non-confessionnelle portant sur les différentes conceptions ou «visions significatives de la vie», parmi lesquelles une place particulière est réservée au christianisme.

6. Une sixième étape est aujourd'hui virtuellement ouverte. Elle vaut la peine de s'y intéresser (de s'en inquiéter?). Que pourrait-elle devenir à moyen et à long terme? Plusieurs symptômes donnent à penser que beaucoup se jouera entre deux pôles, celui du *religieux éclaté* (6a) et celui d'une recherche de plus en plus généralisée autour des *problèmes du sens* (6b). À cela s'ajoutera vraisemblablement une attention plus aiguë à la dimension forte de la *contextualisation du religieux,* qui devrait pouvoir endiguer certaines tendances intimistes aujourd'hui en expansion, et renforcer en même temps, parmi les fonctions assignées à l'ER, celle d'aider les jeunes à mûrir une conscience avertie et critique face aux scénarios inédits et inquiétants qui s'ouvrent dans tous les domaines, notamment ceux de l'éthique personnelle et sociale, des droits de l'homme, de la sauvegarde de la nature.

De ce rappel historique je retiens un certain nombre d'acquis, concernant notre analyse:

a. Les trente dernières années ont vu se modifier, en Europe, non seulement le profil didactique de la discipline religion, mais ses soubassements théoriques, sa légitimation sociale et pédagogique, la figure du professeur de religion, le type d'élève et sa demande éducative.

b. L'évolution même de la dénomination (depuis «catéchèse scolaire» et «enseignement religieux» jusqu'à «enseignement de la religion» et «introduction aux visions de la vie») révèle manifestement une mutation de nature et de fonction de cette discipline: l'ER est légitimé d'abord comme catéchèse scolaire à partir de la mission de l'Église, ensuite comme animation culturelle à partir plutôt des besoins éducatifs des jeunes, enfin comme culture-information sur la/les religions, à partir des objectifs propres du cadre scolaire laïc et pluraliste. Parfois les trois types de légitimation se superposent et coexistent, plus ou moins harmonisés, à l'intérieur d'un même système: ce qui n'ira pas sans poser tôt ou tard de problèmes de cohérence interne du dispositif mis en place.

c. À chaque tournant de cette brève histoire on voit bien que ce ne sont pas les instances ecclésiastiques qui ont l'initiative; ce sont plutôt d'autres facteurs culturels et politiques qui apparaissent décisifs, tels que la pression de l'opinion sociale, la demande des jeunes, les impératifs des réformes structurelles de l'instruction publique, le processus d'homologation culturelle prôné par les savoirs scolaires dominants.

d. La progression de ces étapes montre un certain nombre de déplacements, dont certains semblent pleinement accomplis dans tel ou tel pays, d'autres sont encore en cours ou à peine annoncés dans des contextes culturels différents. En ligne générale, le déplacement se fait du kérygmatique au culturel, du confessionnel au transconfessionnel et à l'éthique, du religieux chrétien à l'interreligieux et à l'approche phénoménologique et/ou historique du fait religieux.

e. À la suite de la métamorphose de la catéchèse scolaire en matière scolaire «objective» à visée cognitive, certaines Églises (comme en Allemagne et aux Pays-Bas) qui ne disposaient que du parcours scolaire pour l'éducation religieuse des jeunes, sont acculées à réinventer leurs lieux d'initiation proprement communautaire. Partout ailleurs (exception faite, pour le moment, des pays de l'Europe de l'Est) l'ER n'est plus en mesure de remplacer la catéchèse proprement dite; dans le meilleur des cas, il en reste un complément, que l'élève éventuellement catéchisé en dehors du cadre scolaire pourra articuler avec son vécu de foi.

2. *Pour une approche typologique*

L'aperçu diachronique sommairement évoqué ci-dessus tendrait à faire croire que le concept «enseignement scolaire de la religion» ne varie qu'en fonction de son évolution chronologique. Ce serait là une vision mutilée et simpliste du phénomène. Car la diversité de profils de l'ER (mieux encore des enseignements religieux) est inscrite d'abord dans la pluralité de statuts institutionnels par lesquels les États européens, chacun pour son compte, mais non sans un accord préalable avec la/les Églises locales, a cru devoir gérer jusqu'à ce moment la régulation de cette matière. À l'intérieur d'un même État le statut scolaire de la religion varie suivant le statut de l'établissement scolaire (public, libre-confessionnel, sous autorité régionale ou de l'administration centrale...), et l'on sait qu'à ce propos les statistiques européennes réservent des données quelque peu surprenantes[3]. Ce qui peut expliquer le différent clivage national qu' assume d'habitude le débat culturel et juridique sur la question de l'ER.

Pour simplifier à l'extrême ma démarche, je ne retiendrai ici que trois indicateurs de diversité du profil de l'ER présent en Europe: la nature de sa base légale, sa position dans le curriculum scolaire, son identité du point de vue confessionnel.

La base légale ou la source de légitimation

Partout où il est établi, l'ER s'appuie évidemment sur une base légale. Mais cette base n'est pas la même et surtout n'a pas la même force d'obligation d'un pays à l'autre. En Allemagne, par exemple[4], l'ER jouit d'une *garantie constitutionnelle*, qui le rend matière scolaire ordinaire, obligatoire, tout en respectant les libertés

3. L'enseignement confessionnel est très inégalement distribué en Europe. Quelques exemples: en Irlande 75% des élèves du primaire et 67% des secondaires fréquentent une école catholique; en Belgique 70% suit les écoles libres, dont 98% est catholique; aux Pays-Bas les catholiques (35%) et les protestants (27%) accueillent 62% de la population scolaire. De loin suivent les pays à majorité catholique comme l'Espagne, Malte et la France avec, respectivement, 23%, 22% et 17%. L'Italie, l'Autriche et l'Angleterre atteignent à peine le 10% d'enseignement catholique.

4. Cf. U. Hemel, *L'enseignement religieux dans les écoles publiques en Allemagne. Avant-garde culturelle ou anachronisme?*, dans *Études* 370 (1989) 541-554.

confessionnelles des élèves et des professeurs. Une reconnaissance prestigieuse qui empêche, entre autre, d'abroger ou de dénaturer cet enseignement si ce n'est par une modification de la constitution même. D'autres pays – Autriche, Belgique[5], Grèce, Irlande, Pays-Bas, Portugal, Royaume-Uni, Scandinavie, dont les constitutions garantissent en général les libertés de religion et, en particulier, la liberté d'éducation religieuse, assurent un ER régulé par des *lois parlementaires,* et qui, par ce fait, reste soumis aux aléas des autorités, des partis ou des gouvernements au pouvoir. Dans d'autres pays (et c'est le cas de l'Espagne, de l'Italie, du Luxembourg, de Malte, des régions françaises d'Alsace et Moselle), l'ER dépend d'abord des *conventions concordataires* entre Église catholique et État, et ensuite de la législation scolaire nationale ou régionale. Une légitimation, toute somme faite, fragile malgré les apparences ou les déclarations de principe, car la référence aux deux autorités cherchant elles-mêmes un équilibre à force de compromis, expose en pratique les textes juridiques de l'ER à de nombreux litiges d'interprétation et donc à des réajustements périodiques qui restent souvent ambigus et insatisfaisants pour l'un ou l'autre partenaire du concordat[6].

La légitimation de l'ER réintroduit récemment à l'école publique par plusieurs pays de l'Europe centrale et orientale, à la suite de conventions ratifiées entre Églises nationales (orthodoxes et catholiques) et gouvernements, peut s'appeler *simplement ecclésiale*: en effet, il s'agit dans la plupart des cas de cours libres (non-curriculaires) de «catéchèse paroissiale» , hébergés dans les classes scolaires, destinés aux élèves baptisés et pratiquants, donnés par des enseignants-catéchistes envoyés par l'Église[7].

5. En Belgique, depuis le 1er janvier 1989, le transfert des compétences de l'Éducation nationale belge aux communautés linguistiques fait craindre une laïcisation de l'ER par intégration dans le cours de morale que la Commission permanente du Pacte scolaire avait défini comme fondé «sur des justifications sociologiques, psychologiques et historiques» (cf. J.-B. D'ONORIO, *Religions et libertés dans les constitutions d'Europe de l'Ouest*, dans ID., éd., *La liberté religieuse dans le monde*, Paris, Éditions Universitaires, 1991, 117-147).

6. Cf. le dossier *État contemporain et liberté religieuse. Quel interlocuteur pour l'Église catholique?*, dans *Le Supplément* (1990) n° 175, qui renseigne sur l'évolution récente des rapports Église/État en France, en Italie, en Allemagne et en Espagne. G. THILS, *La «religion» dans un État démocratique pluraliste*, dans *Nouvelle Revue Théologique* 113 (1991) 728-743.

7. Cf. J. CHARYTANSKI, *Le cours de religion en Europe centrale et orientale*, dans *Catéchèse* (1991) n° 124, 107-116.

Il faut citer, enfin, le cas singulier de la France, où le caractère dit «laïque» du droit public exclue tout enseignement religieux dans le primaire et ne permet à l'aumônerie de l'enseignement secondaire d'exister qu'en fonction de l'*initiative individuelle de croyants* et qu'en position d'extériorité assez nette par rapport aux espaces et aux horaires scolaires[8].

La position du cours de religion dans le curriculum scolaire

Du fait de la diversité qualitative de sa base légale naît le caractère plus ou moins officiel de l'ER. Il peut se trouver en position statutaire de pleine intégration, discipline scolaire parmi les autres disciplines; ou bien en position de cours admis sous certaines réserves, ou encore en position d'extériorité, n'ayant qu'un statut d'activité péri-scolaire librement choisie. Ainsi, de ce point de vue, peut-on reconnaître sommairement quatre degrés d'intégration curriculaire, auxquels correspondent des statuts différents recouverts par cette discipline[9]:

- *discipline ordinaire* du curriculum de base, donc normalement obligatoire, parfois remplacée par une matière alternative en cas d'exemption, et validée par une notation ordinaire au même titre que les autres cours scolaires: l'ER réalise là une curricularité pleine et objective;
- *discipline optionnelle,* dans le cas de plusieurs offres confessionnellement distinctes et éligibles individuellement à égalité de conditions: on a là une curricularité pleine et subjective;
- *discipline facultative ou volontaire,* que l'administration scolaire doit organiser mais que l'élève est libre de suivre ou de laisser tomber, en ce dernier cas il n'a pas à suivre non plus une matière alternative au cours religieux, et tout cela sans conséquences en principe pour sa carrière scolaire: ce statut d'ER est appelé subjectivement extra-curriculaire;
- *activité péri-scolaire de recherche religieuse,* proposée à l'initiative et sous la responsabilité de personnes ou institutions extérieures

8. D. SALIN, *Un enseignement religieux à l'école?*, dans *Études* 370 (1989) 529-539; C. BEDARIDA, *Enseigner Dieu à l'école*, dans *Le Monde de l'éducation* (1991) n° 184, 21-38.

9. Pour une présentation plus détaillée de cette typologie, cf. J.M. MARGENAT, *10 tesis sobre la religión en la reforma educativa*, dans *Razón y Fe* 221 (1990) 471-484; A. ALVAREZ BOLADO, *La enseñanza religiosa escolar en la Europa democrática, plural y secularizada*, Rapport du IV Forum Européen de l'ER, Slagelse (DK) 26-29 oct. 1990.

à l'école, l'école n'offrant, que le cadre matériel ou le prétexte à cette activité (qui assume habituellement le caractère élitaire d'une proposition éducative de la foi, telle que les structures pastorales sont habilitées à faire): ce modèle d'ER – ou plus précisément de catéchèse – se caractérise par sa non-curricularité objective.

De toute évidence, la position formelle qu'occupe le cours religieux dans le cadre des activités didactiques connote l'image sociale et qualifie l'appréciation plus ou moins favorable que l'opinion publique, y compris la clientèle scolaire en tout premier lieu, porte à ce cours. Ce qui ne veut pas dire pourtant que l'efficacité éducative de l'ER soit nécessairement en proportion directe avec le degré de son intégration dans les structures scolaires ou avec l'autorité de ses assises juridiques. Les critères qui président à la promotion d'une «culture religieuse» offerte indistinctement à tous les élèves en tant que citoyens ne coïncident évidemment pas avec les critères d'une action directement pastorale qui vise l'éveil et l'adhésion de foi chez l'élève.

Le caractère confessionnel

Si par caractère confessionnel de l'ER on entend la nature et la qualité de son rapport à une confession religieuse donnée, qui en détermine les objectifs éducatifs formels et les contenus matériels, et qui contrôle l'aptitude de l'enseignant titulaire, on peut distinguer trois formes (qu'il serait sans doute abusif de vouloir trancher trop nettement, vu le flou incontournable d'un concept, celui de «confessionnalité», dont la signification est loin d'être univoque à l'intérieur même d'une culture nationale):

– un enseignement *supra/trans-confessionnel,* institué comme information objective sur le phénomène religieux en général et sur l'héritage culturel légué par la/les traditions religieuses présentes sur le territoire. Ce type d'enseignement requiert aucune adhésion personnelle ni de l'enseignant ni de l'élève. Ce sont les cas de la Suède (l'ER y est appelé «objectif»), de l'Angleterre et du pays de Galles (dans les écoles de comté et anglicanes), de certains Cantons Suisses. Ce type d'approche culturelle du religieux tend à homologuer le cours de religion dans la logique laïque des savoirs et des compétences scolaires, le soustrayant à la gestion pastorale des Églises;

– un enseignement *confessionnel quant aux contenus, mais non-confessionnel quant aux objectifs éducatifs*, dans le sens que, tout en traitant d'un objet culturel relatif à telle ou telle dénomination

religieuse, l'ER poursuit des objectifs empruntés aux cadres des finalités communes adoptées par l'ensemble des disciplines scolaires; ou encore, un enseignement *confessionnel quant au titulaire qui l'assure, mais non-confessionnel quant aux élèves usagers,* dans les cas (majoritaires en Europe en ce moment) où le professeur doit disposer de la «missio canonica» s'il est catholique, de la «vocatio» s'il est protestant, du certificat de baptême-confirmation s'il est orthodoxe), tandis que l'élève garde le droit de s'inscrire à ce cours, ou de s'en abstenir – optant en ce cas pour une matière suppléante – indépendamment de sa situation personnelle vis-à-vis du crédo religieux;
– un enseignement *pleinement confessionnel,* nécessairement facultatif, donné par des professeurs-catéchistes à des élèves croyants ou en recherche, en liaison directe avec la communauté d'appartenance. Les aumôneries des lycées français et, en général, les Églises des pays de l'Est travaillent dans cette perspective. Les Églises des pays de l'Est qui revendiquent une présence pastorale dans l'espace scolaire pour y assurer un ER à forte dominante confessionnelle[10].

Cette approximation typologique concerne plutôt l'enseignement public, de l'État. Dans les établissements à statut confessionnel – qui sont majoritaires dans des pays comme l'Irlande, la Belgique, les Pays-Bas –, l'ER se caractérise évidemment en conséquence: non sans buter d'ailleurs contre les problèmes posés par les nouvelles clientèles scolaires de plus en plus hétérogènes quant à l'appartenance religieuse, ou simplement désabusées face aux valeurs chrétiennes que l'institution prétendrait continuer à transmettre grâce à un ER rénové[11].

De cette lecture à trois volets, je crois pouvoir tirer ces quelques éléments de synthèse:

a. Seulement la force des garanties constitutionnelles et législatives peut assurer dans le système public un enseignement de religion ayant dignité de discipline curriculaire de plein droit.

b. Le meilleur antidote pour prévenir ou corriger des abus ou des

10. L'évolution de l'ER dans les pays de l'Est a fait l'objet de rencontres d'experts européens à Györ en Hongrie (juin 1992) et à Graz en Autriche (octobre 1992): cf. F. PAJER, *Il fattore R nell'Est postcomunista*, dans *Rocca*, décembre 1992, 47-49; ID., *Sul filo del rasoio,* dans *Avvenire*, 18 nov. 1992.

11. H. LOMBAERTS, *L'école chrétienne face à la société contemporaine,* dans *Lumen Vitae* 42 (1987) 367-379; A. FOSSION, *Les quatre champs de responsabilité de l'école chrétienne*, dans *Lumen Vitae* 42 (1987) 387-399; A. BOTANA, *Aportaciones de la escuela a la iniciación cristiana*, dans *Teología y catequesis* (1989) 529-546.

discriminations causés en ce domaine par des pouvoirs politiques souvent prévenus, est représenté par une liberté effective d'enseignement, qui permette à chaque dénomination confessionnelle l'exercice d'une éducation scolaire inspirée de son propre crédo.

c. Le caractère confessionnel des contenus enseignés, qui continue à distinguer une bonne partie des enseignements religieux pratiqués en Europe, ne signifie pas réduction ou raidissement catéchistique; au contraire, de plus en plus le seul discours possible en milieu scolaire, jusque dans le système confessionnel, semble être le discours sur la/les religions plutôt que le discours de religion ou de foi.

d. Dans les États où les sciences de la/des religions font partie des curricula académiques de l'enseignement supérieur (Royaume-Uni, Allemagne, Pays scandinaves), il apparaît que l'ER au niveau primaire et secondaire jouisse d'une plausibilité sociale plus marquée. Par conséquent, il souffre moins des préjugés idéologiques défavorables, assez diffus là où l'enseignement de la religion se destine uniquement aux jeunes en âge scolaire et où un enseignement supérieur des sciences théologiques n'est assuré que par des structures ecclésiastiques autorisées[12].

II. Pistes d'interprétation

J'ai essayé jusqu'ici de faire état en quelque sorte, d'une part, des évolutions récentes subies par l'ER à travers l'Europe et, d'autre part, des différentes typologies autour desquelles peuvent se grouper les formes très variées, parfois irréductibles, du profil juridique et organisationnel de cette discipline scolaire.

Une tentative d'interprétation de la situation au niveau continental demanderait de passer d'abord par les multiples enquêtes nationales publiées dernièrement sur l'état de crise de l'ER[13]. La connaissance

12. L'état actuel des recherches et de l'enseignement supérieur des sciences des religions dans le monde (France, Allemagne, Italie, Grande-Bretagne, USA et Japon) est dressé par plusieurs spécialistes dans *Le Grand Atlas des religions*, Paris, Encyclopaedia Universalis, 1988, p. 44-51.

13. Pour ne citer que quelques unes de ces enquêtes: en France l'enquête effectuée par le SNAEP (Service National Aumônerie de l'Enseignement Public) sur les *Effectifs des aumôneries* (1988); en Allemagne l'étude menée par l'Institut für Demoskopie Allensbach sur un échantillon de professeurs et d'étudiants des écoles secondaires (1988); en Espagne *Jóvenes españoles. Estudio sociológico*, édité par la Conférence épiscopale (1989); en Irlande *A survey of senior students perception of the influence of school on their religious beliefs, practice and moral attitudes* (1990); en Italie *Una disciplina in cammino*, Torino, SEI, (1991).

directe de ces sondages locaux et des hypothèses explicatives qui en découlent me paraît nécessaire si l'on veut se rendre compte des raisons du clivage spécifique, et parfois singulier, que le processus de métamorphose de l'ER a revêtu tant dans les grandes régions que dans les petites aires culturelles du continent.

Il faut reconnaître toutefois que nous sommes de plus en plus en présence de phénomènes culturels qui n'ont pas de frontières politiques ou confessionnelles, qui traversent et affectent désormais toutes les sociétés, tous les États et leurs systèmes éducatifs, toutes les Églises et leurs structures de socialisation religieuse, au point que – même en ce qui concerne l'ER scolaire – on arrive partout à se poser les problèmes fondamentaux presque dans les mêmes termes et si on est acculé à chercher encore des solutions locales, on voit bien finalement qu'elles ne peuvent désormais s'orienter que dans une direction commune.

Les scénarios de cette lecture sont bien connus, puisqu'ils sont fréquentés actuellement par une multitude d'experts qui ne cessent de donner leurs explications, tantôt savantes et parfois hasardées, tantôt pragmatiques ou teintées d'un brin d'idéologie.

1. Culture, religion, école: une solidarité qui s'effrite

L'ER se situe au carrefour des rapports réciproques qui se créent et évoluent sans cesse entre sociétés, Églises et États. Plus précisément: l'ER touche et puise à la culture profonde d'une société, élabore pédagogiquement le patrimoine des concepts et des valeurs d'une tradition d'Église, se sert des médiations didactiques du système éducatif en place, qui à son tour se voit plus ou moins dépendant des systèmes de production et de communication instaurés dans cette société à un moment donné de son histoire.

Une solidarité s'était établie hier entre ces partenaires, sous le couvert du bien commun, tout en cherchant chacun son intérêt. Une solidarité qui se voulait fondée sur le principe de «collaboration entre Église et État pour le bien du pays» (comme dans les pays à régime concordataire), ou bien sur le principe d'intégration institutionnelle d'une Église dans la constitution de l'État (ex: l'État orthodoxe en Grèce, l'État anglican du Royaume-Uni, les États luthériens des pays nordiques...). Cette solidarité créait les conditions pour le fonctionnement d'un *marché de l'éducation religieuse scolaire,* soit moyennant un système intégré d'écoles libres confessionnelles, soit moyennant l'introduction dans les programmes officiels d'un cours de culture religieuse en lien avec la confession dominante dans le pays ou la région. Le jeu de la demande sociale et de l'offre scolaire pouvait s'appuyer – malgré toute sorte de transactions permanentes entre les sujets directement impliqués: élèves, parents, professeurs – sur un large consensus social, qui portait essentiellement: a. sur l'identité de l'institution école et sa vocation prioritaire à l'éducation civique et éthique (où le religieux ne pouvait pas être absent, mais devait jouer par contre le rôle de fondement); b. sur l'identité de la religion-christianisme en tant que tradition à la fois cultuelle et culturelle, qui n'avait qu'à être pédagogiquement transmise et reçue par les générations montantes au moment même et dans les mêmes conditions qu'elles recevaient, par voie de scolarisation, la culture dite «profane»; c. sur la perception de certaines valeurs communes censées être les valeurs constitutives d'un éthos social qui, tout en intégrant la modernité, ne cessait de se référer sociologiquement à ses «racines chrétiennes».

Or, nul doute que depuis des années ce consensus social s'est effondré plus ou moins vite suivant les pays, laissant la place à la «société complexe», à la «nouvelle laïcité», à la «pensée faible», à la «culture postmoderne», à une sécularisation «qui se dé-sécularise», à un modèle de christianisme conçu comme «sortie de la religion»... Le pacte social qui soudait les trois institutions-matrices (famille, Église, école) dans et par un même projet éducatif, où la dimension éthico-religieuse jouait un rôle distinctif, ne va plus de soi. Ce n'est pas seulement l'objet culturel (= la religion et la morale à enseigner) qui est en cause: il suffirait d'ajuster les programmes et tout rentrerait dans l'ordre; il suffirait de se déplacer sur d'autres pôles thématiques (plus «modernes» et au goût des jeunes) et le cours religieux serait remis dans le droit chemin. Bien plus, ce sont les raisons mêmes du cours et le sens d'une éducation religieuse, qui aujourd'hui éclatent. Qu'il suffise de rappeler ici la concomitance de quelques causes majeures.

1. D'une part, la *culture scolaire,* soumise à la logique économique du marché du travail, a subi une évolution décisive du fait de la domination des disciplines formalisées et scientifiques, au détriment des «humanités», traditionnellement chargées de véhiculer, à travers la mémoire du passé, cet héritage de biens symboliques communs à une civilisation, capables de donner un sens au présent et au futur de la vie humaine. La culture scolaire étant devenue monnayable, tout

ce que l'on attend et prétend de l'école n'est qu'une marchandise d'échange, à capitaliser et à utiliser dans l'exercice futur d'une profession. Du coup, la question du sens, si centrale pour structurer une conscience libre et orientée, «devient de l'ordre de l'affectif et de l'indicible»[14]. La recherche religieuse, tellement associée à la question du sens jusqu'à s'y identifier surtout pendant les années inquiètes de l'adolescence, reste elle-même évacuée; elle est perçue comme inutile, donc insignifiante.

Pour rester encore sur le versant de l'école, nul n'ignore la chute actuelle de certains mythes qui jusqu'à hier ont entouré l'éducation scolaire, au point d'en faire un «haut-lieu» de la modernité: le mythe de l'école libératrice, par exemple, que croyants et non-croyants pouvaient rejoindre d'un même élan prophétique, en vue de démocratiser la culture, d'émanciper les couches sociales moins favorisées. La fin des idéologies a bien entraîné la mort de ces utopies. Cette «désutopisation» de l'école est liée d'abord à la relativisation du projet civilisateur (voire colonisateur) propre à la modernité (le savoir scolaire n'est pas, en soi, supérieur aux cultures des autres «mondes vitaux»; par ailleurs, toute la société tend à devenir éducative). Elle est liée ensuite aux évolutions mêmes des traditions religieuses dans leurs rapports conflictuels à la modernité (qu'il suffise de rappeler la mutation copernicienne de la conscience croyante du rapport au monde, plaidée par *Gaudium et spes*).

En raccourci, nous pourrions dire que le rapport du religieux à la culture scolaire a évolué en raison de la démythification de l'école elle-même en tant que lieu élitaire d'humanisation et de socialisation.

2. D'autre part, il suffit de prendre acte de ce qu'est devenu le *statut de la religion* dans nos sociétés européennes pour en deviner la place encore possible ou, au contraire, les rôles désormais interdits dans les systèmes scolaires. La religion était bien une affaire de société, voire d'État, avant de ne devenir aujourd'hui qu'une question de conscience individuelle ou presque[15]. En effet, la liberté religieuse

14. G. Coq, *Culture et foi. Les impasses d'une ignorance réciproque,* dans *Catéchèse* n° 110-111 (1988), p. 87; du même auteur, *La religion dans la culture scolaire,* dans *Migrants-Formation* (1990) n° 82, 156-172; *Culture religieuse et école publique: ne pas se tromper d'enjeu*, dans *Catéchèse* n° 125 (1991) 63-82.

15. É. Poulat, *Le statut variable et contesté de la religion,* dans *Le Grand Atlas des religions,* Paris, Encyclopaedia Universalis, 1988, p. 12-13; M. Gauchet, *Le désenchantement du monde. Une histoire politique de la religion*, Paris, Gallimard, 1985.

individuelle est considérée, heureusement, comme l'un des tous premiers droits de l'homme, dont l'exercice est généralement protégé par les lois civiles, notamment dans les pays à dominante culturelle pluraliste et areligieuse. Aucun État occidental moderne ne saurait imposer aujourd'hui par une loi scolaire l'étude obligatoire d'une idéologie confessionnelle[16]. La division des pouvoirs et l'autonomie du religieux par rapport au politique est un fait acquis et jalousement gardé même dans ce domaine délicat de la co-responsabilité éducative entre structures de la société civile et celles de la communauté croyante.

Ce qui explique la gamme des solutions stratégiques qui jusqu'à ce moment ont été préférées, bien que sous des modes et mesures inégales, dans les différents pays pour satisfaire à la demande diversifiée d'une instruction éthico-religieuse dans le cadre scolaire: a. choix d'un établissement confessionnel où l'ER est, en principe, un élément spécifique mais non exclusif de qualité éducative; b. ou bien, dans le système officiel, option entre plusieurs cours à base monoconfessionnelle gérés sous la responsabilité des autorités religieuses respectives; faute de cette option, obligation d'un cours d'éthique non-confessionnelle à inspiration «laïque»; c. ou encore, institution d'un cours de «culture religieuse» transconfessionnelle, à base plutôt historique, à visée informative et comparative, destiné indifféremment à l'ensemble de la population scolaire.

Le moins que l'on puisse dire à propos de cette morphologie variée de l'ER c'est que, petit à petit, une distinction «théologique» a fait son chemin dans nos sociétés sécularisées et s'est finalement imposée dans le monde scolaire: il s'agit de la distinction simple et classique entre *foi, religion, religiosité,* qui a donné lieu en effet à des modèles différents de présence religieuse à l'école et légitime aujourd'hui leur permanence et parfois leur coexistence: *présence pastorale* encore possible dans les établissements confessionnels mais de moins en moins dans le réseau public; *présence culturelle* par voie d'homologation du discours religieux et interreligieux aux critères objectifs sécularisés d'une discipline scolaire; *présence éducative à visée éthique* en vue de cerner la question du sens, d'éveiller les virtualités religieuses du sujet, de l'ouvrir à l'univers des signes et des significations ultimes.

16. Cf. J.-B. D'ONORIO, *Religions et libertés* (n. 5), p. 117-147; G. DENTE, *La religione nelle costituzioni europee vigenti*, Milano, Giuffré, 1980.

C'est dire que l'école entretient des rapports multiformes avec la religion d'après les acceptions selon lesquelles celle-ci est reçue dans un contexte culturel et religieux déterminé. Ces acceptions sont, à leur tour, tributaires du contexte socio-politique qui les portent. Or, dans la géographie religieuse de l'Europe il y a des sociétés historiquement monoconfessionnelles (à forte dominance d'une confession chrétienne), biconfessionnelles et pluriconfessionnelles. Certains pays connaissent une présence grandissante de groupes religieux non-chrétiens. Un peu partout augmente le nombre des «sans-Église»... Tout ceci induit des conséquences évidentes sur la façon dont l'école officielle (et en partie, «par sympathie», l'école confessionnelle) légitime son rapport au religieux et en régule le traitement pédagogique. Sans oublier, d'autre part, que chaque tradition religieuse, en fonction aussi de sa propre vision du monde et donc de l'éducation scolaire, est amenée à privilégier des stratégies éducatives parfois fort dissemblables de celles qui sont prônées par une autre Église[17].

Un exemple éclatant de mutation de stratégies d'Église est donné par les régimes concordataires récemment soumis à révision: l'ER, tout en y restant confié principalement à la gestion ecclésiale, affiche une légitimation exprimée généralement en termes laïques de pédagogie scolaire et non plus en termes d'entreprise pastorale comme jadis. L'enseignement de la/des religions? C'est bel et bien une tâche de l'école pour tout citoyen, plutôt qu'un service d'Église adressé aux seuls croyants. Les motivations réclamées pour redonner une plausibilité sociale à l'ER sont fondamentalement d'ordre *anthropologique* (aider l'élève à mieux cerner les problèmes de son identité, la question du sens de la vie), *historique* (mieux comprendre la tradition culturelle marquée par le christianisme), *éthique* (l'ER contribue à la formation critique de la conscience et à l'agir moral). En acceptant d'atténuer tactiquement les exigences confessionnelles du cours de religion, les Églises concordataires s'attendent à s'assurer l'audience d'une clientèle scolaire élargie, qui ne se réduise pas aux seuls élèves croyants et pratiquants.

En bref, des phénomènes comme l'explosion libérale, la révolution laïque, la mutation culturelle, qui se sont produits à la base des sociétés européennes, ont secouré en profondeur les différents groupes

17. Cf. J.-P. WILLAIME, *État, Religion et Éducation*, dans ID. (éd.), *Univers scolaires et religions*, Paris, Cerf, 1990, 137-148.

religieux et ont obligé à plusieurs reprises les représentants des Églises et des États (voir la renovation des anciens concordats, les réformes scolaires récentes) à *renégocier les conditions d'une présence de la religion dans le curriculum scolaire.* D'une part, les Églises (ou les communautés locales des croyants) ne peuvent prétendre, au nom du principe de laïcité, que l'école officielle discrimine les élèves, cautionnant une matière à visée pastorale. D'autre part, l'école publique – sollicitée par la communauté civile au nom du même principe de laïcité – réalise qu'elle ne peut pas exclure de ses objectifs proprement culturels, l'objectif d'une ré-alphabétisation à la «culture religieuse», alors que celle-ci est universellement reconnue comme l'une des clés d'interprétation de la culture première de plusieurs peuples européens et plus largement de la culture occidentale[18].

2. La «culture religieuse»: pour quels enjeux?

On peut se réjouir ou, au contraire, rester lucidement soupçonneux face à cette requête insistante de «culture religieuse» émanant de nombreux parents et enseignants. Les avis sont fort partagés. Et pour cause, car, encore une fois, l'important c'est de voir finalement «qu'est-ce culture religieuse/culture chrétienne, et à qui et à quoi veut-on que cela serve».

À titre d'exemple, un rappel historique à deux volets peut mieux éclairer ce propos. Paris 1834: il est demandé au Conseil royal de l'instruction publique si des notions de géographie et d'histoire sont bien indispensables pour les candidats au brevet élémentaire, alors que l'enseignement de ces matières n'est pas mentionné dans la loi. Réponse délibérative du Conseil: «Ces notions sont obligatoires, car elles font partie de l'instruction religieuse qui suppose nécessairement quelques connaissances de ce genre». Autrement dit: un

18. «La philosophie grecque, l'islam, les matérialismes et libres pensées sont aussi partie prenante de notre héritage culturel et il s'agit de gérer une mémoire plurielle en assumant tous les héritages qui nous ont fait ce que nous sommes. Mais notre calendrier et notre espace sont profondément marqué par l'héritage judéo-chrétien: une véritable infrastructure culturelle est à la base de la façon dont notre société structure le temps et l'espace. Pour se situer dans le présent et construire l'avenir, il est vital de se situer dans une tradition. D'où l'importante question des dimensions religieuses et non-religieuses de notre culture pluraliste et de la transmission de cet héritage... Des masses d'individus déculturés et sans références symboliques seraient bien mal préparées à relever ce défi», J.-P. WILLAIME, *Le religieux dans l'espace public*, dans *Projet* (1991) n° 225, 71-79.

minimum de culture générale «profane» doit être appris dans le but de garantir un meilleur accès à l'instruction religieuse[19].

Un bond de 155 ans, et nous voilà en septembre 1989: à la demande du Ministère de l'éducation nationale français, M. Philippe Joutard rédige un rapport sur l'enseignement de l'histoire, la géographie, les sciences sociales. On y peut lire textuellement: «L'ignorance du religieux risque d'empêcher les esprits contemporains, spécialement ceux qui n'appartiennent à aucune communauté religieuse, d'accéder aux œuvres majeures de notre patrimoine artistique, littéraire et philosophique, jusqu'au XIXe siècle au moins»[20]. Autrement dit: il faut avoir un minimum de culture religieuse, sous peine de s'interdire la compréhension d'une grande partie du patrimoine culturel profane.

Ce virage à 180 degrés est bien symptomatique de la présente conjoncture culturelle en Europe. À tel point qu'en France – le seul pays européen qui manque d'un cours religieux scolaire intégré dans le curriculum national – les hypothèses et les projets se multiplient depuis quelques années, visant à introduire une nouvelle discipline (sciences religieuses? histoire des religions?), ou du moins à réexaminer les programmes des différentes disciplines pour pouvoir indiquer l'influence (quelle qu'elle soit) des religions dans l'évolution historique, scientifique, artistique, juridique, etc.[21].

Même dans les autres pays d'Europe, y compris ceux à régime concordataire, on assiste à un déplacement (d'autres diraient un dérapage, une dérive...) assez évident du cours traditionnel de religion vers une «approche culturelle» tant du christianisme, que des religions historiques, ou de l'éthique.

Il reste à savoir quel est le contenu exact attribué à cette notion de «culture religieuse» par ceux qui y ont recours. D'autant plus que, dernièrement, on le sait, même dans les milieux catholiques le recours au vocabulaire de la culture religieuse a été réactivé et

19. Cité dans J. BAUBÉROT, *Vers un nouveau pacte laïque?*, Paris, Seuil, 1990, p. 148.

20. Ph. JOUTARD, *Rapport de la mission de réflexion sur l'enseignement de l'histoire, la géographie, les sciences sociales*, Ministère de l'Éducation nationale, Paris, septembre 1989, p. 90-91.

21. Cf. J. BAUBÉROT, *Vers un nouveau pacte laïque?* (n. 19), p. 147-170; D. HERVIEU-LÉGER (éd.), *La religion au Lycée*, Paris, Cerf, 1990; G. GAUTHIER (éd.), *Les religions au lycée: le loup dans la bergerie?*, dans *Panoramiques* 1991, n° 2; SNAEP, *Laïcité*, cahier n° 36, Paris, 1989; L. DE VAUCELLES, *Laïcité en débat*, dans *Archives de Sciences sociales des Religions* 37 (1992) n° 78, 179-190.

surchargé à propos de thèmes comme celui de l'inculturation et celui de nouvelle évangélisation; et ces derniers mois les débats et querelles autour de la publication du Catéchisme universel ont contribué à renchérir cette polarisation.

Nulle merveille donc qu'on s'interroge sur le sens de cet engouement et que, parmi les «professionnels» de la communication religieuse, on en arrive à poser de sérieuses réserves: ne s'agirait-il pas, pour les Églises, d'une nostalgie de l'influence culturelle perdue sur la société civile? Quand on parle de culture chrétienne, quel tort fait-on aux autres confessions et aux cultures pré-chrétiennes? Y a-t-il une confession, fût-elle majoritaire, qui peut s'arroger le monopole de l'interprétation du passé? D'inculture religieuse on parle à chaque génération depuis le XVe siècle au moins, mais le même mot désigne-t-il le même mal à toutes les époques? Qui a intérêt à parler d'inculture et pourquoi, puisque la plainte émane la plupart du temps de personnes «cultivées» selon les normes d'une société donnée, en position de pouvoir de parole et de pouvoir pédagogique?[22] Et encore: on observe qu'il ne serait sans doute pas bon, dans l'état présent de notre culture, de faire assumer par la «culture religieuse» toutes les fonctions d'unification nécessaires au monde contemporain, qui cherche à guérir ses plaies et à s'orienter vers un autre avenir[23].

En termes plus constructifs, toujours de l'intérieur du monde croyant, un problème de fond surgit: passé définitivement le temps des chrétientés, comment l'annonce évangélique peut-elle s'inscrire dans cet univers culturel qui est le nôtre? Quels seraient les modes de présence du christianisme, dans nos sociétés ouvertes, qui préservent à la fois l'autonomie des sociétés civiles par rapport à l'Église et la possibilité pour la foi de n'être pas inaudible, voire brouillée ou dénaturée par les conditions culturelles et sociales de son insertion?[24]

De toute façon, en restant dans le cadre scolaire, il faut bien admettre que l'ER y est sollicité à devenir chaque jour davantage un instrument privilégié d'acculturation plutôt que de socialisation religieuse. Plusieurs facteurs en confluence le poussent aujourd'hui, qu'on le veuille ou non, à satisfaire en priorité à ce rôle:

22. G. ADLER, *La culture chrétienne: survie ou conversion*, dans *Catéchèse* n° 114 (1989) 65-72.

23. F. BOUSQUET, *Inscrire la foi dans notre culture. Clarifications de vocabulaire*, dans *Catéchèse* (janvier 1989) 7-16.

24. G. COQ, *Culture religieuse et école publique* (n. 14), p. 68-69.

a. la valorisation du point de vue scientifique dans la culture scolaire amène tous les savoirs qui s'y élaborent (le savoir religieux ne fait pas exception) à mieux formaliser leur objet et leurs méthodes d'approche; le discours religieux accepte ce défi et revendique par là une *pertinence culturelle* oubliée ou menacée;

b. la sécularisation, renvoyant la religion dans le privé et le sujectif et tendant à lui faire perdre par là sa dimension publique, poussent les responsables de la socialisation religieuse à prendre des contre-mesures: ils justifient alors une présence du religieux dans l'espace public (scolaire) pour en revendiquer aussi une *pertinence sociale*;

c. la démocratisation de la société, favorisant l'installation d'un pluralisme philosophique, éthique, religieux, provoque les groupes croyants à se confronter à armes égales avec les autres visions de la vie: ces groupes (ou Églises) sont ainsi amenés à «démocratiser» leurs arguments, à passer par les médiations des cultures ambiantes, dans une tentative de réclamer par là une *pertinence éthique* du point de vue religieux.

Finalement l'ER scolaire, relégitimé en termes de culture religieuse, apparaît bien un lieu stratégique de défense de ces pertinences.

III. Orientations d'avenir

1. La direction vers où s'achemine de fait l'ER en Europe est d'abord inscrite dans un certain nombre de *conditions objectives* qui aujourd'hui en régulent l'exercice. Parmi ces conditions il existe des structures institutionnelles de base qui offrent des garanties, certainement imparfaites et inégalement efficaces selon les pays, mais, somme toute, appréciables. Pour n'en citer que les principales:

– la liberté d'enseignement, d'abord, qui permet aux familles de choisir, sans barrières de type économique, ethnique ou idéologique, le genre d'éducation pour leurs enfants: éducation soi-disant neutre et éducation confessionnelle[25];

– l'interdiction juridique de toute discrimination qui pourrait surgir d'une option confessionnelle ou non-confessionnelle de l'élève, de sa famille ou de son groupe d'appartenance; par conséquent, le

25. Cf. la Résolution du Parlement européen sur la liberté d'instruction, approuvée le 14 mars 1984, notamment les art. 2 et 7.

caractère fondamentalement libre de la participation au cours religieux là où ce cours reste lié à une confession donnée[26];
– des structures de collaboration entre Église locale et État/Land/Canton/County/Région, selon la distribution des responsabilités communes et spécifiques prévue par les différents accords et par les lois scolaires;
– l'existence généralisée d'une catégorie de professionnels du cours de religion, dont la qualité de formation et le niveau de rémunération constituent le premier préalable à tout projet futur d'éducation scolaire;
– l'existence d'un réseau d'instituts de formation académique et pédagogique de professeurs de religion, dont certains dépendent de l'administration d'État et d'autres de l'Église, selon les pays;
– le principe de distinction/complémentarité entre ER scolaire et catéchèse de la communauté chrétienne, principe généralement admis même si différemment interprété dans la singularité des aires culturelles et des traditions ecclésiales.

2. Mais au-delà de ces quelques aspects relativement positifs du point de vue de l'organisation et du fonctionnement du cours de religion hérité du passé, aspects susceptibles sans doute d'être améliorés, une question majeure se laisse entendre de partout en Europe. D'une part on est forcé de reconnaître une disproportion criante entre les efforts dépensés et les résultats obtenus, d'autre part, de façon pregnante, les événements culturels et les phénomènes sociaux inédits en ce temps de transition posent de nouveaux défis à l'ER. Comme par exemple:
– au niveau des sociétés, l'«exode» inachevé des peuples de l'Est vers une prétendue «terre promise», la résurgence de l'appartenance ethnique et du régionalisme culturel, qui affaiblit et parfois brise l'unité nationale, la montée des intolérances racistes vers l'étranger, quête du bien-être matériel individuel et familial au détriment des valeurs de la solidarité sociale, la liberté et l'égalité (entre les sexes, les professions, les âges de vie) vont de pair avec l'individualisme, l'eurocentrisme culturel et économique, inactif face aux dérives du sud de la planète tout en se payant de mots sur les droits de l'homme...
– au niveau des jeunes en particulier, l'alignement non-critique de la grande majorité sur le standard des idées-valeurs-comportements

26. Cf. le Document final de la Conférence pour la sécurité et la coopération en Europe, réunie à Vienne le 19 janvier 1989, articles 16-17.

reçus des parents et du milieu et nivelés par les media, l'inadéquation des systèmes éducatifs scolaires aux nouvelles attentes des jeunes, un nomadisme spirituel plus accentué et un relativisme éthique, entre autre, empêchent la durée des appartenances institutionnelles et des projets à longue échéance[27];
– au niveau des Églises et des religions, d'une part un certain raidissement des identités confessionnelles et d'autre part l'écart conflictuel et grandissant entre modernité et confessionnalisme(s)[28], un œcuménisme interconfessionnel en perte de vitesse et même bloqué, conflits ethniques aggravés par des intégrismes religieux, des mouvements comme New Age ou les «nouvelles religions» à tendance cosmique, écologique, eschatologique remplacent la notion chrétienne traditionnelle de religiosité[29].

Il y a là un enchevêtrement si inédit de nouvelles données et de phénomènes émergents, à tel point que l'entreprise traditionnelle de l'ER se doit être repensée et se doit de reconstituer à nouveaux frais le cadre contextuel de ses principes de légitimation et de ses dispositifs de réalisation, faute de quoi il ne lui resterait vraisemblablement qu'à être rapidement balayée.

3. Face à ces urgences, les institutions scolaires, les instances ecclésiastiques, les experts se sont mobilisés et réajustent leurs stratégies. Des tendances se dessinent. Il est possible d'en identifier les directions:
– une première ligne joue le renforcement stratégique du système confessionnel d'ER, quoique imparfait et improductif, afin de garder autant que possible les positions acquises et maintenir dans l'espace public de l'école, en même temps qu'une visibilité sociale d'Église, une présence pastorale, même réduite, minoritaire, ou déguisée en «culture religieuse» (c'est la ligne suivie plutôt par les pays à régime concordataire);
– une deuxième ligne, quittant le terrain confessionnel sans pour autant trahir la visée éducative humanisante et implicitement pastorale, plaide pour un investissement prioritaire dans le champ de

27. Équipe européenne de catéchèse des adolescents, *Jeunes et chrétiens vers l'Europe renouvelée*, document de synthèse 1990-1992 (dactyl. c/o E. Van Loo, Hasseltweg 383, B-3600 Genk).

28. Cf. *La modernité en débat*, dans *Concilium* n° 244 (1991), en particulier les articles de É. Poulat et P. Valadier.

29. J. KERKHOFS, *À quel point l'Europe est-elle religieuse?*, dans *Concilium* n° 240 (1992) 97-107.

l'éveil éthique, de l'ouverture aux visions de la vie et aux valeurs qui structurent une personne et une société (la *Levensbeschouwing* du système hollandais), de l'éducation interculturelle qui facilite la compréhension des signes et messages des différentes religions (la *Multi-faith Religious Education* du système anglais);
– une troisième ligne, enfin, très minoritaire pour le moment, cherche l'instauration des conditions politiques et culturelles d'un «nouveau pacte laïque» à nouer dans une société pluraliste et démocratique, afin d'y assurer correctement la gestion du symbolique, de garantir laïquement la sacralité des droits de l'homme, de conjuguer ensemble particularité et universalisme, d'intégrer dans l'approche du symbolique l'apport des sciences humaines et sociales, de permettre aux groupes sociaux à identité religieuse (autochtones et immigrés) d'arriver à une acclimatisation réciproque[30].

En principe, chacune de ces tendances s'appuie sur de bons motifs qui la rendent plausible. Aucune d'elles n'apparaît indemne de soupçons et critiques. C'est évidemment en raison d'une analyse réaliste de la situation locale/nationale, et de sa propre histoire, que l'on devrait déterminer une action pertinente et conséquente avec son contexte et son temps. Sans pour autant oublier de se situer en même temps dans un horizon plus vaste, l'horizon d'une Europe qui va rapprocher tant bien que mal ses systèmes éducatifs, l'horizon de la société européenne, qui, d'une part, est amenée à s'unifier «plutôt dans le cadre du capitalisme, et non par le canal de la religion, de l'éthique ou de l'idéologie»[31], et qui, d'autre part, lutte pour revendiquer le respect des différences culturelles, pour garder les valeurs des cultures locales, parmi lesquelles, souvent, la tradition religieuse joue un rôle déterminant de collant social, voire d'identification ethnique.

4. Quel type d'enseignement religieux pourrions-nous souhaiter pour l'Europe de demain? Il faudrait d'abord nommer certaines impasses à écarter. Pour ma part, m'associant à tous ceux qui portent sur l'évolution actuelle de la société et de l'école un regard «désenchanté» mais non moins constructif, je signalerai l'impasse que représenteraient ces deux choix:
– le choix de ce projet utopique qui voudrait re-christianiser l'Europe, en interprétant de façon anti-moderne et donc régressive

30. Cf. J. BAUBÉROT, *Vers un nouveau pacte laïque?* (n. 19), p. 223-225.

31. M. LUYCKX, *Les religions face à la science et la technologie. Rapport exploratoire,* Commission of the European Communities Science, Research & Development, Bruxelles, 1991.

l'appel, souvent répété cette dernière décade par les autorités ecclésiastiques, à une «nouvelle évangélisation» du continent réunifié[32];
– la tendance à tolérer que l'entreprise pédagogico-religieuse créée au service des jeunes scolarisés se laisse engloutir dans ce redoutable processus d'homogénéisation culturelle transnationale, qui banalise la mémoire sociale, fonctionnarise la vie et finit par soustraire à l'homme la qualité symbolique de son expérience, dans laquelle uniquement peut s'enraciner la perception du sens.

Par contre, parmi les différents modèles possibles d'ER, j'avoue ma préférence pour un ER conçu comme une *diaconie pédagogique*, une aide offerte au jeune pour qu'il découvre mieux son identité personnelle et sociale, pour le préparer à vivre dans une société pluraliste et ouverte, pour l'éduquer à la tolérance du divers et l'entraîner au dialogue, pour l'initier aussi à une compétence religieuse en termes de capacité de discernement et de décision: et viser tous ces objectifs (certes, ambitieux mais irremplaçables, et que d'ailleurs l'ER n'est pas le seul à poursuivre dans le cadre scolaire) par le moyen d'une approche systématique du patrimoine religieux propre à l'histoire passée et présente de son propre pays et du continent européen[33].

5. D'une façon encore globale, mais pointant certaines urgences typiques de la conjoncture de notre temps, il apparaît souhaitable et nécessaire qu'un ER pour l'Europe de demain se redéfinisse en fonction d'un certain nombre de *chantiers-défis*[34], qui sont propres à toute éducation, mais qui concernent notamment l'éducation scolaire:
– face à l'éclatement des anciens systèmes de sens et de valeurs, face à l'émergence de nouvelles visions de vie, et du pluralisme éthique et religieux, promouvoir une pédagogie de l'interculturalité[35], capable d'instituer l'approche de l'autre en termes de différence et non de pouvoir; une 'relativisation' critique de sa propre identité culturelle et religieuse peut aboutir, ainsi, à dépasser des attitudes ethnocentriques, source d'intolérance et de violence;

32. R. LUNEAU (éd.), *Le rêve de Compostelle. Vers la restauration d'une Europe chrétienne?*, Paris, Centurion, 1989.

33. U. HEMEL, *L'insegnamento della religione nella tensione tra stato, chiesa e società moderna*, dans *Roma IR* (1990) n° 15, 22-31.

34. Cf. *La nouvelle Europe, un défi pour les chrétiens*, numéro 240 de *Concilium*, 1992; *L'Europe en chantier. Aspects catéchétiques et religieux*, numéro 1 de *Lumen Vitae* 47 (1992); H. KRÄTZL, *Religionsunterricht an weiterführenden Schulen als Dienst der Kirche für ein geeintes Europa*, Ve Europäisches Forum in Graz, oct. 1992.

35. Cf. *Vivre entre autres. La dynamique interculturelle*, numéro 3 de *Lumen Vitae* 47 (1992).

– face à l'oubli du patrimoine de biens symboliques légué par la tradition judéo-chrétienne, et aux sursauts récents de confessionnalismes visant à confisquer ce patrimoine au bénéfice de son groupe, créer les conditions – dans les limites et le spécifique du travail scolaire – d'une alphabétisation, commune et non-confessionnelle, au religieux historique, en concertation avec les différents savoirs scolaires (approche de la dimension culturelle de la religion ou des religions);
– face à la domination des disciplines formalisées et des langages utilitaires techno-scientifiques privilégiés par la culture scolaire et, par conséquent, face à l'opacité dans laquelle sont repoussés les langages humains traditionnellement porteurs de sens, s'ouvrir et éduquer créativement à la découverte du/des sens possibles de la vie, véhiculés dans et par l'expérience humaine et exprimés, entre autre, par l'ensemble de la culture scolaire (approche de la dimension symbolique de la culture);
– face à une identité encore hésitante et fragmentaire du profil pédagogique et disciplinaire de l'ER dans les différents pays, et en fonction d'une distinction qui se fait progressivement entre catéchèse ecclésiale et enseignement scolaire de la religion, la nécessité s'impose (pour les experts et les professionnels, au moins) d'une re-fondation épistémologique de la discipline, à partir, par exemple, du consensus exprimé par certains pays à une ébauche de nouvelle légitimation sociale et pédagogique de cet enseignement;
– face aux logiques de sélection et d'exclusion qui régissent le fonctionnement des systèmes scolaires centralisés – où l'élève est scolarisé en fonction du marché du travail, et où 20% des élèves en Europe, par leur exclusion de la carrière scolaire, payent le prix de la réussite des autres 80% – l'ER est appelé à redécouvrir sa vocation sociale d'«objecteur de conscience» contre toute structure qui menace de réduire la personne à être un instrument. C'est dire, une fois de plus, la priorité d'un projet alternatif d'assainissement en profondeur de l'éducation scolaire en tant que telle: c'est bien là le chantier où les chrétiens d'Europe peuvent aujourd'hui témoigner de leur volonté de servir l'école, en l'humanisant, au lieu de s'en servir, fût-ce même pour y assurer un enseignement religieux.

Flavio PAJER

ÉDUCATION ET ÉCOLE CATHOLIQUES SELON LE CODE DE DROIT CANONIQUE DE 1983

Dix ans se sont écoulés depuis la promulgation du Code de droit canonique le 25 janvier 1983, qui a acquis force de loi le premier dimanche de l'Avent de la même année. C'ést une révision complète du Code de 1917. Dans le troisième livre du Code de 1917 (*Des choses*) le titre 22 contient une douzaine de canons (can. 1372-1383) intitulés *Des écoles*. Sans aucun ordre ni classement il s'agissait du rôle de l'école, des droits et des obligations des parents, de l'Église et de l'État quant à l'enseignement religieux des enfants. Aucune distinction n'était faite quant au degré des écoles[1]. Le Code de 1983 traite cette matière dans son troisième livre, «La fonction d'enseignement de l'Église», dont le troisième titre intitulé *l'éducation catholique* comporte 29 canons mieux classés et plus développés.

1. Le Code de 1917 avait une allure plus apologétique en cette matière et était plutôt orienté vers le droit de l'Église et de son autorité compétente, tandis que le nouveau Code s'appuie davantage, et dans un sens positif, sur les droits fondamentaux basés sur la liberté religieuse, la liberté d'association, sur le droit fondamental des parents d'éduquer leurs enfants selon leurs propres convictions et opinions, sur les valeurs de la personne humaine et sur la mission de l'Église en vertu du droit divin. En cela la nouvelle législation de 1983 reflète clairement les documents conciliaires de Vatican II.

2. Déjà avant le Code de 1983, le Concile Vatican II avait préparé un document concernant l'éducation chrétienne, la déclaration bien connue *Gravissimum educationis* du 28 octobre 1965. Elle était la première grande déclaration sur ce thème depuis l'encyclique *Divini*

1. À propos des écoles dans le Code 1917, cf. F.X. WERNZ – P. VIDAL, *Ius canonicum*, t. IV: *De Rebus*, vol. 2, Rome, 1935, p. 69-102; E. REGATILLO, *Institutiones iuris canonici*, 4e éd., Santander, 1951, p. 171-178; G. JACQUEMET, *Écoles (L'Église et les)*, II. *Doctrine et droit canon*, dans *Catholicisme*, t. III, 1952, col. 1282-1293; R. NAZ, *Traité de droit canonique*, t. III, Paris, 1955, p. 157-163; U. BESTE, *Introductio in Codicem*, 5e éd., Naples, 1961, p. 753-763; L. BOUSCAREN, A. ELLIS, F. KORTH, *Canon Law. A Text and Commentary*, 4e éd., Milwaukee, 1966, p. 760-775; MASSEO DA CASOLA, *Compendio di diritto canonico*, Turin, 1967, p. 851-857.

illius Magistri de Pie XI du 31 décembre 1929. D'autres documents importants ont suivi, notamment *L'école catholique*, du 19 mars 1977, émanant de la Congrégation pour l'éducation catholique[2]; l'exhortation apostolique *Familiaris consortio* du 22 novembre (1981)[3]; *Le laic catholique témoin de la foi dans l'école* du 15 octobre 1982[4] et la *Charte des droits de la famille* du 22 octobre 1983[5]. On consultera aussi avec fruit les rapports des réunions d'études pour la révision du Code à ce sujet[6].

3. Bien que tous les fidèles connaissent les principes de base de l'éducation catholique des enfants, il est peut-être bon de les reprendre brièvement, comme ils sont encore définis dans la législation actuelle. Ces principes fondamentaux sont les droits et les obligations des parents, de l'Église et de l'État[7].

a. Le droit des parents à l'éducation de leurs enfants est un droit inaliénable et fondamental[8]. C'est précisément en vertu de la vie que les parents ont donné à leurs enfants «cum vitam filiis contulerint»

2. *Archief van de Kerken* 32 (1977) n° 21, 918-940; *Seminarium* 21 (1981) 15-41.

3. *AAS* 74 (1982) 81-191; *Archief van de Kerken* 37 (1982) n° 1, 1-72; *La Documentation catholique* 79 (1982) 1-37. – Commentaires par Ph. DELHAYE, *La pastorale familiale dans l'optique de «Familiaris consortio»*, dans *Esprit et Vie* 92 (1982) 97-103, 241-248, 561-570, 609-617, 625-631; *Seminarium* 22 (1982) n° 1: *De communitatis christianae schola*; W. BUHLMANN, *Questions à propos du mariage et de la famille en Afrique. «Familiaris consortio» apporte-t-elle une réponse?*, dans *Telema* 9 (1983) n° 34, 63-78.

4. *Archief van de Kerken* 38 (1983) 10-25; *Esprit et Vie* 93 (1983) 113-126; *La Documentation catholique* 79 (1982) 979-991; *Seminarium* 35 (1983) 15-51; – Commentaires par S. MARTIN JIMÉNEZ, *La función del educador laico en las escuelas de la Iglesia*, dans *Seminarium* 35 (1983) 106-122; S. QUINLAN, *Lay Catholics in Schools: Some Lay Reflexions*, dans *Seminarium* 35 (1983) 123-132.

5. *L'Osservatore Romano*, supplément 25 novembre 1983, traduction dans *Archief van de Kerken* 39 (1984) 21-25; *La Documentation catholique* 80 (1983) 1153-1157.

6. *Communicationes* 7 (1975) 154-160; 9 (1977) 262-264; 15 (1983) 100-106; 20 (1988) 169-264. Voir aussi C. VAN DE WIEL, *De verkondigingstaak van de Kerk. Kerkelijk Wetboek 1983. Canons 747-833*, Leuven, University Press - Peeters, 1990.

7. Cf. F.X. WERNZ. - P. VIDAL, *Ius Canonicum*, t. V, vol. 2, p. 70-77 et 81; R. NAZ, *Enseignement*, dans *Dictionnaire de droit canonique*, V, 1953, col. 348-352; Déclaration *Gravissimum educationis*, 1965, n° 3, *in fine*; *Communicationes*, 7 (1975) 155; Exhortation *Familiaris consortio*, 1981, n° 36-41; R. MINNERATH, *L'Église et les États concordataires (1846-1981). La souveraineté spirituelle*, Paris, 1983, p. 371-383; R. ILGNER, *Die Verantwortlichen für Bildung und Erziehung: Familie, Gesellschaft, Staat, Kirche*, dans *Seminarium* 37 (1985) 64-88; J.W.M. HENDRIKS, *De katholieke school*, Brugge, 1986, p. 49-84.

8. *Déclaration des droits de l'homme de 1948*, art. 26, 3. *La charte des droits de la famille*, publiée par le S. Siège le 22 octobre 1983, confirme cette déclaration (art. 5).

(can. 226 § 2), qu'ils acquièrent le droit à l'éducation physique, sociale, morale, intellectuelle et religieuse de leurs enfants (can. 1136). Sur base du principe de la liberté religieuse, les parents ont le droit de déterminer l'éducation religieuse de leurs enfants.

b. Les parents catholiques doivent alors donner à leurs enfants une éducation catholique. Les enfants ont droit à une telle éducation parce qu'ils sont baptisés et donc chrétiens. Les parents ou ceux qui en tiennent lieu, qui font baptiser ou élever leurs enfants dans une religion non catholique, seront punis d'une censure ou d'une autre juste peine (can. 1366). Les parents catholiques ont donc l'obligation morale d'envoyer leurs enfants à des écoles catholiques.

Cette obligation est basée sur la libre volonté des parents d'appartenir à la communauté ecclésiale[9]. De ce droit parental découle aussi pour les parents catholiques le devoir et le droit de choisir les moyens et les institutions par lesquels, selon les conditions locales, ils pourront au mieux pourvoir à l'éducation catholique de leurs enfants. Ils ont aussi le droit de bénéficier de l'aide que la société civile doit fournir[10]. C'est elle qui doit prendre soin de l'éducation religieuse et morale. L'Église félicite les autorités et les sociétés civiles qui, compte tenu du caractère pluraliste de la société moderne, soucieuses du droit à la liberté religieuse, aident les familles à assurer à leurs enfants, dans toutes les écoles, une éducation conforme à leurs propres principes moraux et religieux[11]. Quand l'un des deux est catholique, tout dépend de l'engagement pris lors du mariage. De même, à l'Église appartient le devoir et le droit inaliénable d'éducation. Dieu a confié à l'Église la mission d'aider les hommes à obtenir la plénitude de la vie chrétienne[12]. C'est pour cela que les pasteurs ont le devoir de prendre toutes les dispositions afin que tous les fidèles bénéficient d'une éducation catholique (can. 794 § 2).

9. Can. 217, cf. Déclaration *Gravissimum educationis*, n° 2; F. PETRONCELLI-HUBLER, *Diritti e doveri della famiglia nell'educazione cristiana*, dans *Monitor ecclesiasticus* 112 (1987) 101-111.

10. Canon 793 § 1 et 2, cf. Déclaration *Gravissimum educationis*, n°s 3, 6, 7; Déclaration *Dignitatis humanae*, n° 5, *Charte des droits de la famille*, du 22 octobre 1983, art. 5 a et b.

11. Déclaration *Gravissimum educationis*, n° 7.

12. Canon 794 § 1, cf. Déclaration *Gravissimum educationis*, n° 3. Cf. aussi l'encyclique *Divini illius Magistri*, du 31 décembre 1930, cf. *AAS* 22 (1930) 49-86; lettre du 8 décembre 1970 de Paul VI à l'Unesco (Année internationale de l'éducation), cf. X. OCHOA, *Leges*, nr. 3930. – R. MINNERATH, *Le droit d'éduquer*, dans *L'Église et les États concordataires (1846-1981). La souveraineté spirituelle*, Paris, 1983, p. 369-415; M.A. HAYES, *As Stars for All Eternity: A Reflexion on Canons 793-795*, dans *Studia Canonica* 23 (1989) 409-427.

4. La vraie et réelle éducation est celle qui assure *intégralement* la formation de la personne humaine dans la perspective de sa fin la plus élevée et, en même temps, du bien commun de l'humanité, c'est-à-dire de l'évolution harmonieuse des dons physiques, religieux, moraux, intellectuels, civils et jusqu'à l'éducation politique bien comprise[13].

Nous sommes ici devant un ensemble de valeurs dont la présence dans un texte législatif canonique est d'une nouveauté significative! Ce texte déclare en effet que les enfants et les jeunes gens doivent être éduqués pour qu'ils acquièrent un sens plus parfait de la responsabilité et un juste usage de la liberté et qu'ils deviennent capables de participer activement à la vie sociale[14].

Il s'en suit que les écoles catholiques doivent éduquer leurs élèves d'une façon intégrale à partir d'une vision catholique de la vie. Le religieux est une dimension de l'éducation totale. Il appartient aux conférences épiscopales (can. 804 § 1) de donner des directives pour une philosophie bonne et cohérente et d'établir des critères en vue de protéger les principes catholiques. Le Code de 1917 parlait uniquement de la «formation religieuse», qui était soumise à l'autorité et au contrôle de l'Église (can. 1381).

Ce droit se voit lésé quand les enfants sont obligés de suivre des leçons qui ne correspondent pas aux conceptions des parents ou quand toute formation religieuse ou morale est écartée du programme.

5. Comme nous l'avons déjà dit, les parents catholiques, en raison de leur droit à l'éducation catholique de leurs enfants, ont l'obligation de les envoyer à des écoles qui offrent une éducation catholique[15].

Lorsque la chose est impossible à raison de la grande distance ou à cause des frais de scolarité, de la langue, des difficultés ethnologiques ou politiques, les parents doivent donner une éducation catholique hors de l'école (can. 798). Le Code de 1917 avait une autre

13. Canon 795, cf. Déclaration *Gravissimum educationis*, n° 1; Constitution *L'école catholique*, n° 45: «L'école catholique considère comme sa tâche spécifique la formation intégrale de la personnalité chrétienne»; P. ADAMS, *Un projet d'éducation intégrale*, dans *Seminarium* 37 (1985) 55-63.

14. Cf. en outre *Orientations éducatives sur l'amour humain. Règles sur l'éducation sexuelle du 1er novembre 1983*, dans *La Documentation catholique* 1 janvier 1984, n° 1865, p. 16-29.

15. Canon 797. Cf. Déclaration *Dignitatis Humanae*, n° 5; F.G. MORRISEY, *Rights of the Parents in the Education of Their Children (Canons 796-806)*, dans *Studia Canonica* 23 (1989) 429-444.

option. Au canon 1374 il était stipulé expressément que les parents catholiques ne pouvaient confier leurs enfants à des écoles neutres ou à des écoles mixtes[16]. La raison en était que la croissance dans une telle atmosphère risquait de conduire l'enfant à l'indifférence religieuse[17]. D'ailleurs il est nécessaire que les parents jouissent d'une véritable liberté dans le choix des écoles[18].

Comme l'État, l'Église a le droit de fonder des écoles de n'importe quelle nature ou quel degré, de les diriger, d'établir les programmes, de nommer les professeurs et de les destituer. S'appuyant sur trois sources, le droit naturel, l'histoire et le droit divin positif[19], le Code de 1917 (canons 1375, 1379 § 1), les documents pontificaux, les conciles provinciaux, le Concile Vatican II, les conférences épiscopales récentes l'ont confirmé. Par voie de conséquence les fidèles ont l'obligation de contribuer à l'érection et à la conservation des écoles catholiques[20].

6. Définition juridique de l'école catholique

Une école catholique est une école dirigée par l'autorité ecclésiastique compétente ou par une personne juridique ecclésiastique publique; c'est aussi, une école que l'autorité ecclésiastique reconnait comme telle par un document écrit. Donc aucune école, même si

16. Sont dites «neutres» les écoles où ni l'enseignement religieux ni l'éducation religieuse ne sont donnés. Sont dites «mixtes» les écoles où sont reçus des enfants appartenant à des confessions religieuses diverses.

17. En 1950 un *monitum* de la Congrégation du S. Office refusait les sacrements aux parents qui envoyaient leurs enfants dans des établissements communistes, ainsi qu'aux enfants eux-mêmes, aussi longtemps qu'ils fréquentaient ces écoles, cf. *AAS* 42 (1950) 553; cf. *Monitor Ecclesiasticus* 75 (1950) 545-548; *Nouvelle Revue Théologique* 82 (1950) 1094-1095; *Periodica de re morali canonica liturgica* 39 (1950) 310-314; *Apollinaris* 23 (1950) 264-268.

18. Ce principe de la liberté dans le choix des écoles est proclamé par de nombreux accords internationaux: *Déclaration universelle des droits de l'homme de l'ONU*, art. 26 § 3 (10 octobre 1949); *Pacte international de droits économiques, sociaux et culturels de l'ONU*, art. 13 § 3 (16 décembre 1966); *Pacte international de droits civils et politiques*, n° 18 § 4 (16 décembre 1966); *Convention relative à la lutte contre la discrimination dans le domaine de l'enseignement*, adoptée par l'UNESCO, art. 5 § b (14 décembre 1960); Premier protocole additionel, art. 2 à la *Convention européenne pour la sauvegarde des droits de l'homme et des libertés fondamentales*, adopté par le Conseil de l'Europe (4 novembre 1950).

19. Canon 800 § 1. – Le droit naturel: chaque homme qui s'en sent la capacité peut communiquer sa science et ériger des associations à cet effet; l'histoire: l'Église a érigé beaucoup d'écoles durant toute son existence; le droit divin positif: Dieu a confié à l'Église l'éducation religieuse et morale qui est nécessairement liée à chaque formation scientifique.

20. Canon 800 § 1 et 2, cf. Déclaration *Gravissimum educationis*, n°s 3, 8 et 9.

elle est réellement catholique, ne peut porter le nom d'école catholique, si ce n'est du consentement de l'autorité ecclésiastique compétente (can. 803 § 1 et 3). C'est pourquoi les écoles créées par des associations ecclésiastiques privées, avec ou sans personnalité juridique, par des associations de fait permises par l'autorité ecclésiastique[21], ou par des personnes physiques, fussent-elles catholiques, même si elles s'inspirent de la doctrine catholique dans leur enseignement, ne sont pas des écoles catholiques.

Mais alors quelle est l'autorité ecclésiastique compétente? Cette autorité est celle exercée par le Pape et la Curie romaine (le Saint-Siège), la conférence épiscopale, l'évêque diocésain et l'ordinaire d'une prélature personnelle, l'ordinaire du lieu[22], leurs délégués (can. 137), le curé d'une paroisse territoriale ou personnelle, le supérieur majeur d'une congrégation religieuse[23].

Quelles sont les personnes juridiques ecclésiastiques publiques? Ce sont, selon le can. 116 § 1, des groupes de personnes ou de choses, érigés par l'autorité ecclésiastique compétente afin d'assumer au nom de l'Église, dans les limites qu'elles se sont fixées et selon les dispositions du droit, la charge propre qui leur a été confiée en vue du bien public. Ce sont donc l'Église catholique, le Saint-Siège, la conférence épiscopale, le diocèse, la prélature personnelle, la paroisse territoriale ou personnelle, une congrégation religieuse. Sont aussi comprises les associations de laïcs catholiques, érigées par décret de l'autorité ecclésiastique compétente, qui deviennent ainsi des associations publiques avec personnalité juridique (can. 301 § 3 et 313).

Toutes ces écoles dirigées par l'autorité ecclésiastique compétente ou par une personne juridique publique ecclésiastique sont *ipso jure* catholiques. Les écoles érigées par des personnes juridiques privées

21. Concernant les associations publiques, privées et de fait en droit canonique, cf. R. Torfs, *Congregationele gezondheidsinstellingen. Toekomstige structuren naar profaan en kerkelijk recht*, Leuven, 1992, p. 137-257.

22. Par ordinaire on entend, outre le Pontife Romain, les évêques diocésains, les prélats et abbés d'une prélature ou d'une abbaye territoriale, les vicaires et les préfets apostoliques, les administrateurs apostoliques, les vicaires généraux et épiscopaux, les supérieurs majeurs des instituts religieux cléricaux de droit pontifical, qui possèdent au moins le pouvoir exécutif ordinaire. Par ordinaire du lieu, on entend tous ceux qui sont énumérés ci-dessus à l'exception des supérieurs des instituts religieux et des sociétés de vie apostolique (can. 134 § 1 et 2, can. 371).

23. À noter que pour ériger validement dans un diocèse une association ou une section d'association, même en vertu d'un privilège apostolique, le consentement écrit de l'évêque diocésain est requis. Ainsi un curé, un supérieur majeur, une association de laics ne peuvent ériger une école sans le consentement écrit de l'évêque.

(can. 322 § 1), par les associations privées sans personnalité juridique, par des associations de fait, même permises par l'autorité ecclésiastique, ou par des personnes physiques doivent obtenir le consentement formel par écrit de l'autorité ecclésiastique compétente afin de porter le titre de catholique, même si elles sont en réalité catholiques.

7. Dans toutes ces formes, l'enseignement et l'éducation doivent être fondés sur les principes de la doctrine catholique et les enseignants doivent se distinguer par la rectitude de leur doctrine et la probité de leur vie. Ceci vaut surtout pour les écoles reconnues comme «catholiques». Mais encore une fois, non-obstant ce critère de doctrine catholique et de probité de vie des enseignants, et les autres critères comme le nom, l'origine, la fin, la direction, par lesquels une école peut être considérée comme catholique, elle n'a le droit de porter ce titre que lorsqu'elle est décrétée comme telle par l'autorité ecclésiastique compétente[24]. En d'autres termes une école, bien que dirigée par des laïcs catholiques, est catholique quand il y a un lien avec la hiérarchie: une telle école est ainsi formellement et juridiquement catholique. Sans ce lien, une école ne peut être appelée catholique.

Est en réalité catholique l'école qui s'engage consciemment à promouvoir l'homme intégral dans une perspective de vie catholique. Cette vision catholique doit rayonner dans toutes les branches enseignées et pas uniquement dans son enseignement catéchétique.

Le cœur de l'action éducative de l'école catholique – comme un document du Saint-Siège le formule – c'est la personne du Christ qui est le modèle sur lequel le chrétien doit configurer sa vie. C'est en cela que l'école catholique se distinguera de toute autre école qui se limite à former l'homme[25].

Une telle école aura en tout cas du respect et de la tolérance pour d'autres convictions religieuses. Elle ne sera pas une école de

24. Can. 803 § 1 et 2, cf. P. DEZZA, *La scuola cattolica nel magisterio di Giovanni Paulo II*, dans *Seminarium* 21 (1981) 42-57; J.A. PLOURDE, *L'école catholique. Quelle différence?*, dans *La Documentation catholique* 81 (1984) 584-588; F.G. MORRISEY, *What Makes an Institution «Catholic»?*, dans *The Jurist* 47 (1987) 531-544; R. MINNERATH, *op. cit.*, p. 407-415. – Concernant l'histoire de la question scolaire, la législation actuelle en ce domaine et l'enseignement catholique en Belgique, cf. V.V. DEHIN, *La liberté d'enseignement et l'école catholique en Belgique*, dans *Liberté d'éducation et école catholique*, Paris, 1982, p. 43-68.

25. Document *L'école catholique* de la S. Congrégation de l'éducation catholique, n° 47.

catholiques pour des catholiques, mais devra être ouverte à tout le monde[26].

8. L'enseignement de la doctrine évangélique telle que l'Église catholique la transmet constitue l'élément fondamental de l'action éducative. Sans une référence constante à la Parole de Dieu et sans la rencontre toujours renouvelée avec le Christ, l'école catholique s'écarte de son fondement. C'est du contact avec le Christ qu'elle tire toute l'énergie nécessaire à la réalisation de son projet éducatif propre. Puisque personne, sinon l'Église ne peut en juger, tout enseignement et toute éducation religieuse catholique, donnés dans n'importe quelle école – et cela vaut aussi pour l'école publique – sont soumis à l'autorité de l'Église[27].

Il appartient à la Conférence des Évêques de donner des règles générales concernant ce champ d'action[28].

Les évêques diocésains doivent élaborer des directives concrètes pour l'exécution de ces normes et veiller à la réalisation et à l'observance de ces lois[29]. La compétence de la conférence épiscopale ne se limite pas aux écoles catholiques comme telles, mais s'étend à l'enseignement catholique dans n'importe quelle école. Et ceci n'empêche pas que, par jurisprudence pastorale, les évêques diocésains élaborent de commun accord des normes quant au fonctionnement général des écoles catholiques de leurs diocèses respectifs afin d'obtenir plus d'unité dans ce domaine au sein de la Conférence.

26. *Spécificité de l'enseignement catholique* (Conseil général de l'enseignement catholique), s.d. (1975), Bruxelles, 23 p.; J. BULCKENS, *Wanneer is een school katholiek?*, dans *Korrel. Driemaandelijks tijdschrift voor katechese en godsdienstonderricht* 10 (1988) 17-25; J.M. GIJSEN, *Katholiek onderwijs, illusie of toekomstperspectief*, Roermond, 1989, 165 p.

27. Document *L'école catholique*, n°s 49-52, cf. D. MOGAVERO, *L'insegnamento della religione nelle scuole secondo il Codice di diritto canonico*, dans *Monitor ecclesiasticus* 112 (1987) 141-151; Document de la Congrégation pour l'éducation catholique (7 avril 1988), *Dimensione religiosa dell'educazione nella scuola cattolica. Lineamenti per la riflessione e la revisione*, cf. *Seminarium* 39 (1988) 163-211; P. GRIEGER, *La mission spécifique de l'école catholique dans le monde d'aujourd'hui*, dans *Seminarium* 39 (1988) 213-226; J. HENDRIKS, *De katholieke school*, Brugge, 1986.

28. Pour que les décrets des conférences épiscopales soient validement portés en assemblées plénières, ils doivent être votés à la majorité des deux tiers au moins des suffrages des prélats membres de la conférence ayant voix délibérative. Ces décrets n'entrent en vigueur que lorsqu'ils ont été promulgués légitimement après avoir été reconnus par le Siège apostolique (can. 455 § 2).

29. Can. 804 § 1 et 2, cf. Déclaration *Gravissimum educationis*, n° 7. Cf. Code 1917, can. 1381 § 2. Voir R. MINNERATH, *op. cit.*, p. 385-406.

9. L'évêque diocésain (le canon l'étend à l'ordinaire du lieu) a le droit de nommer les maîtres qui enseignent la religion ou d'approuver leur nomination, également dans les écoles non-catholiques. C'est à lui qu'appartient en outre – selon la législation de l'Église – le droit de les révoquer ou d'exiger leur révocation si une raison de religion ou de moeurs le requiert. Il décidera pour chaque cas particulier en tenant compte de la législation civile[30]. L'évêque diocésain est responsable de la doctrine théologique et morale dans son diocèse. C'est pour cela qu'il doit examiner la rectitude de la doctrine, l'intégrité des moeurs, la conception de vie chrétienne et la capacité pédagogique des enseignants. Ceux-ci doivent non seulement posséder ces qualités, mais aussi y exceller.

Les clercs ont la capacité d'enseigner publiquement au nom de l'Église en vertu de leur ordination. Il leur faut uniquement la nomination par l'évêque. Le laïc au contraire doit recevoir de l'Église un mandat, une procuration. Bien qu'il puisse prononcer la doctrine catholique en vertu de son baptême, comme enseignant de la religion catholique dans les écoles ou en public, il n'enseigne pas en son nom propre, mais comme témoin officiel de la foi au nom du Christ et de l'Église[31].

10. À l'évêque diocésain revient le droit de veiller sur les écoles catholiques situées sur son territoire et de les visiter à propos de tout ce dont nous avons traité: la fin et la mission de l'école, sa reconnaissance comme école catholique, l'enseignement surtout de la religion et l'éducation selon les principes fondamentaux de la doctrine catholique, l'orthodoxie et l'attitude face à la vie chrétienne des

30. Des raisons d'ordre pédagogico-didactique n'entrent pas de façon stricte en ligne de compte, cf. can. 805, voir *Relatio*, 1981, p. 180; *Communicationes* 15 (1983) 102.

31. Le Code de 1917 proclamait le principe général de la «mission canonique» au canon 1328. Une définition n'y était pas formulée. La meilleure est celle de J. BRYS, *Iuris canonici compendium*, t. II, Brugge, 1949, n° 793: «positiva deputatio *ab auctoritate ecclesiastica* facta ad docendam *ex officio* et quasi *publico modo* religionem christianam». Il s'agit donc d'une mission positive pour enseigner en public au nom de l'Église. Cela vaut pour la prédication, l'enseignement de la religion et de la théologie. Cette mission devenait nécessaire suite à l'arrogance des fauteurs d'hérésies au Moyen Âge (Cathares, Waldenses, Wiclif, Huss, etc.). La sécularisation et le monopole de l'État sur les écoles au 19e siècle exigeaient à nouveau la mission canonique. À partir de ce moment, mais pas avant on employa l'expression *missio canonica*. C'est en vain qu'on cherche le mot dans le lexicon de Lucius Ferraris. Le Code de 1983 ne l'emploie plus.

maîtres, leur nomination et leur démission. Sous cette règle tombent également les écoles fondées ou dirigées par des membres d'instituts religieux, exception faite pour les écoles ouvertes exclusivement aux propres élèves de l'institut[32].

Il revient en outre à l'évêque diocésain d'édicter des dispositions concernant l'organisation générale des écoles catholiques[33]. Ces dispositions valent aussi pour les écoles dirigées par les membres des instituts religieux. Elles sauvegardent pourtant l'autonomie de ces instituts quant à la direction interne de ces écoles[34].

Les modérateurs d'écoles catholiques veilleront à donner, sous la vigilance de l'ordinaire du lieu, une formation de qualité égale au point de vue scientifique à celle dispensée par les autres écoles de la région[35].

Constant Van de Wiel

32. Canon 683 § 1, cf. Motu proprio *Ecclesiae Sanctae*, I, n° 39. Aussi dans le Code de 1917 les écoles internes pour les membres profès d'une communauté religieuse exempte n'étaient pas soumises au droit de visite.

33. Can. 806 § 1 – L'évêque diocésain reçoit ainsi une plus grande compétence administrative que dans le Code de 1917, can. 1381 § 2: «ius et officum est vigilandi ne ... quidquam contra fidem vel bonos mores tradatur aut fiat».

34. Can. 806 § 1 i° can 678: «Religiosi subsunt potestati episcoporum in iis quae alia apostolatus opera respiciunt». Cf. Codex 1917, can. 1382; décret *Christus Dominus*, n° 35, 4: «Omnes religiosi exempti et non exempti, Ordinariorum locorum potestati subsunt in iis, quae ad Christifidelium, praesertim puerorum, religionem et moralem educationem, catecheticam institutionem spectant»; motu proprio, *Ecclesiae Sanctae*, I, n° 39 § 1.

35. Can. 806 § 2, cf. X. Ochoa, *Leges*, n° 2231.

II

LE COURS DE RELIGION DANS LES PAYS ENVIRONNANTS

RELIGIONSUNTERRICHT IN DEUTSCHLAND
HEUTIGE SITUATION UND PROGNOSE

I. Die gesellschaftlichen und kirchlichen Rahmenbedingungen

Nach einer längeren Zeit relativer Stabilität ist der schulische Religionsunterricht in Deutschland seit etwa fünf Jahren Gegenstand einer z.T. heftigen Diskussion. Doch diese Diskussion kommt nicht recht voran. Es ist unklar, wie es weitergehen soll. Meine These ist, daß sich in dieser Ratlosigkeit der Religionspädagogik tiefergreifende Orientierungsprobleme von Gesellschaft und Kirche spiegeln.

Diese Orientierungsprobleme betreffen auch und besonders die Erziehung. In einer großen deutschen Tageszeitung, und zwar in einer sehr liberalen Zeitung, erschien kürzlich ein Leitartikel, in dem ein »gefährlicher Mangel an Erziehung« beklagt wird[1]. Der Autor meint dort, wenn man eine Liste aufstellen wollte »mit den dringlichsten Beschwerden, die heutigentags die Menschen vorzubringen haben, dann wäre rasch erkennbar, daß die meisten mit Mißständen zu tun haben, die auf mangelnder Erziehung beruhen«. Denn mit dem Maß unserer Freiheit wachse auch der Bedarf an Erziehung. Dem läßt sich sicherlich zustimmen. Doch der entscheidende Punkt ist: Mit dem Maß unserer Freiheit wird Erziehung nicht nur dringlicher, sondern auch schwieriger.

In keinem pädagogischen Handlungsfeld wird dies deutlicher als in der öffentlichen Schule. Und wohl in keinem schulischen Fach wird es in Deutschland augenfälliger als im Religionsunterricht. Denn gerade hier geht es mit der Frage nach den Voraussetzungen gelingenden Lebens ja implizit auch um die Frage nach den Zielen und Maßstäben von so etwas wie Erziehung und Bildung. So ist der Religionsunterricht gerade in Deutschland, wo er an der säkularen Schule reguläres Schulfach ist, ein sensibler Indikator für gesellschaftliche Orientierungskonflikte. Durch seinen besonderen rechtlichen Status, der noch ausführlicher zu erläutern sein wird, hat der

1. J. Busche, *Gefährlicher Mangel an Erziehung*, in *Süddeutsche Zeitung*, Nr. 199, 1992, S. 4.

Religionsunterricht hier stärker als anderswo teil an Irritationen des gesellschaftlichen Wertgefüges. Er findet hier noch weniger als anderswo im schützenden Milieu einer weltanschaulich einigermaßen homogenen Gruppe statt, sondern ist mit dem gesellschaftlichen Pluralismus in seiner vollen Breite konfrontiert.

Die Diskussion um den Religionsunterricht ist aber nicht nur durch *gesellschaftliche Orientierungsprobleme*, sondern auch durch *innerkirchliche Differenzen* belastet. Diese Differenzen kommen in sehr diskrepanten Sichtweisen der Ziele und Aufgaben religiöser Erziehung im allgemeinen und des Religionsunterrichts im besonderen zum Ausdruck. Grob lassen sich drei Positionen unterscheiden:

– Ein *autoritärer Katholizismus* mit integralistischen Tendenzen fordert eine strikt an Lehre und Leben der Kirche orientierte Glaubensunterweisung.

– Ein *liberaler Katholizismus* propagiert eine in die personale Entwicklung des Menschen möglichst schmerzlos integrierbare Religiosität mit weitgehend überkonfessionellen Zügen.

– Ein *basiskirchlich orientierter Katholizismus* sieht in religiöser Erziehung die Chance zur Einübung in eine Praxis solidarisches Handelns im Geiste des Evangeliums.

Die Religionspädagogik muß sich mit diesen verschiedenen Forderungen und Ansprüchen auseinandersetzen; sie sieht sich insofern nicht nur gesellschaftlichen, sondern auch innerkirchlichen Legitimationszwängen ausgesetzt. Weil der Religionsunterricht an der Schule für viele Kinder und Jugendliche heute der erste und manchmal auch einzige Ort einer Begegnung mit dem christlichen Glauben ist, droht man ihn gerade von kirchlicher Seite mit Aufgaben und Ansprüchen zu überfordern. So wird den Religionslehrer/Innen von kirchlich Verantwortlichen und von konservativen Kreisen der Elternschaft immer wieder Versagen vorgeworfen. Viele verstehen nicht, warum in der Bilanz der 600 bis 1000 Religionsstunden eines durchschnittlichen Schülerlebens nicht mehr herauskommt an religiösem Wissen, an christlichen Überzeugungen und an kirchlichem Engagement.

Hier wird oftmals in völliger Verkennung der Bedingungen und Möglichkeiten des Religionsunterrichts argumentiert. Natürlich gibt es im großen Heer der beamteten Religionslehrer/Innen manches schwarze Schaf; es läßt sich auch nicht leugnen, daß sich zeitweilig ein beträchtlicher Prozentsatz der Lehramtsstudenten aus dem ganz praktischen Grund der damit erhofften besseren Anstellungschancen für ein Theologiestudium entschieden. So lassen jüngere Umfragen in Teilen der Religionslehrerschaft ein hohes Maß an Distanz nicht nur gegenüber der Kirche, sondern man muß schon sagen: gegenüber dem Christentum erkennen[2]. Dennoch: Die Mehrheit der durch ein universitäres Studium hervorragend ausgebildeten Religionslehrer ist hochmotiviert und durchaus mit einem Gefühl beruflicher Erfüllung bei der Sache[3]. Allerdings fühlen sich häufig gerade diese engagierten Religionslehrer/Innen nun ihrerseits von der Kirche alleingelassen. Sie haben das Empfinden, daß ihr schwieriger Dienst in der Kirche nicht genügend Resonanz und Unterstützung findet. Viele sind zudem enttäuscht über die kirchenpolitische Entwicklung der letzten fünfzehn Jahre und fühlen sich durch einen autoritären und restaurativen Katholizismus in ihrer schulischen Überzeugungsarbeit behindert. D.h. die zwischen Religionslehrerschaft und Kirche bestehende Distanz läßt sich keineswegs einseitig nur den Religionslehrer/Innen anlasten.

So steht es um das Verhältnis zwischen Religionsunterricht und Kirche nicht zum besten; es gibt immer wieder Verdächtigungen und Mißverständnisse; und es ist von daher nicht auszuschließen, daß der schulische Religionsunterricht bei seiner in Deutschland jetzt anstehenden Neuorientierung zum Gegenstand kirchlichen Parteienstreits wird.

II. Die Rechtssituation

Der Religionsunterricht ist in Deutschland ein ordentliches Lehrfach. D.h., er ist eine Veranstaltung der staatlichen Schule; er ist – auch wenn man sich davon abmelden kann[4] – ein Pflichtfach;

2. Vgl. die in verschiedener Hinsicht umstrittene und heftig diskutierte Erhebung von K. Langer, *Warum noch Religionsunterricht? Religiosität und Perspektiven von Religionspädagogen heute*, Gütersloh, 1989.

3. F.-X. Kaufmann spricht im Blick auf die 1987-88 vom Institut für Demoskopie Allensbach durchgeführte repräsentative Befragung von Religionslehrer/Innen (und Schüler/Innen) von einer »hohen Moral« der Religionslehrer/Innen und nennt es bemerkenswert, »daß sich die Mehrheit der Lehrer auch in den schwierigen Schultypen nicht entmutigen läßt«: *Die heutige Tradierungskrise und der Religionsunterricht*, in *Religionsunterricht. Aktuelle Situation und Entwicklungsperspektiven* (hrsg. v. Sekretariat d. Dt. Bischofskonferenz), Bonn, o.J. (1989), 61-62. Ein ähnlicher Befund ergibt sich aus der Analyse von *46 Briefe(n) von Religionslehrerinnen und Religionslehrern zum heutigen Religionsunterricht aus der Erzdiözese Bamberg im Schuljahr 1991/92*, München, (DKV-Buchdienst), 1993, nämlich ein hohes Engagement trotz z.T. beträchtlicher Frustrationen.

4. Im *Grundgesetz* für die Bundesrepublik Deutschland vom 23. Mai 1949 heißt es in Art. 7,2: »Die Erziehungsberechtigten haben das Recht, über die Teilnahme des Kindes am Religionsunterricht zu bestimmen«. Mit 14 Jahren (in wenigen Bundesländern mit 18 Jahren) können die Schüler/Innen über die Teilnahme selbst

»Religionslehre« wird, wie jedes andere Fach auch, benotet, so daß schlechte Zensuren in Religion sogar – was freilich so gut wie nie vorkommt – die Versetzung verhindern können. Die Religionslehrer/Innen werden im Regelfall an staatlichen Universitäten ausgebildet und vom Staat besoldet. Die Inhalte allerdings bestimmen nicht staatliche Stellen, sondern die Religionsgemeinschaften (wenn auch Lehrpläne und Lehrmittel der staatlichen Genehmigung bedürfen). Der Religionsunterricht ist in Deutschland also eine sogenannte »res mixta«, eine Angelegenheit, bei der Staat und Kirche kooperieren[5].

An dieser grundgesetzlichen Regelung ist immer wieder Kritik geübt worden: Religionsunterricht sei eine Obliegenheit der entsprechenden Religionsgemeinschaften und habe an den öffentlichen Schulen des Staates nichts verloren. Die Kirchen haben dagegen eingewandt, der Religionsunterricht *ermögliche* erst die tatsächliche Wahrnehmung der im Grundgesetz erklärten Religionsfreiheit und gehöre insofern sehr wohl zu den Sorgepflichten des Staates[6]. In jedem Falle eröffnet ein Religionsunterricht an der säkularen Schule eine große religionspädagogische Chance; dafür sind die meisten Christen in Deutschland sehr dankbar. Trotzdem wird in den letzten Jahren auch von katholischen und evangelischen Religionspädagog/ Innen zunehmend angefragt, ob die grundgesetzliche Regelung bzw. ihre bisherige Interpretation die Zukunftsmöglichkeiten eines Religionsunterrichts für alle in der geeignetsten Weise sicherzustellen helfe.

Diese Zweifel betreffen vor allem den Sinn des Konfessionalitätsprinzips; nach der herrschenden Auslegung nämlich verlangt das Grundgesetz mit seiner Forderung, der Religionsunterricht sei »in Übereinstimmung mit den Grundsätzen der Religionsgemeinschaften« zu erteilen,[7] einen nach Konfessionen getrennten Religionsunterricht. Einen solchen konfessionellen Religionsunterricht empfinden viele Religionspädagog/Innen in Anbetracht der fortgeschrittenen Säkularisierung der Schüler/Innen und der gemeinsamen Diasporasituation der Christen als Anachronismus. Diese Zweifel am Sinn des Konfessionalitätsprinzips haben sich im Zusammenhang mit dem

entscheiden. Wer nicht am Religionsunterricht teilnimmt, muß, mindestens in den höheren Klassen, einen Ersatzunterricht besuchen, der – von Bundesland zu Bundesland etwas verschieden – der Klärung ethisch-philosophischer Fragen dient.

5. Vgl. dazu *Grundgesetz*, Art. 7,3.

6. Vgl. dazu den Beschluß der deutschen Pastoralsynode zum Religionsunterricht von 1974, Pkt. 2.2, in L. BERTSCH u.a. (Hg.), *Gemeinsame Synode der Bistümer in der Bundesrepublik Deutschland. Offizielle Gesamtausgabe I*, Freiburg, 1976.

7. Vgl. *Grundgesetz*, Art. 7,3.

Beitritt der sog. »neuen« oder »östlichen« Bundesländer zum Grundgesetz noch deutlich verschärft. Denn nach 40 Jahren sozialistischer Herrschaft ist im ehemaligen Staatsgebiet der DDR heute nur noch eine verschwindende Minderheit der Kinder und Jugendlichen christlich geprägt. Was soll da – so fragt man – ein konfessioneller Religionsunterricht?

Viele Religionspädagog/Innen der »alten« bzw. »westlichen« Bundesländer hatten die Hoffnung, im Osten ergebe sich ein Raum für Experimente mit unterschiedlichen Varianten von Religionsunterricht; man sah sich in Ostdeutschland sozusagen eine Zukunftswerkstatt für den Religionsunterricht von morgen auftun. Viele hatten insbesondere den Wunsch, dort möge das als beengend empfundene Konfessionalitätsprinzip gesprengt werden können. Die Hoffnungen dieser Religionspädagog/Innen haben sich freilich nicht erfüllt. Bis auf eine bzw. (mit Berlin) bis auf zwei Ausnahmen haben alle östlichen Bundesländer Regelungen getroffen, die sich an jenem Rechtsstatus orientieren, den der Religionsunterricht in den westlichen Bundesländern hat.

Doch die Diskussion um die zukünftige gesetzliche Regelung des Religionsunterrichts – die im übrigen im katholischen wie im evangelischen Bereich gleichermaßen geführt wird – ist damit nicht beendet. Es gibt in diesem Streit im wesentlichen drei verschiedene Positionen:

– Die erste Position beharrt auf der bestehenden Regelung, weil sie die Existenz des Religionsunterrichts an öffentlichen Schulen nur so verläßlich gesichert sieht. Diese Position nehmen insbesondere die Verantwortlichen der Kirchen, wohlgemerkt: beider Kirchen, ein.

– Eine zweite Position geht davon aus, daß die grundgesetzliche Bestimmung offener als bisher interpretiert werden könne und solle – und durchaus auch für einen ökumenischen Religionsunterricht Platz lasse. Dies ist sozusagen die Position der gemäßigten Reformer.

– Eine dritte Position schließlich zielt darauf ab, das Grundgesetz zu ändern; es wird hier eine entschiedene Neuregelung in Richtung eines allgemeinen Unterrichts über Religion und Ethik gefordert, der keiner bestimmten Religion oder gar Konfession mehr verpflichtet ist. Dies ist die Position der radikalen Reformpartei.

Es liegt auf der Hand, daß durch die Entscheidung für oder gegen einen bestimmten Rechtsstatus des Religionsunterrichts konzeptionelle Fragen entscheidend präjudiziert werden. Doch bevor ich das Spektrum der gegenwärtig in Deutschland diskutierten religionsdidaktischen Konzepte näher vorstelle, soll ein kurzer Seitenblick auf die Sondersituation der kirchlichen Schulen geworfen werden.

III. Die katholischen Schulen

Es gibt in Deutschland ein gut ausgebautes Netz katholischer Schulen aller Schularten; diese Schulen haben zum großen Teil einen sehr guten Ruf und erfreuen sich einer hohen Resonanz. Lange Zeit hielten sie sich bei der Entwicklung eines eigenständigen pädagogischen Profils stark zurück, so daß man vielfach fragen mußte, was an katholischen Schulen im ganzen eigentlich anders sei als an staatlichen Schulen; in jüngerer Zeit ist man hier um deutlichere Akzentsetzungen bemüht[8]. Das entscheidende Stichwort in diesem Zusammenhang heißt »Schulleben«. Dazu gehört z.B. Elternarbeit, dazu gehört Schulseelsorge, dazu gehören außerunterrichtliche Aktivitäten, Feste und Feiern und natürlich eine über den Religionsunterricht hinausreichende Betonung des christlichen Menschenbildes. Wie das Schulleben an den katholischen Schulen im einzelnen gestaltet wird, ist sehr unterschiedlich. D.h. das Angebot an katholischen Schulen weist eine große innere Pluralität auf[9]. In manchen Bundesländern, in denen sich Teile der Elternschaft – und zwar nicht nur der katholischen Elternschaft – durch die staatliche Schulpolitik in ihren Interessen übergangen fühlten, konnte der Besuch einer kirchlichen Schule zeitweilig den Charakter eines kontestatorischen Aktes annehmen. Dies wäre verstärkt wohl vor allem dann wieder der Fall, wenn der Religionsunterricht an den öffentlichen Schulen irgendwann einmal zur Disposition gestellt würde.

Was nun speziell den Religionsunterricht anbelangt, so hat dieser im Kontext einer katholischen Schule in der Regel natürlich ein günstigeres Umfeld als an einer durchschnittlichen öffentlichen Schule. Doch im übrigen hat sich der Religionsunterricht an katholischen Schulen im wesentlichen mit den gleichen Problemen auseinanderzusetzen wie anderenorts. Erschwerend kommt sogar noch hinzu, daß es die Lehrer/Innen wegen der hier nicht gegebenen Abmeldemöglichkeit vom Religionsunterricht nicht selten auch mit Schüler/Innen

8. Vgl. R. Ilgner (Hg.), *Handbuch Katholische Schule*, Bd. II, Köln, 1992.

9. Vgl. dazu z.B. W. Wittenbruch – W. Werres, *Innenansichten von Grundschulen. Berichte – Portraits – Untersuchungen zu katholischen Grundschulen*, Weinheim, 1991.

zu tun haben, die am Unterricht nur gezwungenermaßen teilnehmen. Insofern ist es im weiteren nicht nötig, ständig zwischen katholischen und öffentlichen Schulen zu unterscheiden.

IV. Optionen für die zukünftige Entwicklung

Wie in Mitteleuropa insgesamt, ist auch in Deutschland mittlerweile ein hohes Maß an gesellschaftlicher Säkularisierung erreicht. Zwar stuft sich nach neuen Umfragen eine überraschend hohe Quote von fast 50 % der Schüler/Innen als religiöse Menschen ein[10], doch handelt es sich hier überwiegend um eine diffuse Form von Religiosität. Es ist eine Religiosität, die von christlichen Glaubensüberzeugungen meist nur noch unterschwellig und von kirchlichem Leben kaum mehr geprägt ist; soweit sie überhaupt gedanklich und lebenspraktisch faßbare Gestalt gewinnt, bleibt sie sehr privat. Man kann hier von einer Intimisierung der Religiosität sprechen.

In diesem Zusammenhang stößt so etwas wie ein religiöser Diskurs, d.h. der produktive Streit über Gründe religiöser Orientierung, immer weniger auf Interesse. Doch gerade der schulische Religionsunterricht hat entscheidend von der Möglichkeit eines solchen Diskurses gelebt. Auf weitgehende Ablehnung stößt erst recht der Versuch einer klärenden Erschließung christlicher Glaubensinhalte. Für die Einsicht in deren lebenspraktische Relevanz fehlt den Schüler/Innen trotz manch guter religionspädagogischer Vorarbeit meistens einfach der eigene Erfahrungshintergrund.

Die Religionspädagogik ist sich darüber im klaren, daß sich der Religionsunterricht auf die veränderten religiösen Voraussetzungen auf Seiten der Schüler einstellen muß. Doch wie? In welcher Absicht und in welcher Weise kann Religion oder gar christlicher Glaube unter den genannten Umständen in den Schulen noch Gegenstand pädagogischer Bemühungen sein? Hat es Sinn von etwas zu reden, das im Erleben heutiger Schüler/Innen kaum mehr eine Rolle spielt? Die sich in diesem Zusammenhang stellenden Fragen betreffen sämtliche Aspekte und Dimensionen des schulischen Religionsunterrichts. Sie betreffen insbesondere seine weitere konzeptionelle Entwicklung, seinen rechtlichen Status und seinen schulischen Rahmen.

10. Vgl. R. Köcher, *Religionsunterricht – zwei Perspektiven*, in *Religionsunterricht. Aktuelle Situation* (Anm. 3), S. 45f.

1. Die konzeptionelle Entwicklung

Vor knapp 20 Jahren hat die deutsche Pastoralsynode mit großer Mehrheit ein damals zukunftsweisendes Konzept zum schulischen Religionsunterricht verabschiedet[11]. Mit diesem Beschluß wurde in aller Form Abschied genommen von jenem katechetisch-kerygmatischen Modell schulischen Religionsunterrichts, das im Grunde keinen Unterschied macht zwischen einer kirchlichen und einer schulischen Veranstaltung. Das von der Synode beschlossene Konzept orientiert sich demgegenüber an der Bildungstheorie der Schule, an der Erfahrungswelt der Schüler und an den Prinzipien adressatengerechten und dialogischen Lernens. Der Wiener Religionspädagoge Wolfgang Langer hat das religionspädagogische Programm dieses Synodenbeschlusses auf die prägnante Formel gebracht: »Im Mittelpunkt steht der Mensch«[12]. Die wesentlichen Intentionen dieses Synodenbeschlusses wurden in dem an der Theologie Tillichs und Schillebeeckx' orientierten »korrelationsdidaktischen Konzept« aufgenommen und blieben in dieser Form bis heute maßgebend.

In jüngster Zeit nun ist eine sich allmählich verbreiternde Unzufriedenheit mit diesem Ansatz zu beobachten. Ein immer wieder zu hörender Vorwurf lautet, das Korrelationskonzept sei theologisch zu anspruchsvoll und setze ein grundsätzliches Interesse an der Erschließung christlicher Glaubensinhalte voraus, das die Schülerinnen und Schüler heute immer weniger zeigten. Nun wird man fragen müssen: Kann denn der Grundgedanke der Korrelation, daß nämlich die Lebenserfahrungen der Schüler/Innen auf der einen Seite und die Lebensimpulse des christlichen Glaubens auf der anderen Seite in einen wechselseitig-kritischen Dialog zu bringen seien, seine theologische Gültigkeit und seine didaktische Berechtigung für den Religionsunterricht jemals verlieren? Hat nicht erst die Symboldidaktik der 80er Jahre gezeigt, wie variantenreich dieser Grundgedanke realisiert werden kann? Dies alles ist richtig – und doch scheint es momentan, als würden die veränderten Bedingungen zu neuen

11. Vgl. *Gemeinsame Synode der Bistümer in der Bundesrepublik Deutschland, Beschluß: Der Religionsunterricht in der Schule*, in L. BERTSCH u.a. (Hg.), *Gemeinsame Synode* (Anm. 6), 123-152.

12. Vgl. W. LANGER, *Im Mittelpunkt steht der Mensch. Zu Bedeutung und Wirkung des Synodenbeschlusses »Der Religionsunterricht in der Schule« (1974)*, in *Katechetische Blätter* 105 (1984) 335-347.

Wegen zwingen. Die Frage ist nur: Wenn die Korrelationsdidaktik in Anbetracht neuer Schülergenerationen tatsächlich als überholt gelten muß – was kommt nach der »Korrelation«?

Ich kann mir gegenwärtig vier Richtungen vorstellen, in die sich der Religionsunterricht weiterentwickeln könnte:

1. Man beschränkt sich darauf, für elementare Erfahrungen einer anthropologisch verwurzelten Religiosität zu sensibilisieren. Das heißt z.B.: Religionsunterricht als Raum der Konzentration auf die innere Mitte, behutsamer Annäherungen an Formen künstlerisch verdichteter Erfahrungen, des Mit- und Nachvollzugs religiöser Rituale usw. Man könnte dies im Unterschied zum interpretativen Vorgehen der Korrelationsdidaktik ein *»tentatives Konzept«* nennen. Seine besondere Berechtigung erhält es durch die zunehmende religiöse Erfahrungsarmut der Schüler/Innen, die ein bloßes »Reden über Religion« nicht mehr sinnvoll erscheinen läßt.

2. Man entscheidet sich für einen religionskundlichen Unterricht; dieser gäbe das Pathos eines irgendwie identitätsstiftenden Bemühens preis und verlegte sich ganz darauf, aus einer religionswissenschaftlichen Distanz über Religion und Religionen zu informieren. Das wäre ein *»komparatives Konzept«*. Seine besondere Berechtigung erhält es durch die in den multikulturellen Gesellschaften Westeuropas immer dringlicher werdende interreligiöse Verständigung, in Anbetracht derer eine positionelle Darstellung religiöser Wahlmöglichkeiten vielen Menschen nicht mehr angemessen erscheint.

3. Man löst das Bemühen um die Identität der Schüler/Innen vom bisherigen inhaltlichen Auftrag des Religionsunterrichts weitgehend ab und macht aus dem Religionsunterricht eine Art Kolloquium in lebenskundlichem Interesse. Das wäre ein *»narratives Konzept«*. Seine besondere Berechtigung erhält es durch die zunehmenden sozialen und psychischen Probleme der Schülerinnen und Schüler, angesichts derer viele Religionslehrer/Innen – und zwar aus christlicher Motivation heraus – meinen einen vorgefertigten Themenplan zurückstellen zu müssen.

4. Die Diskussion über ein zukunftsfähiges Modell von Religionsunterricht, die in Deutschland gegenwärtig stattfindet, bewegt sich zwischen den genannten Polen. Die Suche nach einem konsensfähigen Programm, das an die Stelle des Synodenbeschlusses

treten könnte, ist in vollem Gange[13]. Mehrheitsfähig wird m.E. nur ein gemäßigtes – viertes – Konzept sein, das den »interpretativen Ansatz« der bisherigen Korrelationsdidaktik mit den anderen drei angesprochenen Ansätzen in eine den jeweiligen Umständen angepaßte Balance bringt; das das interpretative Konzept also verbindet mit dem tentativen Konzept der Einübung religiöser Grundvollzüge, mit dem komparativen Konzept der sachlichen Information über Religionen sowie schließlich mit dem narrativen Konzept des leistungsentlasteten Fallgesprächs.

2. Die zukünftige rechtliche Regelung

Wir verdanken die Möglichkeit eines schulischen Religionsunterrichts nicht zuletzt dem Umstand, daß die christlichen Kirchen in Deutschland als moralische und gesellschaftliche Autorität aus der Katastrophe des Nationalsozialismus, trotz ihres eigenen vielfältigen Versagens, gestärkt hervorgingen; die bei der Ausarbeitung des Grundgesetzes Ende der 40er Jahre für einen Religionsunterricht an den öffentlichen Schulen vorhandene Lobby ist mittlerweile freilich beträchtlich zusammengeschrumpft. Das geschwundene gesellschaftliche Interesse an einem öffentlichen Religionsunterricht hat eine Situation geschaffen, die manchen fragen läßt, ob die Kirchen nicht von der ihnen durch das Grundgesetz eingeräumten Möglichkeit eines öffentlichen Religionsunterrichts selbst Abstand nehmen sollten.

Die überwiegende Zahl der Religionspädagog/Innen betrachtet die grundgesetzliche Regelung jedoch nicht als ein kirchliches Privileg, das man unter den jetzt eingetretenen widrigen Umständen besser aufgeben sollte, sondern als eine gesellschaftsdiakonische Verpflichtung, aus der man sich in schwierigen Zeiten nicht einfach selbst entlassen kann. Die in Deutschland verbreitete Rede vom »diakonischen Religionsunterricht« bringt diese Einstellung zum Ausdruck. Doch auch diejenigen, die in einem solchen diakonischen Interesse für die Beibehaltung eines öffentlichen Religionsunterrichts eintreten, sehen, daß der rechtlich-organisatorische Rahmen dieses Religionsunterrichts zu ihrem Anliegen nicht mehr so recht passen will. Denn die Schüler/Innen haben für einen konfessionellen Religionsunterricht,

13. Vgl. *Religionsunterricht in der Schule. Ein Plädoyer des Deutschen Katecheten-Vereins*, in *Katechetische Blätter* 117 (1992) 611-627.

wie ihn das Grundgesetz nach seiner bisher üblichen Auslegung ja fordert, immer weniger Verständnis. D.h., gerade in seiner herkömmlichen konfessionellen Gestalt ist der Dienst eines öffentlichen Religionsunterrichts bei seinen Adressaten immer weniger gefragt. Was aber soll ein Dienst, den niemand wünscht?

So verlangt eine neue Konzeption des schulischen Religionsunterrichts, die in diesem eben nicht mehr ein Stück kirchlicher Verkündigung, sondern ein Stück kirchlicher Diakonie sieht, auch eine Veränderung der entsprechenden Rechtsbestimmungen bzw. eine neue Auslegung dieser Bestimmungen. In diesem Zusammenhang ist in der deutschen Diskussion heute die Rede von einem ökumenischen, d.h. von beiden Kirchen gemeinsam verantworteten Religionsunterricht, der zudem religiös offen ist, d.h. auch die Inspirationen nichtchristlicher Religionen und Weltanschauungen miteinbezieht[14]. Solche Offenheit schließt freilich nicht aus, sondern im Gegenteil ein, daß der Religionsunterricht, gerade durch die Person und das Zeugnis seiner Lehrer/Innen, grundsätzlich seine *konfessorische* Gestalt behält; und auch die Schüler/Innen sollen ihre religiöse Beheimatung nicht um einer vermeintlich neutralen religiösen Komparatistik willen (die gelegentlich natürlich ihren guten Sinn hat) verleugnen müssen, sondern im Gegenteil bekennen und ausdrücken lernen, was ihnen wichtig und was bedeutungslos, was ihnen als »das Höchste« und was ihnen als »das Letzte« erscheint. Wo es gelingt, eine religionsunterrichtliche Praxis zu etablieren, die nicht mehr in der herkömmlichen Weise konfessionell geprägt ist, sondern die sich, wie beschrieben, durch einen zugleich offenen und konfessorischen Charakter auszeichnet, da läßt sich überzeugend davon sprechen, daß der Religionsunterricht einen diakonischen Auftrag erfüllt: Ein solcher Religionsunterricht steht im Dienste seiner Schüler/Innen, insofern er ihnen z.B. hilft, im Gespräch mit Sinnsystemen Selbst-Bewußtsein zu entwickeln, indem er sie befähigt, mit der heute auf sie eindringenden Fülle religiöser und säkularer Heilsversprechungen kritisch umzugehen, indem er sie dazu qualifiziert, sich mit dem Christentum als der für die Geschichte und Gegenwart unserer westeuropäischen Kultur prägenden religiösen Kraft verständig auseinanderzusetzen.

Der Übergang von einem konfessionellen zu einem ökumenischen Religionsunterricht, der religiös offen, aber nicht neutral ist, ließe

14. Vgl. dazu *Religionsunterricht in der Schule* (Anm. 13), insb. die Pkte. 7 und 4.

sich im Rahmen der bestehenden grundgesetzlichen Regelung vollziehen. Die rechtlich dann noch verbleibende Frage, ob ein solcher Religionsunterricht im schulischen Fächerkanon durch ein beigeordnetes Ersatz- oder ein gleichrangiges Alternativangebot (z.B. »Ethik«) ergänzt werden sollte, könnte man m.E. von der tatsächlichen Akzeptanz dieses Religionsunterrichts bei den Schüler/Innen abhängig machen und also pragmatisch entscheiden. Noch offen ist freilich, ob ein ökumenischer Religionsunterricht mit so entschieden diakonischer Zielsetzung tatsächlich irgendwann einmal »serienreif« wird, d.h. ob er nicht nur von den Religionspädagog/Innen vor Ort, sondern auch von den kirchlich Verantwortlichen und den gesellschaftlich relevanten Gruppen wirklich gewollt wird.

3. Die Reform des schulischen Rahmens

Das Verhältnis zwischen Religionsunterricht und Schule war in Deutschland über weite Strecken nicht spannungsfrei. Noch lange nach dem Zweiten Weltkrieg wurde der Religionsunterricht von kirchlicher Seite, obwohl er in der Schule stattfand, nicht als schulische, sondern als kirchliche Veranstaltung betrachtet. Man sah im Religionsunterricht sozusagen ein Stück Kirche in der Schule. Auf dieser Grundlage konnte natürlich von einer Integration des Religionsunterrichts in den schulischen Bildungsauftrag nicht die Rede sein. Später und vor allem mit dem schon erwähnten Synodenbeschluß änderte sich dies. Der Religionsunterricht in Deutschland erreichte in dieser Zeit ein auch schulpädagogisch und fachdidaktisch beachtliches Niveau.

Heute sieht es vielfach so aus, als würde sich in einer späten Umkehrung der früheren Verhältnisse nun die Schule vom Religionsunterricht distanzieren. So kommt es in Deutschland heute zu verschiedenen Formen einer schulischen Marginalisierung des Religionsunterrichts. Beispielsweise fällt der Religionsunterricht nicht selten einfach aus (wobei es hier zwischen den einzelnen Regionen und Schularten große Unterschiede gibt). Vor allem in den Berufsschulen sind Ausfallquoten von über 50 % keine Seltenheit. Häufig wird der Religionsunterricht in die ungeliebten Eckstunden am Beginn und vor allem am Ende eines Schultages verbannt. Wo es zu Kollisionen mit anderen Fächern oder, wie insbesondere an den beruflichen Schulen, mit den Ausbildungsinteressen der Wirtschaft kommt, zieht der Religionsunterricht meist den kürzeren. Immer wieder hört man von

Religionslehrer/Innen die Klage, ihr Fach würde von den Kolleg/Innen nicht ernst genommen. Eine schwierige Situation also, auch wenn es, wie vor allem an Grundschulen, noch relativ störungsfreie Oasen gibt.

Erschwerend hinzu kommen mit den schulischen Bedingungen selbst zusammenhängende Beschränkungen religiösen Lernens: das Potpourri des Fächerangebotes, der 45-Minuten-Takt, die mit dem Zwang zur Leistungsmessung zusammenhängenden Unerfreulichkeiten, der ungemütliche und durch bürokratische Verordnungen reglementierte Gesamtrahmen usw. All dies zusammen läßt es dem einen oder anderen als wünschenswert erscheinen, den Religionsunterricht wenn nicht sogar aus der Schule ganz herauszunehmen, so ihn doch als fakultatives Angebot der Kirche in der Schule, sozusagen am Rande des normalen Betriebs, neu zu organisieren. Durch die Diskussion um die Zukunft der Christenlehre, jener in der ehemaligen DDR ausgebildeten Form eines gemeindenahen religiösen Lernens, mit der man teilweise sehr gute Erfahrungen gemacht hat, haben solche Vorstellungen neue Nahrung erhalten.

Doch aufs ganze gesehen, sind dies Einzelstimmen. Insgesamt möchte die deutsche Religionspädagogik und möchten auch die verantwortlichen kirchlichen Stellen mit Nachdruck an einem allgemeinen Religionsunterricht am Lernort Schule festhalten. Doch dieses Festhalten an der Schule darf m.E. nicht dazu führen, daß man die Schwachstellen religiösen Lernens in der Schule übergeht; es darf nicht dazu führen, daß man die wünschenswerte Veränderung der schulischen Verhältnisse von religionspädagogischer Seite einfach abwartet und anderen überläßt. Durch nichts kann die Integration des Religionsunterrichts in die Schule wirkungsvoller demonstriert werden als durch das schulreformerische Engagement der Religionspädagogik. Hier hätte sie in Zukunft stärker aktiv zu werden. Dann mag man der Religionspädagogik vielleicht auch abnehmen, daß das Vorhandensein angemessener Möglichkeiten religiösen Lernens als ein Testfall für die Menschenfreundlichkeit der Schule insgesamt gelten kann.

Auch die Stellung des schulischen Religionsunterrichts im kirchlichen Gesamtkontext wäre neu zu bestimmen. So wäre an die Komplementarität der Lernorte »Familie«, »Gemeinde« und »Schule« zu erinnern. D.h. man darf dem Religionsunterricht in der Schule nicht länger Aufgaben zuweisen, die heute nur mehr in der Familie und/oder der Gemeinde angemessen angegangen werden können.

Man darf ihn z.B. nicht schlechtmachen, weil er keine Einübung ins Christentum mehr bietet. Denn wenn der schulische Religionsunterricht tatsächlich eine gesellschaftsdiakonische Aufgabe übernehmen soll, muß er sich auf Religion in einem elementaren und weiten Verständnis beziehen – nicht allein auf den christlichen Glauben oder gar die Lehre der Kirche. Das kann im Blick auf die mittlerweile auch in Deutschland gut ausgebaute Katechese, im Blick auf kirchliche Jugendarbeit und religiöse Erwachsenenbildung mit einer gewissen Gelassenheit gesagt werden. Von daher empfiehlt es sich, bei der von Christen verantworteten Religionspädagogik stärker zwischen einem »forum internum« und einem »forum externum« zu unterscheiden.

V. Prognose

Der Religionsunterricht in Deutschland ist nach einer Phase relativer Stabilität z.Zt. in einer Situation der Neuorientierung; diese betrifft den konzeptionellen, den rechtlichen und den schulischen Rahmen des Religionsunterrichts. Grundtendenz der jetzt anstehenden Reform ist die weitere Öffnung des Religionsunterrichts: in Richtung auf die Biographie und Lebenswelt der Schüler/Innen, in Richtung auf die gemeinsame ökumenische Verantwortung der Kirchen, in Richtung auf andere Religionen und Weltanschauungen.

Das weitere Schicksal des Religionsunterrichts an den deutschen Schulen wird nicht zuletzt davon abhängen, in welchem Maß die Kirche und vor allem die kirchlich Verantwortlichen diesen Religionsunterricht, auch in seiner entschieden diakonischen Form, wirklich zu ihrer eigenen Sache machen. Es wird davon abhängen, wie gut es gelingt, im öffentlichen Diskurs die gesellschaftliche Bedeutung eines solchen Religionsunterrichts offensiv zu vertreten. Es muß deutlich werden, was einer Gesellschaft fehlen wird, die im Rahmen ihrer staatlichen Schulen auf die Erschließung und Kultivierung einer so elementaren Dimension des Lebens wie der Religiosität verzichtet.

Meine Prognose ist: Es wird den Religionsunterricht in Deutschland an öffentlichen Schulen weiterhin geben; aber er wird den Charakter einer wie auch immer methodisch gearteten Auslegung des christlichen Glaubens mehr und mehr verlieren. Ich möchte die Überlegungen ausmünden lassen in sechs Perspektiven zum Religionsunterricht von morgen:

1. Der Religionsunterricht von morgen wird nicht mehr christlich im bisherigen Sinne sein. D.h. im Zentrum seines Bemühens steht nicht mehr die hermeneutische Erschließung der christlichen Glaubensüberlieferung. Dies wird natürlich ein wichtiges Motiv bleiben, aber eben nur eines unter mehreren Motiven gleichen Ranges. Die sog. Korrelationsdidaktik, die die religionspädagogische Landschaft in Deutschland fast 20 Jahre lang prägte, stellt sich aus heutiger Sicht als die theologisch niveauvollste, aber auch gleichzeitig letzte Konzeption einer christlichen Glaubensdidaktik im Religionsunterricht dar. In der Praxis erleben wir heute immer stärker, daß eine solche Glaubensdidaktik immer weniger möglich ist. Von daher kann man sagen: die Korrelationsdidaktik steht am Ausgang ihrer Epoche. Auch das heißt nicht, daß sie im Religionsunterricht zukünftig gar keine Rolle mehr spielen wird. Doch sie wird nicht mehr wie bisher das konzeptionelle Grundmuster sein können, an dem sich der Religionsunterricht durchgängig orientiert.

2. Der Religionsunterricht von morgen bedarf einer überzeugenden Einbindung in die Praxis christlich-kirchlichen Handelns. Auch wenn der zukünftige Religionsunterricht nicht mehr im bisherigen inhaltlichen Sinne christlich sein wird, sollte er m.E. doch an die soziale Infrastruktur der christlichen Kirchen angebunden bleiben. Ein in staatliche Regie übernommener Religionsunterricht würde vermutlich in eine Art Religionsgeschichte mutieren und damit die dringlichsten Aufgaben des Religionsunterrichts unerledigt lassen. Der Religionsunterricht, den die Schule braucht, muß auch eine Einübung in konfessorisches Sprechen bieten. Das setzt voraus, daß sich Lehrer/Innen selbst zu einem Standpunkt bekennen. Eine christlich-kirchliche Bindung darf jedoch die pädagogische Freiheit des Lehrers und seine personale Authentizität nicht einschränken. Der Religionsunterricht an der öffentlichen Schule muß frei sein vom Verdacht, seine Lehrer/Innen seien Agenten einer weltanschaulichen Interessengruppe. Eine Theorie des zukünftigen Religionsunterrichts hätte von daher zu zeigen, inwiefern dieser gleichzeitig gebunden und frei sein kann, ja, wie ihm aus seiner Bindung Freiheit erwächst, z.B. gegenüber den jeweils herrschenden gesellschaftlichen Vor-Urteilen. Sie hätte zu zeigen, wie der Religionsunterricht, ohne durch kirchliche Lehre oder Disziplin direkt normiert zu werden, wirklich integrierter Bestandteil christlich-kirchlicher Praxis ist.

3. Der Religionsunterricht von morgen bedarf einer Theologie religiöser Bildung. Auch wenn der Religionsunterricht nicht mehr im inhaltlichen Sinne christlich ist, läßt er sich doch christlich begründen. Es muß deutlich werden, daß das Konzept eines zukünftigen Religionsunterrichts nicht die letzte Auffangstellung der vor dem anbrandenden Säkularismus zurückweichenden Kirchen ist, sondern einem veränderten theologischen Verständnis des Verhältnisses von Kirche und Welt entspricht. Für eine Kirche, die sich als »sacramentum« und »instrumentum« versteht (vgl. *Lumen gentium*, 1), steht nicht ihr Selbstaufbau im Vordergrund, sondern ihr Dienst am Werden der Gottesherrschaft. Hier muß sie sich einbringen in eine Art konziliaren Prozeß, an dem viele beteiligt sind. Aber eine Theologie religiöser Bildung bedarf nicht nur einer ekklesiologischen, sondern auch einer anthropologischen Begründung. Dabei wäre davon auszugehen, daß Gott sich sehr wohl auch da mitteilen kann, wo es nicht zu einer ausdrücklichen Zustimmung zum christlichen Glauben kommt, daß Gott also, wie es Leonardo Boff so anschaulich formuliert, früher kommt als der Missionar[15]. Wenn man so die – bestimmten religiösen und konfessionellen Optionen vorausliegende – grundlegende Offenheit des Menschen für Gott ins Zentrum der theologischen Anthropologie rückt, ließe sich auch das Wesen religiöser Bildung neu begreifen. Es wäre dann nicht in der Vermittlung von dem einzelnen bis dahin unbekannten Wahrheiten zu sehen, sondern in der Entwicklung seines von Anfang an gegebenen, wenn auch vielfach verschütteten »desiderium naturale«. Wird er auf diese Weise ekklesiologisch und anthropologisch fundiert, läßt sich zeigen: Der Religionsunterricht von morgen ist mehr als bloß eine pragmatische Adaptation an die veränderten Bedürfnisse von Schüler, Schule und Gesellschaft.

4. Es muß stärker an einer gesellschaftlichen Begründung des Religionsunterrichts gearbeitet werden. Die geschwundene gesellschaftliche Akzeptanz des Religionsunterrichts ist nicht einfach die unweigerliche Konsequenz des allgemeinen Säkularisierungsprozesses, sondern auch die Quittung für das schuldhaft geringe Bemühen von Kirche und Religionspädagogik, die Bedeutung eines schulischen Religionsunterrichts herauszustellen. Es ist nicht entschieden genug versucht worden, die zahlreichen über den Religionsunterricht

15. Vgl. L. Boff, *Gott kommt früher als der Missionar. Neuevangelisierung für eine Kultur des Lebens und der Freiheit*, Düsseldorf, 1991.

kolportierten Klischees zu entkräften, die, gemessen an der tatsächlichen Realität dieses Unterrichts, längst obsolet geworden sind. Von daher ist es höchste Zeit, mit Nachdruck deutlich zu machen: Die Gesellschaft braucht Religionsunterricht; sie braucht einen Religionsunterricht, der die für sie prägenden kulturellen Traditionen verstehen hilft. Sie braucht einen Religionsunterricht, der dem einzelnen hilft, inmitten der Pluralität weltanschaulicher Sinnangebote seine eigene Überzeugung auszubilden. Sie braucht einen Religionsunterricht, der durch seinen Bezug auf eine lange Tradition kritisch-theologischer Denkarbeit dazu beitragen kann, daß Heranwachsende eine religiöse Unterscheidungsfähigkeit entwickeln, d.h. zum Beispiel, nicht einfach dem nächstbesten Guru auf den Leim gehen. Sie braucht einen Religionsunterricht, der dazu beiträgt, Heranwachsende zum Dialog zwischen den Religionen zu motivieren und zu befähigen. Sie braucht einen Religionsunterricht, der Heranwachsenden hilft, eigene Sinnerwartungen, Lebenshoffnungen und Identitätsprojektionen zu formulieren. Sie braucht einen Religionsunterricht, der zur Gesellschaftskritik befähigt, der imstande ist, Kinder und Jugendliche für die kritische Wahrnehmung unserer in vieler Hinsicht menschenfeindlichen Lebens- und Umgangsformen zu sensibilisieren.

5. Der Religionsunterricht von morgen bedarf der Integration in den Aufgabenzusammenhang der gesamten Schule. Es ist immer wieder – auch von offizieller kirchlicher Seite – betont worden, daß der Religionsunterricht wesentlich vom schulischen Bildungsauftrag her begründet und gestaltet werden müsse. In vieler Hinsicht konnte dieses Postulat eingelöst werden. So braucht sich der deutsche Religionsunterricht, was seine Lehrpläne und Lehrmittel sowie sein didaktisches Niveau angeht, vor anderen Fächern heute nicht mehr zu verstecken. Doch die schulische Integration des Religionsunterrichts verlangt nicht nur, daß sich der Religionsunterricht am didaktisch-methodischen Standard der Schule mißt, sondern sie verlangt auch, daß sich Religionspädagog/Innen zu Wort melden, wenn es darum geht, diese Standards und darüber hinaus die Aufgaben der Schule neu zu formulieren. Integration in die Schule heißt auch beitragen zur Veränderung der Schule. D.h., die Religionspädagogik muß sich an der schulischen Reformdiskussion beteiligen; sie muß Anregungen geben zur Gestaltung der sog. Schulkultur. Sie muß schulpädagogische Experimente wagen. Sie muß an der erziehungswissenschaftlichen Diskussion teilnehmen. Sie muß ihre Bemühungen mit denen anderer

Schulfächer zu vernetzen suchen. Der Religionsunterricht von morgen darf sein Überleben nicht dadurch sichern wollen, daß er sich sozusagen unsichtbar macht, sondern er muß seine Bedeutung für die ganze Schule dadurch unterstreichen, daß er Präsenz zeigt, daß er auf die ganze Schule ausstrahlt.

6. Der Religionsunterricht von morgen wird sich nicht mehr an einem einheitlichen Konzept orientieren können. Schon heute ist der Religionsunterricht eine zu vielgestaltige Wirklichkeit, als daß er nach einem einzigen konzeptionellen Grundmuster ausgerichtet werden könnte. In einer großstädtischen Hauptschule ist anderes vonnöten als in einer ländlichen Grundschule, in einem kirchlichen Gymnasium anderes als in einer gewerblichen Berufsschule. Die Voraussetzungen auf Seiten der Schüler sind einfach zu unterschiedlich. Deshalb bedarf es einer stärkeren Profilierung schularttypischer Grundkonzepte des Religionsunterrichts. Dabei könnte die vorhin getroffene Unterscheidung verschiedener möglicher Akzentsetzungen vielleicht nützlich sein. So zeigt sich heute schon, daß der Religionsunterricht in Haupt- und Berufsschule vielfach vor allem dort das Herz der Schüler/Innen erreicht und damit auch letztlich zu seiner »Sache« kommt, wo er »narrativ« verfährt, wo es – ausgehend von persönlichen Problemen der einzelnen – zu einem vertrauensvollen Gespräch kommt. Im Leistungskurs eines Gymnasiums hingegen, wo der Religionsunterricht teilweise den Charakter einer theologischen Propädeutik annimmt, wird er stärker »interpretativ«, Interpretationsarbeit, sein müssen. In der Grundschule schließlich könnte ich mir gut einen Religionsunterricht vorstellen, der auch religiös etwas erleben läßt, alle Sinne anspricht, der religiöse Erfahrungen zu initiieren versucht und in diesem Sinne »tentativ« ist. Wenn so der schon vorhandenen Vielfalt praktizierten Religionsunterrichts stärker auch eine konzeptionelle Vielfalt entspräche, brauchten situativ bedingte Akzentsetzungen vom einzelnen Lehrer nicht als Normabweichung erlebt und verleugnet, sondern könnten im Gegenteil als Stärke begriffen werden.

Ich bin fest davon überzeugt, daß der Religionsunterricht auch in Zukunft eine unersetzliche Aufgabe in der deutschen Schule zu erfüllen hat. Er kann dies freilich nur tun, wenn er die »Zeichen der Zeit« beachtet und sich wandelt. In welche Richtung diese Wandlung gehen könnte, habe ich zu zeigen versucht.

Rudolf ENGLERT

TEACHING RELIGION IN CATHOLIC SCHOOLS IN ENGLAND AND WALES KEY DEVELOPMENTS, ISSUES AND CHALLENGES

In the limited space of this report it is not possible to do justice to the complex and rapidly changing scene of education generally and of religious education (R.E.) in particular in Britain today. Within this broad context I shall concentrate more on the area of my own experience and study – teaching R.E. in Catholic schools in England and Wales. Though I am a Scot, I have lived all my Salesian and priestly life in England. I work for the Bishops' Conference of England and Wales. Scotland and Northern Ireland have separate hierarchies and work within different educational systems.

Within the limits of time and space I shall touch on the following: 1. the position of Catholic schools within the educational system in England and Wales; 2. an overview of the status and understanding of R.E. nationally; 3. Catholic schools and religious education; 4. the National Project of catechesis and religious education; 5. some of the main issues and challenges which face us.

I. Catholic Schools within the National Educational System

I begin by giving a brief sketch of the national scene in England and Wales. Such a sketch, of necessity, is drawn with broad sweeps of the pen. The present British goverment have introduced and continue to introduce a great variety of reforms which are spelt out in a plethora of acts and policy statements following from the Education Reform Act (1988). Many teachers feel bombarded by countless new initiatives which often seem ill-conceived. Teachers are somewhat frustrated, not to say demoralised. Some time ago a headteacher said to me "Please, no new initiatives. I have initiative fatigue". Even as I write the Minister of Education is very likely thinking up a new policy concerning some aspect of education.

The Dual System

Catholic schools are an integral part of what is known as 'The Dual System' of State maintained schools. Within this system there are: 1. County schools which are owned and maintained by Local Educational Authorities (LEA) within the oversight of the Department for Education; 2. Voluntary aided schools which are owned by voluntary bodies, such as the Catholic Church, and, to a large extent, maintained by the LEA. Catholic schools in this category receive 85% of capital costs from the LEA with 15% coming from the diocese or religious order.

Complex legal arrangements define the relationship between voluntary bodies and local authorities. Besides the 85% capital grant for building the school, Catholic schools within the maintained system also receive funding which covers the cost of teachers' salaries, books and equipment, heating, lighting, cleaning and interior repairs. Recent government policy is already making much of what I say here out-of-date. Local Management of Schools has been introduced which gives the school full control of its own budget rather than dependence on the LEA. The present government is also encouraging schools to take up what is known as 'Grant Maintained Status' (GMS) which allows them to opt out of the control of LEA and be 100% centrally funded from Whitehall, Westminster.

Bishops' disquiet with aspects of recent Government policy

Within the Dual System Catholic schools are an integral part of the national system while enjoying particular rights as Church schools. The bishops and many others are now expressing fears that such rights may be eroded by some of the new legislation. They express concerns not only about the rights of the Church within the national educational system but also about basic and fundamental principles of sound education which are in danger of being ignored. In July 1992 the Department for Education published a 'White Paper' which was intended to carry forward its "great programme of reform"[1]. A 'White Paper' is presented for discussion among interested bodies. After emendation it is put before parliament for final approval. On this occasion interested bodies were given till late September to reply – the holiday period!

1. *Choice and Diversity, a New Framework for Schools*, London, HMSO, July 1992.

In their response the bishops criticise the underlying philosophy: "the only clear vision seems to be the centrality of individual autonomy exercised through competition and controlled by the market"[2]. They complain that the over-stress on independence and autonomy for schools endangers "any sense of having a wider responsibility (the common good)". In encouraging schools to take up GMS status the government offers financial benefits which, according to the bishops, "intensifies financial and curricular inequalities between schools and creates new inequalities". The bishops "remain unconvinced that much of what is proposed is in the best interest of all pupils". There is the worry that enticed by financial incentives many Catholic schools will opt-out of the LEA and accept GMS status with little thought for the implications for other schools within the diocese, the LEA and locality. Other legislation concerning the introduction of a national curriculum with the testing of pupils at ages 7, 11, 14 and 16, while having much that is good, may lead, in the opinion of some, to the neglect of the weaker and more vulnerable pupils. In order to be seen to achieve good results (the Government publishes results nationally) schools may be reluctant to admit such pupils.

Some readers may see this as a complicated national issue which has only an indirect bearing on R.E. in Catholic schools. Yet here, many see it as a crucial issue which concerns the very nature and purpose of a Catholic school. They express the fear that market forces rather than Gospel values may become the criteria for assessing what is a 'good' and 'successful' school. Within such a context the warning from the Vatican document *The Religious Dimension of Education in a Catholic School* should be borne in mind: "religious instruction can become empty words falling on deaf ears, because the authentically Christian witness which reinforces it is absent from the school climate"[3].

II. The Status and Understanding of R.E. Nationally

In England and Wales R.E. is officially held in high esteem. It is recognised as part of the curriculum ('basic curriculum'), it is obligatory under the law for all pupils, though parents may withdraw children from R.E. lessons. Unlike other areas of the National

2. The full text of the bishops' response can be found in *Briefing*, 3, Dec. 1992, Catholic Media Office.
3. *The Religious Dimension of Education in a Catholic School*, Congregation for Catholic Education, 1988, no. 104.

Curriculum R.E. is not regulated or assessed by nationally set criteria. In County schools it is regulated by the LEA by means of an Agreed Syllabus. Teachers of R.E. are paid in the same way as other teachers and can specialise in R.E. in the course of their studies. Pupils can take public examinations in R.E. at 16 and 18 years of age which are nationally recognised qualifications. All this applies to Catholic schools except for the fact that the curriculum content of R.E. is regulated by diocesan advisers appointed by the bishop. The Education Reform Act (1988) and subsequent government policy papers stress that R.E. and the daily collective act of worship play a major role in the promotion of such values. Yet despite official theory, the reality of R.E. in schools can be very different. Many teachers complain of lack of respect for R.E. with consequent lack of space, time, resources and status. Many who teach it are not qualified in R.E.

Diverse understanding and expectations

A recent report based on a survey on R.E. in primary schools, including some Catholic schools, shows that among teachers there is a widespread divergence of views and uncertainty about the nature and role of R.E.[4] While the report is only concerned with primary schools, it is equally true of secondary schools where, in fact, the problems are even more acutely felt. Among the range of views mentioned in the report are the following:

- To teach R.E. is to teach about Christianity;
- R.E. should have no part in a State system when only 5% of the population go to church;
- Christianity should be taught alongside other world religions as a particular view of some people;
- R.E. should teach and present Christianity as the major religion in Britain;
- It should introduce the spiritual and help pupils realise that there is more than the material world of gain;
- It is part of personal, social of moral education concerned with attitude and behaviour.

In the 1944 Education Act it was specified that R.E. in County schools should be non-confessional in so far as it should not uphold

4. *Religious Education and Collective Worship in Primary Schools*, Abington, Culham College Institute, 1992.

or promote one particular religious faith. In Church schools it could be taught according to the particular tradition. The 1988 Education Reform Act talks about a society where the religious traditions are in the main Christian and the White Paper urges that "proper regard should be paid to the nation's Christian heritage and traditions". The Act also specifies that pupils are to be taught about other major world religions: "all those concerned with religious education should seek to ensure that it promotes respect, understanding and tolerance for those who adhere to different faiths". LEA's are required to revise their Agreed Syllabuses in the light of what is laid down in the new legislation. What is required can be, and is being, interpreted in different ways and raises controversial issues which are being debated. Divergence of views and expectations remain. The Culham report speaks of the problems which arise from the fact that a large number of staff are involved in R.E.: in many schools few are Christians, in some there is a reluctance to teach R.E. due to a sense of inadequacy to deal with the subject or to a lack of sympathy and understanding of its modes of thought or even to downright hostility to its being part of the curriculum.

III. Catholic Schools and R.E.

If the question were asked about whether what has been said above applies to Catholic schools, the answer, in my view, would have to be a qualified 'yes' and 'no'.

Ethos or climate

I reply with a qualified 'no' because generally there is some understanding and appreciation of the fact that a Catholic school, in its given situation, should be inspired and challenged by the Catholic faith tradition. It is this vision which underpins the religious dimension of the educational process which looks to the whole person and all persons within the school community. In the context of belief in the uniqueness of all created in love and destined for life with Father, Son and Spirit, the Catholic school should, in the words of another Vatican document, provide a setting "in which pupils experience their dignity as persons before they know its definition"[5]. In most

5. *The Catholic School*, Congregation for Catholic Education, 1977, no. 55.

cases it is no longer true to speak of the school as a 'community of faith' because of the variety of interest in and commitment to the Catholic faith tradition among teachers, pupils and their families. Yet we are increasingly aware that for a school to be truly Catholic – whatever its situation and whoever its members – it must be inspired by and evaluated on Gospel values as well as national educational guidelines. The Vatican document of 1988 stresses this point:

> The Catholic school is like any other school in its complex variety of events that make up the life of the school, there is one essential difference: it draws its inspiration and stength from the Gospel in which it is rooted[6].

Much work is being done in schools through in-service to help teachers, Catholic and others, reflect on this important dimension of education in our schools. Often it is those who are not Catholic who are more fervent in appreciating and upholding this vision which should permeate all aspects of school life and organisation. These themes are developed in some recent texts such as the National Project publication *Our Schools and Our Faith* and the document produced by a working party set up by the Bishops' Conference *Evaluating the Distinctive Nature of a Catholic School*[7]. Bishops and others stress the need for staffs to reflect on and evaluate the Catholic character of their school particularly at this time when so many changes are taking place in education nationally. It is important to ask "Why have Catholic schools?", "What are our aims and purpose?", "What should be our distinguishing features?".

Religious Education

In Catholic schools more time is generally given to the teaching of religion. The bishops have asked all schools to give 10% of teaching time to R.E. (in secondary schools three to four periods of about forty minutes duration). However, faced with the pressures of implementing the recently introduced National Curriculum the number of R.E. lessons are being reduced in some schools. In secondary schools most heads of R.E. departments are qualified in theology and R.E.

6. *The Religious Dimension* (n. 3), no. 47.
7. J. GALLAGHER, *Our Schools and Our Faith*, London, Collins, 1988; *Evaluating the Distinctive Nature of a Catholic School*, Bishops' Conference, working party, 1987.

Primary schools are appointing an R.E. co-ordinator who oversees the development of the school's R.E. Yet, while teachers in a Catholic school can perhaps work out of a fairly clear shared vision, there is still a diverse understanding and expectation of the nature and role of R.E. in our secularised, multicultural and multifaith society. Some would claim that its nature and purpose is catechetical, others that it is more an objective study of religious beliefs and practices. There are a variety of shades of opinion in between. This is one of the outstanding issues and challenges which face us in England and Wales. The National Project attempts to face the issue and the challenge.

In our schools there are pupils and staff who are committed Catholics; many are nominally Catholic; increasingly there are a number from other Christian traditions and from other faiths. Therefore we cannot organise the religious life of the school and the R.E. offered in the school on the assumption that all pupils can be treated as if they were part of a community of faith characterised by practising committed Catholics. Research undertaken by Dr. Leslie Francis suggests that if we do so, we may fail to preserve the goodwill and fail to further the religious development of pupils from less practising homes and from other denominational and faith backgrounds[8]. This is a controversial issue which raises heated and at times acrimonious debate about the policy of admitting pupils who are other than Catholic and of R.E. when such pupils are present in the school. A consultation process has been set up by the Bishops' Conference to look into the question of Catholic schools and other faiths. A paper will be presented to the Conference in November 1993. There is a clear need to work out in practice what is stated in the 1988 Vatican document:

> Not all students in Catholic schools are members of the Catholic Church; not all are Christians... The religious freedom and the personal conscience of individual students and their families must be respected, and this freedom is explicitly recognised by the Church. On the other hand, a Catholic school cannot relinquish its own freedom to proclaim the Gospel and to offer a formation based on the values to be found in a Christian education. To proclaim or to offer is not to impose, however; the latter suggests moral violence which is strictly forbidden both by the Gospel and by Church law[9].

8. L. FRANCIS, *Are Catholic Schools for non-Catholics?*, in *The Tablet*, 15 Feb. 1986; *The Choice of Catholic Schools*, in *The Tablet*, 4 Oct. 1986; *Roman Catholic Secundary Schools: Falling Roles and Pupil Attitudes*, in *Educational Studies* 12 (1986) p. 2.

9. *The Religious Dimension* (n. 3), no. 6.

Guidelines are called for which will enable our schools to hold in delicate balance this respect for persons and the duty to offer a sound education based on Gospel values. Even when pupils of other Christian traditions and other faiths are not present in the school, we must prepare our pupils to respect, live and work with them. I do not claim that this is an easy task but it is a necessary and pressing one. It is, in my view, one of the greatest challenges facing us in our schools and particularly in R.E. at this time. It is little wonder that many teachers feel unsure of their suitability and ability to teach the subject. Many are not qualified in R.E. or they qualified some time ago and so feel out of touch with recent developments and debates. New programmes are often not properly understood by these teachers; some misuse them or use them slavishly without developing their own schemes of work which meet the needs of their pupils. It is for this reason that most dioceses have embarked on a very thorough programme of in-service with teachers, priests, governors of schools and parents. Many use the resources of the National Project. It is important to address priests, governors and parents because they can often burden the school and teachers with unrealistic expectations of R.E. To put it somewhat simplistically, for too long, in our context, parishes and parents have seemed to say to teachers "Here are our children, make them Catholic".

IV. The National Project of Catechesis and Religious Education

Each diocese appoints advisers who, under the bishop, draw up and regulate the R.E. programmes for its schools. For over a decade Catholic primary schools in most dioceses followed the Irish catechetical programme published by Veritas. Secondary schools drew up their own programme often based on a programme of one of the larger diocese, for example, Westminster or Liverpool. The advisers of each diocese are members of the National Board of Religious Inspectors and Advisers (NBRIA). They meet together annually and on several occasions each year in regional groups to discuss common concerns and to share ideas and good practice. In the last ten years there has been greater collaboration nationally mainly through the National Project whose full title is *Living and Sharing Our Faith, a National Project of Catechesis and Religious Education.*

Origins and development

The Project began in 1982 when the bishops accepted the proposal of NBRIA that there should be "a thorough revision" of the Irish Veritas programme or that "a completely new venture" should be undertaken "in order to be in tune with the multicultural and multifaith background of our people". A process of consultation began and in response to developments in catechesis and R.E. outlined in Church documents and in the National Pastoral Congress of 1980 the vision broadened[10]. Rather than simply re-edit or re-write an R.E. programme for primary schools it was thought necessary to re-focus attention on the whole community of faith, not just the school and R.E. lessons. The community of faith has responsibility for the process of education to and in the faith: "the Church's members have different responsibilities derived from each one's mission"[11]. In widening its focus the Project takes seriously the need for adult education in faith and seeks to develop a partnership between home, parish and school in the catechesis and religious education of children and the young. The school is one partner with a powerful yet limited influence. In the process of educating children and the young to and in faith home and parish are necessary partners. By its very title the Project seeks to address the distinctive yet complementary nature of catechesis and R.E. Not all agree with its attempts to do so and there has been heated and at times bitter controversy.

A community process

Under the umbrella of the National Project various texts and resources have been published for home, parish and school. Project texts are published with the authority of the Department for Catholic Education and Formation of the Bishops' Conference. The National Project is not a group of authors appointed to write texts. It is essentially a community effort. It seeks to use and coordinate the talent and expertise of those who are actually working in the field of catechesis and religious education. It entails a process of consultation, reflection and action which provides useful resources suitable to the various needs of Catholics of all ages, in different situations and at

10. Cf. *The Easter People*, Bishops of England and Wales, St. Paul Publ. Sloug, 1980.
11. John Paul II, *Catechesis in Our Time*, no. 16.

different stages of their faith journey. The process is as important as the texts which are its product[12]. By and large diocesan advisers are involved in the Project. In a recent evaluation they claim that the Project has provided a sense of a common vision and a practical way of translating such a vision into action. The Project's remit is wider than the school. However, in looking to the whole process of faith development from cradle to grave it seeks to enable the school to fulfil its specific task with greater understanding and confidence and to clarify the potential and limitations of R.E. lessons in the particular situation in England and Wales today.

R.E. programmes

Before producing R.E. programmes Project texts were written which would enable schools to reflect on the religious dimension of education which should be evident in a Catholic school[13]. Five years ago a R.E. programme for the first three years of secondary school was published under the title *Weaving the Web*[14]. Many teachers bear witness that pupils find the programme attractive and engaging. The *Times Educational Supplement* highly recommended it. Yet it has been the subject of fierce debate especially in the Catholic press. The programme enables pupils to explore key features of human experience and the Christian tradition: community (Church), story (scripture), people (Jesus...), communication (prayer and worship), celebration (sacraments), values (Christian way of life). Critics claim that it is incomplete in presenting Catholic doctrine and that it is more a study in comparative religion. The programme only covers three years of schooling. It does not claim to be a complete scheme of work: "there is a basic framework... a selection of learning intentions to be selected from or augmented..., tasks and extension activities as a platform for building on". As for the study of other faiths, in each of the three years a relevant feature of another religion is considered: Hinduism/Buddhism (first year), Judaism (second year), Muslim (third year). This seems hardly excessive or worthy of the

12. Cf. J. GALLAGHER, *Guidelines*, London, Collins, 1986. Also *Living and Sharing Our Faith: a National Project*, in *Priests and People*, August-September, 1991.

13. Cf. *Our Schools and Our Faith* (n. 7), also D. SULLIVAN with J. GALLAGHER, *Religious Education: The Primary Years*, London, Collins, 1987.

14. R. LOHAN & M. MCCLURE, *Weaving the Web: A Modular Programme of Religious Education*, London, Collins, 1988.

name 'a study in comparative religion'. This is not the place to go into detail concerning the debate on *Weaving the Web*[15]. The debate highlights many of the issues already mentioned. An evaluation of the use of *Weaving the Web* in Catholic schools has been planned.

In the summer of 1992 a new primary R.E. programme was published entitled *Here I Am*[16]. This is the result of four years of consultation and collaboration among diocesan advisers, teachers and others. A good deal has been learnt from the way the secondary programme was introduced and received in schools. Great care was taken in writing the Teacher's File to ensure that it is practical and 'user friendly'. Many of the same conservative minded Catholics have stirred up debate in the Catholic press though not to the same extent. Nearly all Catholic primary schools are preparing to use the programme backed by well planned inservice days in the dioceses. The archdiocese of Birmingham does not allow the texts to be used as the R.E. programme in its schools.

An overview of the R.E. curriculum

A recent development has been the decision of primary and secondary R.E. advisers to work together in order to draw up the essential elements of a model curriculum for R.E. in Catholic schools. In the curriculum areas included in the National Curriculum the government has set 'attainment targets' which pupils are expected to achieve at certain ages. It is felt by some that something along these lines should be provided for R.E. in Catholic schools. Such a 'model curriculum' would set out what pupils might be expected to experience, know and understand in R.E. over the years from 5 to 16. Some dioceses have attempted to draw up their 'Statement of Attainment in Religious Education'. The diocese of Brentwood in its document states:

> The final outcome is a clear philosophy of R.E. for our diocese, a clarification of key religious concepts, suggested areas of attainment and a body or content that all Catholic pupils will understand as they progress through their schooling[17].

15. Cf. D. Lundy & J. Gallagher, *Weaving the Web: Problem or Opportunity?*, and J. Redford, *Where do we go from here*, in *The Tablet*, 22 Feb., 1992.
16. A. Byrne & C. Mallone with others, *Here I Am: A Religious Education Programme for Primary Schools*, London, Harper-Collins, 1992.
17. *Brentwood Diocese Statement of Attainment in Religious Education*, Sept. 1992.

The document makes clear that the unique development of a pupil's faith is beyond measurement and, therefore, "these Statements of Attainment refer to those elements of R.E. which we consider capable of appraisal and assessment". Over the next few months meetings of diocesan advisers are scheduled to explore the issue and, if deemed appropriate, to draw up some national document which will offer guidance to dioceses and schools while allowing for flexibilty and adaptation to local needs.

V. Some of the Main Issues and Challenges

Throughout this report reference has been made to key issues and challenges facing us in regard to R.E. Here, by way of conclusion, I list a few of the main ones.

1. The need to work out more clearly in theory and practice the distinctive yet complementary nature of catechesis and R.E. While it is acknowledged that Church documents speak of this, there is a variety of interpretations.

2. The need to clarify that old yet ever new debate concerning the relationship of faith and life, the experiential and doctrinal in R.E.

3. The pastoral and educational challenge involved in teaching R.E. in the context in which among pupils and staff there is to be found a diversity of religious background, of interest in and commitment to the Catholic faith tradition.

4. The challenges of recognising and respecting pupils, teachers and parents of other Christian traditions and of other faiths within a school which seeks to uphold and develop its Catholic character. Included in this is the delicate task of teaching the Catholic-Christian tradition together with an understanding and appreciation of other faiths.

5. The need to clarify the purpose, nature and proper use of *The Catechism of the Catholic Church* and how it relates to R.E. programmes in Catholic schools. This will prove a controversial issue owing to a variety of opinions and interpretations. We need to be clear from the outset. The bishops have appointed a working group to prepare for the introduction of the English text.

6. The recruitment, training and in-servicing of teachers for our Catholic schools.

Jim Gallagher, SDB

L'ENSEIGNEMENT DE LA RELIGION ET LA PASTORALE SCOLAIRE EN FRANCE

Le titre de cet exposé soulève, en ce qui concerne la France, une question complexe: l'enseignement de la religion peut-il être relié à une pastorale scolaire ou bien ne faut-il pas distinguer deux démarches parallèles: l'enseignement de la religion d'une part et la pastorale scolaire d'autre part? La confusion entre deux expressions comme «connaissances religieuses» et «culture religieuse» est peut-être ce qu'il y a de plus significatif pour aborder la question des cours de religion en France:

– Quand s'agit-il d'un enseignement de la religion pour tous? Ou bien quand s'agit-il de pastorale?

– Quand s'agit-il de savoirs purs? Ou bien quand s'agit-il de culture: de culture humaine, spirituelle, chrétienne?

Mais avant d'aller plus loin, précisons ceci en ce qui concerne les cours de religion:

– Dans l'enseignement public, il ne se passe rien: on n'en est qu'au stade du débat.

– Dans l'enseignement catholique: on n'en qu'au stade de la démarche empirique de tâtonnements diversifiés.

Toutefois, on peut se réjouir de ce que cette question soit aujourd'hui devenue l'objet d'un débat public, possible et admis. Il y a vingt ans, c'eût été impensable et intolérable. Cette évolution révèle un nouveau contexte de la société française.

I. Le contexte nouveau dans lequel se pose la question de l'enseignement de la religion

1. «Ils ne savent plus rien!»

Depuis longtemps déjà l'Église se pose des questions quant à la catéchèse, sa forme, ses contenus, la diminution du nombre des catéchisés. Mais la question de l'enseignement de la religion est venue sur la place publique, quand les enseignants ont pris conscience de l'ignorance religieuse des élèves, laquelle ignorance paralyse leurs cours! Le proviseur d'un lycée public de Paris affirme: «Les enseignants ne peuvent pas faire la différence entre élèves croyants et incroyants, tant l'inculture religieuse est grande pour tous». Les parents aussi font ce même constat d'ignorance, mais d'abord pour des raisons morales: ils rejettent l'absence de référence aux valeurs sur le manque de connaissances religieuses. Alors on rêve de l'âge d'or de l'instruction religieuse ou du catéchisme national où tout le monde savait tout sur la religion, où les maîtres enseignaient tranquillement, où les parents éduquaient sans problème.

> Les gens qui viennent à mon cours ont une écoute toute particulière quand il s'agit de religion. Il n'y a que vous, les prêtres, pour penser qu'on ne vous écoute pas. La jeune génération est areligieuse parce que non formée, non informée, mais elle est de sensibilité religieuse. En 1967-70, quand je voulais intéresser, je parlais politique et si je voulais faire rire je parlais religion. En ce moment, c'est l'inverse[1].

2. *«Qui sommes-nous?»*

De fait, le bouleversement culturel est profond et immense. Nous sommes passés rapidement d'une culture rurale et gréco-latine à une culture urbaine et technique. À cela, s'est ajouté un brassage culturel et religieux étonnant avec la présence de l'Islam, des religions asiatiques, des sectes d'origine américaine. Nous sommes plongés dans une société non seulement pluriculturelle mais aussi plurireligieuse, ouverte aussi à tous les risques d'extrémismes intégristes, fondamentalistes. On assiste alors à quelque chose comme une rupture de la mémoire aussi bien civile que confessionnelle: rupture constatable, par exemple, face au patrimoine artistique et dont on prend de plus en plus conscience.

Dans ce bouleversement, les enseignants aussi bien que les catéchètes ne savent plus quelles connaissances transmettre. Faut-il, est-il encore possible, d'en transmettre? Notre société se découvre alors comme en déficit d'identité, de racines, de cohérence. Ce n'est pas pour rien qu'on a tant fêté le bicentenaire de la Révolution Française! Et c'est dans ce contexte nouveau que vient sur la place publique la question de l'enseignement de la religion comme une des sources identitaires de la société française. Mais que faut-il enseigner: le catholicisme, le christianisme, les religions, une morale, un sens? Par qui? Où? À quelles conditions?

1. M. SERRES, dans *La Croix*, 25 sept. 1984, p. 12.

> L'homme laïque n'est pas créature, mais création de lui-même... Il n'a pour tout viatique que la tâtonnante démarche de la conscience fragile, inconstante, limitée mais superbe... Le drame et la splendeur de l'homme laïque sont à la fois dans sa dérisoire précarité et dans sa totale solitude[2].

> Le message religieux est devenu symbole de liberté, la référence laïque comme suspecte de dogmatisme, ce qui est un paradoxe et un renversement historique[3].

3. *«Où va-t-on?»*

Le développement exacerbé d'une culture technique et donc utilitaire, la préoccupation première du «professionnel» ont mis progressivement hors-jeu les questions de sens, questions métaphysiques et religieuses. On a favorisé les savoirs purs, puis les savoir-faire, au détriment des savoir-être. Nos générations, en particulier celles des jeunes, sont «endettées de sens».

> Le déclin de la religion se paie en difficulté d'être soi. La société d'après la religion est aussi la société où la question de la folie et du trouble intime de chacun prend un développement sans précédent. Parce que c'est une société psychiquement épuisante pour les individus, où rien ne les secourt ni ne les appuie plus face à la question qui leur est retournée de toutes parts en permanence: pourquoi naître maintenant quand personne ne m'attendait? Que me veut-on? Que faire de ma vie quand je suis seul à la décider? Nous sommes voués à vivre désormais à nu et dans l'angoisse, ce qui nous fut plus ou moins épargné depuis le début de l'aventure humaine par la grâce des dieux[4].

Face à ce trouble généralisé qui s'exprime aussi à travers la drogue, l'alcoolisme, la violence, les sectes, Michel Morineau, Secrétaire National de la Ligue de l'Enseignement, fondée en 1866 par un franc-maçon, écrivait récemment:

> Nous avons longtemps cru qu'avec les progrès scientifiques, les religions mourraient de leur belle mort... La question de l'origine et de la fin, les grandes interrogations métaphysiques font partie de l'identité de l'homme. Les religions constituent l'une des réponses possibles. Aujourd'hui, face à la déstabilisation progressive de la compréhension du monde, la part métaphysique de l'homme a besoin d'une réponse.

2. V. ANDRIEUX, *Vous avez dit laïque?* (Coll. les nouveaux politiques), Paris, Édition Rupture, 1980.
3. L. JOSPIN au Colloque de la FCPE, «Laïcité espace de liberté», janvier 1985.
4. M. GAUCHET, *Le désenchantement du monde*, Paris, Gallimard, 1985, p. 302.

À des questions de spiritualité et de sens, va-t-on répondre techniquement par des techniques? Quelques cours de religion, bien objectifs et scientifiques, neutres, pourront-ils suffire? Ne faudra-t-il pas au moins les resituer dans un contexte plus global de la culture d'une société, dans le contexte d'une éducation plus globale de la personne et/ou dans le contexte plus global d'une pastorale des jeunes?

4. *«Des libertés désœuvrées!»*

Dans une société française longtemps encadrée par la religion catholique dominante et fortement imprégnée depuis le XVIIIe siècle par la laïcité, jeunes et adultes demeurent très susceptibles quand il s'agit de la religion et des libertés. Dans cet état d'esprit, le cours de religion dans l'enseignement public pourrait apparaître, pour un certain nombre, comme une revanche des clercs; dans l'enseignement catholique, il est parfois compris comme une opération de contournement d'une catéchèse obligatoire pour tous, devenue impossible.

D'autre part, la grande majorité du corps enseignant est encore marquée par le mouvement de libération de 1968: génération qui s'est libérée de tout, qui tient à sa liberté, mais une liberté sans engagement, sans projet. On ne sait plus pour quoi on est libre. C'est dans cette société que les jeunes sont nés et ont grandi. Eux, ils n'ont plus à se libérer. Au contraire, ils seraient plutôt en demande de sens, de projet, de repères, de témoins... Mais face à leurs questions, ils n'entendent que le silence tragique et criminel d'adultes perdus ou bien les appels des sectes.

Pour répondre aux jeunes, va-t-on former des spécialistes officiels des cours de religion? Mais ces cours risquent d'être aseptisés par des adultes pour qui ces questions de sens n'ont ni sens ni réponse. Dans de tels cours, l'adulte ne sera-t-il pas amené à s'engager personnellement? L'acceptera-t-il? Sinon, le cours de connaissances religieuses apparaîtra alors comme une perversion de la proposition de la Bonne Nouvelle de Jésus-Christ. D'ailleurs, plus que de transmettre des connaissances, ne s'agit-il pas plutôt d'éveiller les questions de sens, d'entretenir la mémoire renouvelée des questions et des réponses de l'humanité et de ses grands témoins?

> L'homme d'aujourd'hui est comme l'enfant qui meurt de ne jamais s'entendre dire la promesse qu'un avenir lui est garanti; il ne semble

> plus capable que de dérision dans sa culture et de violence dans la relation à autrui... Il y a nécessité pour que l'homme vive que quelque part promesse lui soit faite qu'il peut vivre, qu'il y a un droit pour lui de vivre[5].

5. *Vivre ensemble*

Il s'agit d'évoquer ici la laïcité à la française comme lieu et moyen du vivre ensemble. Cette laïcité s'est développée en trois étapes: 1789-1804 avec la Révolution Française; puis 1880-1905 avec les lois scolaires et la séparation de l'Église et de l'État; enfin 1960-1975 qui n'a pas connu de véritables changements législatifs ou institutionnels, mais de profonds changements de mentalité. Jusque-là deux blocs se confrontaient: les «laïcs» et les chrétiens. À partir de 1960, les chrétiens ont eu l'impression de naître dans un monde globalement non-chrétien. Ces évolutions atteignent l'Église, mais elles remettent aussi en cause la laïcité. Et c'est dans ce nouveau contexte d'indifférence et d'incroyance, de tolérance, de relativisme et d'éclatement que se pose aujourd'hui la question du cours de religion.

La laïcisation s'est accompagnée d'un transfert de compétence. Les établissements hospitaliers et éducatifs sont passés pour le plus grand nombre de l'administration ecclésiale à la prise en charge par l'État[6].

Ce passage dont on peut se féliciter sous certains aspects, n'en connaît pas moins des limites qui se caractérisent par une rupture, un cloisonnement entre la référence ecclésiale et la prise en charge par l'État: en France, ou bien une réalité est totalement étatique, et donc laïque, et à ce titre totalement ignorante de la religion, ou bien confessionnelle, et à ce titre «non reconnue» et donc non prise en charge par l'État. Dans ce contexte, que peut-il en être des cours de religion?

> L'héritage du positivisme: foi au progrès, valeur fondamentale... de la science tant pour le progrès technique que pour le progrès moral, tout cela a été fortement ébranlé, pour ne pas dire anéanti.
>
> A succédé un pessimisme assez généralisé sur l'avenir... En tout cas, la science n'est plus jugée capable d'apporter une solution définitive à nos problèmes fondamentaux; la douleur recule mais pas le vieillissement, ni la mort. Une connaissance vulgarisée du fonctionnement de l'univers a, en quelque sorte, démocratisé l'angoisse métaphysique. Dans ces conditions, la foi n'apparaît plus comme un irrationnel

5. E. FUCHS, *Éthique et communication: un point de vue théologique (protestant)*, dans *Le Supplément*, n° 149, 1984, 73-82 (p. 82).
6. *Documents épiscopaux*, n° 8, «Les Vocations», avril 1992.

> dépassé... Si les religions établies ne satisfont pas les jeunes par le paternalisme qu'ils y décèlent, la quête religieuse est au contraire très générale.
>
> Ne parlons pas de l'évolution des mœurs. Il est clair que l'amour et le respect d'autrui... sont aujourd'hui autant de valeurs contestées comme inauthentiques et mystificatrices...: une société du profit et de la compétitivité sauvage ne peut prôner le respect d'autrui et la solidarité sans paraître hypocrite.
>
> L'État n'a plus d'idéologie avancée... C'est la raison pour laquelle la laïcité de l'enseignement s'est actuellement vidée de tout contenu. Elle est devenue neutralité n'acceptant au fond comme contenu d'enseignement que ce qui ne relève d'aucune valeur: instruction pure de connaissances et de savoir-faire. Ayant perdu les objectifs éducatifs de la laïcité positive, l'école renforce inconsciemment sa fonction de sélection intellectuelle. C'est pourquoi, l'enseignement strictement intellectuel ne répond plus aux besoins profonds de la jeunesse... Le vide idéologique aboutit à la stérilité de l'institution[7].

Toutefois, même lentement les choses évoluent. Même si pour certains la laïcité relève encore de la concurrence de pouvoir entre l'Église et l'État, même si pour d'autres la laïcité consiste à ignorer, sans combat, le religieux en le laissant évoluer dans son coin, marginalisé et privatisé, même si pour d'autres encore la laïcité consiste dans l'égale juxtaposition de toutes les opinions jusqu'au relativisme, il est certain que «ces laïcités» ne correspondent plus à l'état de notre société, aux besoins et aux attentes des jeunes en particulier. La laïcité doit se faire échange, dialogue, ouverture, prise en charge communautaire des différences, «garantie juridique de la liberté de conscience de chaque citoyen»... En effet les problèmes éducatifs, affectifs, culturels, existentiels des uns et des autres sont trop graves pour être ignorés.

Mais le problème reste entier. Car, par exemple, dans l'enseignement public, au nom de quoi, sur quoi fonder un projet éducatif, sur autre chose que des techniques pédagogiques et de bon fonctionnement? Suffit-il pour régler les problèmes de sexualité de disposer des distributeurs de préservatifs dans le métro? Suffit-il pour régler des problèmes de drogue de vendre des seringues en pharmacie? Suffit-il pour progresser sur les questions de sens d'introduire des cours de religion à l'école? Que se passera-t-il quand on aura aseptisé les

7. L. LEGRAND, *L'École unique: à quelles conditions?*, Paris, Ed. Scarabée, 1981.

cours de religion, comme on a aseptisé toutes les autres disciplines scolaires de leurs dimensions existentielles?

> Appliquée à l'école où elle trouve son exercice privilégié, la laïcité se veut officiellement une neutralité par rapport aux croyances religieuses. Mais qui ne voit que cette neutralité n'est, en fait, qu'une exclusion, une élimination. Nous sommes ici en présence d'un processus de neutralité par négation, c'est-à-dire un fonctionnement du système scolaire et éducatif qui évacue quasiment tout ce qui se rapporte aux croyances religieuses. Nous commençons du reste à prendre conscience du ravage que crée dans les jeunes générations l'ignorance de ces réalités, non seulement pour la connaissance de notre patrimoine intellectuel mais surtout pour l'intégration culturelle d'une société[8].

II. Des pratiques actuelles

En dehors des beaux et grands débats bien français, il convient de reconnaître à la fois la générosité des réalisations mais aussi leur grande modestie, du fait que d'une part l'Éducation Nationale ne peut pas, sans violer le principe de la laïcité, se mettre au service des Églises ou confessions pour faciliter leur mission propre, ni s'impliquer dans quelque activité religieuse, du fait aussi que tout l'ensemble pastoral concernant les jeunes repose pratiquement sur le bénévolat...

1. Dans l'enseignement public

La loi permet l'ouverture d'aumôneries à la demande des seules familles. L'autorisation dépend de la décision du Recteur d'Académie, mais l'aumônerie pourra fonctionner à l'intérieur ou à l'extérieur de l'établissement scolaire selon l'avis du conseil d'administration de l'établissement. Le nombre des aumôneries reconnues demeure relativement modeste, car les ouvertures dépendent aussi et d'abord du nombre de prêtres et de bénévoles disponibles. L'aumônier ne peut rien exiger dans l'établissement en l'absence des demandes des familles; il ne peut assister à aucun conseil de caractère administratif ou pédagogique. Au moment de la création d'une aumônerie ou de la première inscription d'un élève dans l'établissement, le chef d'établissement est tenu d'informer l'élève, s'il est

8. Y. Ledure, dans *La Croix*, novembre 1992.

majeur, ou ses parents, de l'existence de l'aumônerie. Sauf en Alsace-Lorraine qui se trouve sous régime concordataire, aucun cours de religion n'est prévu ni même autorisé.

Très ponctuellement et prudemment, certains enseignants abordent des questions religieuses dans le cadre de leurs cours. Très exceptionnellement et dans le cadre périscolaire, des conférences sur les religions sont organisées par des enseignants pour les élèves des lycées. On pourra aussi dans certains cas y solliciter la participation de l'aumônier.

À l'intérieur de l'aumônerie, sont proposés des catéchèses, des temps forts, des approches bibliques, les sacrements... On pourra y trouver parfois des débats pluridisciplinaires auxquels participeront des enseignants au titre de leur compétence et/ou au titre de leur engagement chrétien. Mais à l'aumônerie, on y trouve finalement beaucoup plus de parents que d'enseignants.

Demeure alors un double problème: a. celui de l'information – sinon de la formation – religieuse des élèves dont un nombre très restreint est atteint par l'aumônerie; b. celui aussi de la marginalisation du fait religieux et de la foi, qui se lit dans l'architecture elle-même. L'aumônerie est pour la plupart des cas située en dehors de l'établissement. Et les animateurs eux-mêmes éprouvent bien des difficultés à relier ce qui se dit et se vit à l'école avec ce qui se dit et se vit à l'aumônerie, dont même le slogan est «Viens voir à côté!»...

2. *Dans l'enseignement catholique*

La catéchèse obligatoire pour tous, dans le second degré, disparaît plus ou moins vite selon les régions, l'histoire de l'établissement, le recrutement, les mentalités des élèves, des maîtres, des parents. Dans beaucoup de cas, la politique du tout ou rien a été pratiquée: tout le monde en catéchèse obligatoire ou bien plus rien du tout pour personne!

Devant ces difficultés et ce vide, des initiatives sont prises, par exemple:

– L'heure de catéchèse est gardée, mais vidée de son contenu. Il s'agit d'une heure de convivialité qui permet de faire le point sur la classe, les problèmes de relation et d'organisation, l'orientation scolaire, etc.

– Des cours de «culture religieuse» appelés aussi cours de connaissances religieuses (l'expression «cours de religion» n'est quasiment pas utilisée en France) ont été instaurés, non sans rencontrer nombre d'ambiguïtés et de difficultés tant de la part des maîtres et des élèves qu'en ce qui concerne le contenu et le financement.

– Des temps forts, des conférences ou des activités caritatives sont organisées régulièrement, par exemple une fois par mois, à l'intention d'un niveau de classe. Dans ce cas, les conférenciers viennent de l'extérieur; les enseignants y participent peu.

– Des aumôneries ont été créées (sur le modèle des aumôneries de l'enseignement public), qui permettent la sacramentalisation, la catéchèse, des retraites, des temps forts, avec un double avantage celui d'une animation et de l'existence d'une communauté chrétienne visible, et celui d'une collaboration avec l'aumônerie de l'enseignement public, avec aussi le phénomène de la marginalisation par rapport à la réalité scolaire (ce qui réduit de beaucoup l'intérêt de l'existence d'un enseignement catholique...)

– Ici et là, sont essayés des temps forts pluridisciplinaires où collaborent catéchètes et enseignants.

– Enfin, il convient de signaler aussi des recherches actuelles sur la prise en compte de la dimension religieuse de l'acte d'enseigner des différentes disciplines scolaires par le biais du contenu de la discipline elle-même, mais aussi par le biais des valeurs, de l'éthique constitutive de l'acte d'enseigner. Cette démarche est encore timide, mais il est possible d'en débattre actuellement; ce qui constitue un progrès, d'ailleurs provoqué par le «désarmement» des enseignants affrontés aux questions des jeunes.

En conclusion de cette partie:

1. Il n'existe pas en France, ni de cours de religion, ni de professeur de religion. Il n'existe pas non plus de programme de catéchèse, ni de culture religieuse, au moins au-delà des années de catéchisme.

2. Au contraire, ce qui se développe, c'est le nombre de laïcs «animateurs en pastorale scolaire», chargés à mi-temps ou à temps plein de l'animation de la catéchèse et de la communauté chrétienne, et rétribués par l'aumônerie de l'enseignement public (donc l'Église diocésaine) ou par l'établissement scolaire catholique. Ces animateurs de qui une formation est exigée, reçoivent une lettre de mission de la part de l'évêque.

3. De par la laïcité qui marque tout le monde, y compris les partenaires de l'enseignement catholique, mais aussi du fait de certains choix éducatifs et pastoraux, le fossé entre la culture et la foi reste immense et ne facilite pas la structuration humaine et chrétienne des

jeunes. On peut préciser aussi que très peu d'animateurs en pastorale scolaire viennent du corps enseignant; ce qui ne facilite pas les relations entre la culture scolaire, les réalités religieuses et la foi.

III. Quelques enjeux

A. Le statut du religieux dans la société française

Ce débat n'est pas simple, car il doit tenir compte d'une histoire compliquée et d'une mémoire collective. Il n'est pas non plus marginal, car il met en cause les relations entre la puissance publique, la société civile et les institutions religieuses. Il n'est pas non plus théorique car, dans une culture bouleversée, fuyante et plurielle, il concerne les raisons de vivre, les questions existentielles de nos concitoyens.

Quelle sera donc la place du religieux?

– Ou bien ignoré des pouvoirs publics, en marge de la vie publique, voire folklorisé et réfugié dans les musées.
– Ou bien, étroitement mêlé à la vie publique, intégré comme au bon vieux temps de la chrétienté (certains l'espéreraient encore!).
– Ou bien intégré comme l'un des partenaires de la société et à son service: une parole parmi d'autres, mais une parole à la première personne, parole existentielle, propositive et interpellante.

Selon les associations ou les personnes qui s'expriment, le cours de religion pourrait avoir différentes fonctions:

a. Une fonction *identitaire*; les cours de religion devraient aider la société à retrouver ses racines, ses repères, son patrimoine. On peut appartenir à une culture marquée par le christianisme, sans pour autant adhérer à la foi.

b. Une fonction *utilitaire*. Certains y verraient une morale, une instruction civique du citoyen qui appartient à une culture marquée par le christianisme et les droits de l'homme.

c. Une fonction *humanisante* dans la mesure où le regard sur l'homme et sa compréhension passe par la prise en compte incontournable de la dimension religieuse de l'homme et de la société. L'expérience croyante peut marquer une culture, sans rendre celle-ci forcément chrétienne, mais en permettant à cette culture des progrès en humanité.

d. Une fonction de *complémentarité*. Les modes de vie induits par la technique et le progrès construisent – on le constate – un homme tronqué, mutilé. Insatisfait, l'homme alors se tourne vers les sectes ou la drogue... Le retour du religieux est donc à prendre en compte mais à endiguer grâce à des initiatives comme les cours de religion. Toutefois certains craignent la revanche des Églises et une nouvelle mainmise sur la jeunesse.

e. Une fonction de *tolérance*. Dans une société multiculturelle, menacée de racisme voire de fanatisme, par la peur, voire par les violences, les cours de religion devraient permettre une meilleure connaissance réciproque, un dialogue plus ouvert, un respect mutuel plus grand. Certains voient dans la possibilité actuelle du cours de religion une victoire de la laïcité.

Quoi qu'il en soit, comme le déclarait à Lourdes en 1987 Mgr Vilnet: «l'heure semble venue de redéfinir le cadre institutionnel de la laïcité».

> En avril 1989, la ligue de l'enseignement (membre du CNAL: Comité National d'Action Laïque) a proposé «un nouveau pacte laïque qui reconnaît la place que doivent jouer les organisations à but culturel, moral et religieux... dans un débat public sur les fondements éthiques de la société».

Et Mme Danièle Mitterrand déclarait à propos du foulard islamique le 20 octobre 1989:

> «Si aujourd'hui, 200 ans après la Révolution, la laïcité ne pouvait pas accueillir toutes les religions, toutes les traditions en France, c'est qu'il y aurait un recul».

Le recours, y compris dans l'enseignement public, aux seules connaissances religieuses, suffira-t-il à endiguer la débâcle existentielle d'aujourd'hui? Il me semble ici qu'à une vraie question n'entendre qu'une mauvaise réponse, dans la mesure où ne voulant pas remettre en cause la laïcité classique, on répond de façon abstraitc, froide et impersonnelle à des questions existentielles.

B. Le statut des connaissances

1. Des connaissances religieuses

S'il y avait un enseignement de la religion à l'École (ce serait d'ailleurs un enseignement des religions), quel en serait le statut? S'agirait-il d'une discipline spécifique au même titre que les mathématiques ou la philosophie? Pourrait-on en préciser la spécificité et la méthodologie? Ou bien, selon les points de vue, l'enseignement de la religion pourrait relever aussi bien de l'histoire que des religions comparées, de la sociologie que de la philosophie, etc...

Quel serait, dans la France laïque, le statut des professeurs de religion? Les Églises peuvent-elles accepter des enseignements de la religion complètement indépendants d'elles? L'État et les syndicats de maîtres ne peuvent accepter, pour l'instant du moins, le moindre partage de pouvoir concernant le contrôle des Églises sur cet enseignement.

Si cet enseignement de la religion était mis en place, devrait-il avoir un caractère facultatif? Dans ce cas, c'est qu'il n'est ni important, ni vital... et cet enseignement est renvoyé au domaine optionnel du privé religieux. Ou bien, il est rendu obligatoire et il convient de jouer le jeu à fond: il doit être apprécié et noté, intégré parmi les disciplines en vue de l'obtention du diplôme. Mais dans ce cas, comment cet enseignement sera reçu par les jeunes que la mémoire collective rend encore méfiants vis-à-vis de l'institution religieuse? De plus, dans quel espace culturel, cet enseignement va-t-il s'inscrire: la Bonne Nouvelle de Jésus-Christ pourra-t-elle encore y transparaître? Ceci est une question vitale pour nous, chrétiens...

2. Des connaissances

Finalement ces réflexions renvoient à un autre enjeu: celui des connaissances que l'École transmet.

Les jeunes n'ont jamais été mis face à autant de connaissances. Pourtant c'est à qui se plaint de leurs ignorances. Au moment où l'adolescent se débat avec des questions vitales comme la mort et l'amour, la sexualité et la souffrance, la faim dans le monde et la guerre, Dieu et l'absurde, l'École accumule et multiplie les connaissances abstraites, générales, techniques et aseptisées. Et ces connaissances apparaissent aux jeunes comme inutiles et dérisoires. Or au lieu d'être une fin en soi, les connaissances ne sont que médiatrices. La confusion française entre les cours de connaissances religieuses et la culture religieuse est à ce point significative.

On crée alors une culture sans fin, désenchantée, déshumanisée et déshumanisante: on n'apprend pas une langue étrangère pour faire des exercices de gosier, mais pour entendre l'autre chez lui, dans sa langue, autrement; on ne regarde pas un paysage pour illustrer des définitions géographiques mais pour pénétrer l'immense peine des hommes en quête de mieux-être et de bonheur. On ne relit pas la Bible parce qu'elle appartient à la culture occidentale et pour expliquer une œuvre d'art mais pour rejoindre l'appel d'infini qui s'exprime en tout homme.

3. La fonction de l'École

S'agit-il pour elle de former des citoyens, des professionnels, etc.? Pour quel type de société? En fonction de quel projet et de quel avenir? Actuellement l'École semble avoir choisi en faveur de techniciens rentables pour l'économie nationale... Affirmer tout cela ne revient pas à accuser l'École qui n'est que le reflet d'une société. Travailler à l'enseignement de la religion suppose qu'auparavant, ou au moins dans le même temps, nous travaillions au renouveau, à la réforme en profondeur de l'École et de la culture qui y est proposée. Il est vain de réfléchir à la catéchèse et aux cours de religion si, dans le même temps, les enseignants n'ouvrent pas leurs cours au questionnement, à la recherche de sens, s'ils n'accueillent pas les questions existentielles des jeunes et s'ils n'accompagnent pas ces jeunes au moins un moment dans cette recherche. Alors deviendront-ils des maîtres! Est-ce impossible? C'est en tout cas vital! Mais beaucoup d'enseignants craignent de devoir assumer ce rôle et ce service.

> Il n'y a plus sur le marché d'idéologie capable de fournir (aux lycéens) des perspectives et un discours. Nous vivons tous cet énorme désenchantement, et, dans cette phase historique où le progrès est en crise, où l'avenir radieux est mort, tout le monde vit le nez dans son assiette en pensant qu'il n'y a pas de futur. Les jeunes, si l'on décode, parlent de l'état de notre monde en 1990. Ils n'ont trouvé que les chaises branlantes et l'insécurité pour exprimer leur malaise. C'est même émouvant de se raccrocher à de telles histoires pour établir un dialogue conflictuel avec les autorités. Car s'ils ne parlaient ni des murs, ni des profs, ni des tables branlantes, ni de la sécurité, qui sont des problèmes réels, compréhensibles par tous, de quoi parleraient-ils? C'est leur code pour parler d'une insécurité plus profonde, d'une absence de guides, d'un délabrement beaucoup plus général.
>
> En 1968, le code de la révolte était le jargon marxiste-léniniste. Maintenant, le code consiste à dire que les murs sont crados, les chaises branlantes. C'est un langage vraiment symbolique d'un monde en ruine, de la vie dans les banlieues et dans ces lycées d'une tristesse infinie construits à toute vitesse. Mais qui expriment aussi le délabrement intérieur moral où ils vivent[9].

9. E. MORIN, dans *Le Monde*, 13 novembre 1990, p. 1.

C. Le statut d'une parole chrétienne ou une ambiguïté à affronter

Il semble qu'actuellement on soit affronté à une ambiguïté, liée à la poursuite d'une double finalité, c'est manifeste dans l'enseignement catholique. La première finalité poursuivie est d'ordre pastoral: on poursuit un projet d'évangélisation; on parlera alors de catéchèse. La seconde finalité est d'ordre intellectuel: on poursuit plutôt un projet éducatif; on parlera alors de cours de connaissances religieuses. On est amené alors à distinguer ces deux finalités sans les cloisonner, mais sans les fusionner non plus: tâche vraiment délicate!

– Du côté de la catéchèse: la foi ne peut faire abstraction des savoirs et de la raison, et dans une école catholique c'est encore moins envisageable! Si non, on réduit la foi à du sentiment, à un cri. Il convient donc de relier ces deux finalités. Mais si on les confond, pourquoi maintenir les cours de religion? Car on se situe alors dans une logique d'adhésion, de catéchèse, avec le risque de faire comme si tout le monde était chrétien ou devait l'être. On sait bien que ce n'est pas le cas.

– Du côté des cours de religion: si on aborde le religieux uniquement sous l'angle du savoir, on met le religieux à distance, en spectacle; on le neutralise; on le stérilise. Il n'offre plus aucun intérêt; il devient insignifiant. Si on aborde le cours de religion du point de vue du croyant, l'enseignant est soupçonné de procéder à une catéchèse déguisée, opération de contournement d'une catéchèse désertée. Et pourtant, on appartient à une culture qui se doit de reconnaître ses racines chrétiennes: on se situe ici dans une logique d'appartenance, avec le risque de faire comme si personne n'était croyant; or on peut appartenir à une «culture chrétienne», sans pour autant adhérer à la foi chrétienne.

– Si on joue les deux finalités en même temps, on baigne en pleine ambiguïté: on est en catéchèse, mais on est libre de croire! On est en cours de religion, mais on fait comme si tout le monde était chrétien. Toutefois à vouloir trop distinguer catéchèse et connaissances religieuses, on revient à un cloisonnement déjà trop néfaste partout ailleurs. Or ce qui est en jeu aussi, c'est l'unité de la personne: le «religieux» est un lieu privilégié de constitution de sens et de structuration de l'unité. Il est possible de vivre avec ces ambiguïtés pourvu qu'elles soient clairement reconnues, annoncées, réfléchies par tous, y compris avec les jeunes.

Mais si, avant de parler de catéchèse et de cours de religion, on parlait d'éducation!

IV. Quelques orientations en guise de conclusion

1. Avant tout, nous avons à nous exprimer et à mener nos recherches en terme de *service*. Quel service voulons-nous rendre à une société affrontée à des bouleversements culturels étonnants et qui est en recherche d'identité, de racines, de raisons de vivre.

a. Il s'agit donc de repréciser notre fonction et notre mode de service du monde et de la société. Il ne suffit pas de dire que nous ne voulons pas retrouver un pouvoir perdu, que nous ne voulons pas regagner des troupes...

b. Nous avons pour cela à faire le point sur nos relations avec la culture contemporaine, à poser nos questions en terme d'inculturation de la foi.

c. Il convient aussi de préciser à qui on veut rendre service. Les solutions seront différentes selon qu'il s'agit d'un collège rural ou d'un collège de banlieue, d'un lycée d'enseignement général ou d'un lycée technique, qu'il s'agit de jeunes de 6e, de 3e, de terminales ou de classes préparatoires.

2. Il est fondamental et urgent que l'ensemble des enseignants retrouvent et développent le *souci du sens*. Si la prise en compte de la question du sens, relève du seul cours de religion, la partie est perdue d'avance. On se trouve là devant la nécessité d'une véritable conversion du corps enseignant et du système éducatif: inclure dans le projet de l'école non pas seulement les savoirs et les savoir-faire mais aussi les savoir-être. Ce qui suppose pour chacun la capacité et le courage de se former, de se compromettre et de se «mouiller», la capacité et le courage du dialogue, du débat, de l'interpellation, le courage et la capacité de reconnaître ses propres limites dans le dialogue avec les jeunes: «Le prof ne sait pas tout», la capacité et le courage de ne plus considérer les connaissances comme ayant leur fin en elles-mêmes, mais comme médiatrices de la construction de la personne, d'une société et d'un projet, comme médiatrices de recherche et de construction de sens. Il est vain de travailler à la catéchèse et aux cours de religion si l'enseignement habituel n'éveille pas et ne favorise pas les questions de sens. Si une telle démarche remet en cause une certaine laïcité, elle suppose au contraire la laïcité comme nécessaire et essentielle, mais une laïcité redéfinie...

3. Ne pas penser en terme d'exclusivité mais de *relation*.
– L'enseignement de la religion ne peut pas remplacer une catéchèse inexistante. La catéchèse suppose en même temps une adhésion de foi si ténue soit-elle et l'existence d'une communauté chrétienne. Ce qui n'est pas nécessaire pour le cours de religion. Ceci dit, il s'agit en priorité d'établir des passerelles, des relations entre enseignement profane, enseignement de la religion et catéchèse.
– La culture religieuse ne peut pas constituer l'originalité de l'enseignement catholique. J'irai même jusqu'à dire pas plus que la catéchèse. L'originalité de l'enseignement catholique devrait se situer au niveau de l'acte d'enseigner saisi dans toutes ses dimensions, y compris éducatives, spirituelles et religieuses.
– L'aumônerie de l'enseignement public se cantonne pour une grande part dans la catéchèse et l'animation d'une communauté chrétienne, assurées sous différentes formes. Mais elle doit s'ouvrir à la culture dispensée par l'École. Or ses animateurs éprouvent les plus grandes difficultés, légitimes d'ailleurs, à intégrer les contenus des disciplines scolaires dans leur pastorale. Dans ce cas, on favorise involontairement certes mais concrètement une certaine marginalisation de la foi.

4. Enfin la préoccupation des cours de religion retient peut-être trop notre attention et nos efforts en direction des jeunes. Notre premier souci devrait probablement être le *souci de la formation des adultes*, enseignants et parents. Il y a beaucoup à faire en ce sens, y compris par l'École elle-même et c'est là une étape préalable et indispensable pour répondre correctement à la question que nous nous posons ici des cours de religion et de la pastorale scolaire.

5. Il s'agit de favoriser au maximum la prise en compte des *dimensions spirituelles et religieuses de toutes les disciplines*. Pour l'instant, en France, la mise en place de cours de religion me semble impossible, mais faut-il le souhaiter? Surtout quand on voit les difficultés rencontrées dans l'enseignement catholique lorsqu'on met en place un tel enseignement. Le plus grand service à rendre aux jeunes consiste dans cette prise en compte du religieux et du spirituel dans chaque discipline. Mais ceci suppose une toute autre formation des maîtres. Ce que j'affirme maintenant constitue aussi une interpellation aux instances de formation des maîtres de l'enseignement catholique.

> Il est temps de prendre conscience que la culture scolaire française a été dramatiquement amputée depuis près d'un siècle. Pour donner aux jeunes Français la possibilité de comprendre l'univers dans lequel ils vivent et aussi notre histoire nationale, les différentes disciplines scolaires – littérature, histoire et géographie, philosophie – doivent expliquer les faits religieux qui relèvent de leur compétence au lieu de les passer sous silence[10].

Je ne favoriserais pour le moment les cours de religion qu'a quelques conditions:

1. À condition de concevoir les cours de religion comme des temps de synthèse de ce qui doit normalement être abordé dans les cours. Autrement dit le cours de religion devrait renvoyer le débat dans les cours des disciplines dites profanes et aussi en accueillir les débats.
2. À condition que ces cours se déroulent sous forme pluridisciplinaire et même interdisciplinaire.
3. À condition de les considérer comme une œuvre de suppléance en attendant que les maîtres intègrent mieux la dimension religieuse de leur cours. Toutefois, il y a ici un grand risque: l'existence de cours de religion risque de dispenser les maîtres de faire un effort en ce sens. L'existence de cours de connaissances religieuses les décharge facilement d'une responsabilité qui leur revient aussi.
4. Enfin, à condition que ces cours rentrent dans un projet éducatif (et même selon les cas dans un projet pastoral) diversifié, qui inclut le projet pédagogique d'une part; la catéchèse, la communauté chrétienne, les propositions de mouvement d'Action Catholique, projets éducatifs, spirituels, caritatifs... d'autre part. L'avenir du christianisme ne peut se réduire à celui de l'enseignement religieux.

Quelles que soient les solutions adoptées, différentes selon les lieux et changeantes selon les époques, nous aurons toujours à nous demander: «En quoi notre choix fait-il entendre une Bonne Nouvelle de Jésus-Christ aux jeunes à qui nous nous adressons?»

Quand au bord du puits, Jésus a rencontré la Samaritaine, il n'a pas donné sens à sa vie ni comblé la Samaritaine en remplissant le puits mais en le creusant.

Paul LAMOTTE

10. Cardinal J. M. LUSTIGER, dans *La Vie*, 28 mars 1991, n° 2378, p. 12.

RELIGIONSUNTERRICHT ALS WELTANSCHAULICHE BILDUNG NEUERE ENTWICKLUNGEN IN DEN NIEDERLANDEN

VOR DEM HINTERGRUND DER BEZIEHUNG ZWISCHEN OFFENBARUNG UND ERFAHRUNG

Vorbemerkung

In diesem Beitrag werden wir die Entwicklungen des Religionsunterrichts in den Niederlanden behandeln und uns dabei vor allem auf die Sekundarstufe konzentrieren. Die Einschränkung auf den Religionsunterricht an katholischen Schulen wollen wir näher erläutern.

1. Zunächst einmal sind die Entwicklungen auf protestantischer Seite wegen der organisatorischen Eigenart des protestantischen Unterrichts weniger eindeutig bestimmbar. An protestantischen Schulen wird der Inhalt des Religionsunterrichts in großem Maße durch den Lehrer bestimmt. Der Lehrer legt hier als Person Zeugnis vom Evangelium ab. Wie er diesem seinem Zeugnis Inhalt gibt, wird der Lehrer vor seinem eigenen Gewissen (und darin vor Gott) verantworten müssen. Der katholische Unterricht kennt demgegenüber wesentlich mehr zentrale Richtlinien, die nicht zuletzt mit dem Interesse des bischöflichen Lehramtes am Inhalt des Religionsunterrichts zusammenhängen. Gerade deshalb lassen sich die Entwicklungen auf katholischer Seite vor allem mit Hilfe offizieller Dokumente einfacher ausmachen. Sicher gibt es in den Niederlanden Entwicklungen, die im katholischen und protestantischen Unterricht analog verlaufen sind. So werden wir z.B. ein kürzlich erschienenes, von einem protestantischen Autor verfaßtes Lehrbuch für weltanschauliche Bildung in unsere Analyse miteinbeziehen. Darüber hinaus hat auch die Zeitschrift »Voorwerk«, ein religionspädagogisches Blatt protestantischer Provenienz, der weltanschaulichen Bildung schon einige Male eine Titelnummer gewidmet[1].

Dessenungeachtet wird der Schwerpunkt unserer Darlegungen auf dem katholischen Unterricht liegen.

1. Cf. L. VAN DER BURG, *Waarom levensbeschouwelijke vorming in plaats van godsdienstonderwijs?*, in *Voorwerk* 6 (1989) 30-38.

Des weiteren ist den öffentlichen Schulen der Sekundarstufe in den Niederlanden wegen ihrer weltanschaulichen Neutralität das Pflichtfach »Religionsunterricht« unbekannt[2]. Gemäβ der niederländischen Verfassung (Art. 23, Abs. 3) muβ im Unterricht an öffentlichen Schulen die Achtung von Religion oder Weltanschauung eines jeden einzelnen gewährleistet sein. Der Unterricht an öffentlichen Schulen wird dementsprechend auch keinen Teil unserer Analyse ausmachen. Wenn wir über den Unterricht in der Sekundarstufe sprechen, dann beziehen wir uns damit auf Schüler im Alter zwischen 12 und 18 Jahren[3]. In den Niederlanden befindet sich etwa ein Drittel des Unterrichts in der Sekundarstufe in katholischer Trägerschaft. Der öffentliche Schulbetrieb macht etwas weniger als ein Drittel des Ganzen aus, und der protestantische Unterricht umfaβt einen noch etwas kleineren Teil. Es ist schwierig, hier genaue Zahlen zu nennen, weil es gerade im Bereich der Sekundarstufe viele Schulverbände gibt, in denen Schulen verschiedener Trägerschaft aufgegangen sind. Um nur ein Beispiel anzuführen: 1992 arbeiten in jeder zehnten Schule der Sekundarstufe die Vertreter des katholischen Unterrichts mit denen des protestantischen zusammen.

2. Seit 1985 (Inkrafttreten des neuen Gesetzes zum Unterricht in der Primarstufe) is an allen Schulen der Primarstufe in den Niederlanden (also an öffentlichen und konfessionellen Schulen) die Teilnahme am Fach »geistige Strömungen« Pflicht. Dem Gesetzgeber zufolge ist dies ein Fach, in dem objektive Kenntnis über Weltanschauungen und Religionen (deren Riten, Institutionen, religiöse Schriften) vermittelt wird. Dieses Fach zählt man — zusammen mit der Katechese — auch zum weltanschaulichen Unterricht. Das Fach »geistige Strömungen« ist nicht-konfessionell gestaltet. Wir werden es jedoch nicht berücksichtigen, da sich unser Beitrag auf den Unterricht in der Sekundarstufe beschränkt.

3. Wie ist das niederländische Schulsystem aufgebaut? Der Unterricht in der Primarstufe erstreckt sich vom vierten bis zum zwölften Lebensjahr, sofern sich die Schulen am Schuljahres-Klassen-System orientieren. Im Sekundarbereich gibt es vier Schultypen: die einfache Berufsschule (vier Jahre), den allgemeinbildenden Unterricht mit vier (MAVO) bzw. fünf (HAVO) Jahrgangsstufen, sowie den vorbereitenden wissenschaftlichen Unterricht (sechs Jahre; siehe Diagramm in *Anlage*). Vom allgemeinbildenden Unterricht kommend, gehen die Schüler zu den mittleren und höheren Berufsausbildungen über. Vom vorbereitenden wissenschaftlichen Unterricht (Gymnasium oder Athenäum) wechseln die Schüler an die Universitäten oder Fachhochschulen (HBO). Zu Beginn des Schuljahres 1992-93 wurde die erste Phase des Unterrichts in der Sekundarstufe für alle Schüler durch die Einführung eines gemeinsamen »Grundunterrichts« (basisvorming) angeglichen. Dieser »Grundunterricht« umfaßt im allgemeinen drei Jahre. Schüler, die rasche Lernfortschritte an den Tag legen, können ihn jedoch innerhalb von zwei Jahren bewältigen, und innerhalb der einfachen Berufsschule läßt sich dieser »Grundunterricht« über vier Jahre ausdehnen, so daß es möglich ist, im dritten und vierten Jahr bereits mit der Vorbereitung auf den Beruf zu beginnen.

I. Ein Interpretationsrahmen

Als Leitmotiv für die Beschreibung des Religionsunterrichts in den Niederlanden haben wir den dialektischen Zusammenhang von Erfahrung und Offenbarung gewählt. Man könnte die Entwicklungen der modernen Theologie seit dem 18./19. Jahrhundert als einen Versuch sehen, sowohl angemessen über die christliche Botschaft zu sprechen als auch für die Rezipienten dieser Botschaft glaubwürdige Ausdrucksformen zu finden. Wie aber läßt sich gleichzeitig einerseits der christlichen Botschaft und andererseits den Erfahrungen und Fragen der Menschen im heutigen gesellschaftlichen Kontext gerecht werden[4]? Diese Beziehung zwischen Erfahrung und Offenbarung ist für die christliche Theologie wesentlich. Das eine kann nicht als losstehend vom anderen betrachtet werden. Dieser Sachverhalt läßt sich am besten verdeutlichen, wenn wir uns das Bild einer Ellipse mit zwei Brennpunkten vergegenwärtigen. Eine Ellipse wird dadurch gekennzeichnet, daß ihre beiden Brennpunkte nicht unabhängig voneinander betrachtet werden können. Sie stellt somit grundsätzlich etwas anderes dar als zwei voneinander unabhängig bestehende Kreise, die aufeinander bezogen werden. Wie sehr man auch versuchen mag, diese Kreise aufeinander zu beziehen, bleiben sie doch stets zwei selbständige Größen. Im Falle einer Ellipse bildet der eine Brennpunkt immer die Voraussetzung für die Existenz des anderen; anderenfalls kann von einer Ellipse überhaupt keine Rede sein. Wenden wir dieses Bild auf den Zusammenhang von Erfahrung und Offenbarung an, dann ließe sich sagen, daß jedes theologische Reden von der menschlichen Erfahrung stets im Lichte der christlichen Offenbarung geschieht, während sich umgekehrt auch alles Reden über die Offenbarung vor dem Hintergrund der jeweiligen Auffassung von Art und Inhalt der menschlichen Erfahrung vollzieht (Kontextproblematik). Erfahrung setzt sich aus zwei Polen zusammen: Wahrnehmung (oder: die Wirklichkeit, die uns begegnet) und Interpretation (oder: die jeweilige Perspektive, von der aus die Wirklichkeit betrachtet wird). Die christliche Offenbarung ist eine ganz bestimmte Weise, die Wirklichkeit zu sehen[5]. Offenbarung bedeutet,

4. S.M. Ogden, *Faith and Freedom. Toward a Theology of Liberation*, Nashville, Abingdon, 1989, S. 19f.

5. W. Veldhuis, *Ervaring, taal en traditie*, in *Tijdschrift voor Theologie* 22 (1982) 247-260.

die Welt mit den »Augen Gottes« zu betrachten. Jenseits dieser Offenbarung wird die Welt nicht aus christlicher Perspektive gesehen. Nichtsdestominder muß die Offenbarung durch die Erfahrung vermittelt werden, wenn sie einsichtlich werden soll.

Mit Bezug auf das Modell der Ellipse tun sich noch zwei weitere theologisch legitime Wege zur Thematisierung des christlichen Glaubens auf. Man könnte nämlich in seiner Betrachtungsweise vom einen oder anderen Brennpunkt ausgehen; von hier aus wird der Blick auf den christlichen Glauben einen anderen Schwerpunkt empfangen. Dies ließe sich vergleichen mit der Weise, auf die man sich dem Zentrum einer Stadt nähert[6]. Alle Wege führen nach Rom, und doch ist es ein großer Unterschied, auf welchem Wege man nach Rom kommt. Obwohl die Stadt stets dieselbe bleibt, wird die Perspektive, aus der Rom gesehen wird, eine andere sein. Tritt man vom Brennpunkt der Offenbarung aus in die Ellipse ein, so haben wir es mit einer essentiellen Annäherung an den christlichen Glauben zu tun. Wenn man dagegen vom Brennpunkt der Erfahrung her in die Ellipse eintritt, so liegt eine existentielle Annäherung vor[7]. Auf beide Zugangsweisen wollen wir in aller Kürze eingehen.

Folgende Fragen bilden den Ausgangspunkt der essentiellen Annäherungsweise: Was ist Gott? Was ist Schöpfung? Was ist ein Sakrament? Dergleichen »Was« – Fragen sind metaphysischer Natur, das heißt, sie kreisen um das Wesen Gottes, das Wesen eines Sakraments etc.[8]. Gegenstand des Glaubens ist ein »Was«, ein bestimmter Offenbarungsinhalt. Menschen glauben *an etwas*. Die essentielle Annäherungsweise unternimmt den Versuch, dieses Wesen in Glaubensformeln oder Glaubensartikeln festzuhalten. Aus diesem Grunde spricht man mitunter auch von einem »Artikelglauben«: der Glaube wird durch die richtigen lehrhaften Formulierungen vermittelt. Hiervon hebt sich die existentielle Annäherungsweise ab, die eine andere Frage ins Zentrum ihres Interesses stellt: Wer ist jener Gott, der in der Geschichte handelnd auftritt, indem er mittels der Menschen und für die Menschen in Aktion tritt?

6. W. BEINERT, *Dogmatik studieren. Einführung in dogmatischen Denken und Arbeiten*, Regensburg, Pustet, 1985, S. 72.

7. *Ibid.*, S. 73f.; S. SYKES, *The Identity of Christianity. Theologians and the Essence of Christianity from Schleiermacher to Barth*, London, SPCK, 1984, S. 230f.

8. H. RIKHOF, *Reden van bestaan. Over de plaats en functie van de scheppingstheologie*, in *Tijdschrift voor Theologie* 32 (1992) 250-271, S. 255.

»Glaube« hat hier weniger zu tun mit lehrhaften Formeln als vielmehr mit einem Subjekt (Gott), dem man sich glaubend zuvertraut. In welcher Hinsicht ist Gott in der Geschichte tätig? Auf welche Weise wird er für den Menschen glaubwürdig? In welchen Situationen leuchtet Gott auf als das Geheimnis unserer Existenz?

Beide beschriebenen Wege schließen einander nicht notwendigerweise aus. Im Laufe der Geschichte der Theologie sind sie stets – mit den verschiedensten Schwerpunktsetzungen – miteinander verbunden gewesen. Die Frage nach Gott (*theologia*) kann allein von der Fage her erschlossen werden, was es mit der Interaktion Gottes mit den Menschen (*oikonomia*) auf sich habe[9]. In der Neuscholastik des 19. und des frühen 20. Jahrhunderts jedoch ist die existentielle Dimension beinahe vollständig in Vergessenheit geraten, womit dann auch unsere Ellipse verlassen wurde. Hier geht das Denken nicht länger von der Frage des Menschen nach Gott aus, sondern stützt sich vielmehr auf eine bestimmte These über Gottes Wesen. Gott wird auf den Seziertisch eines Systems gelegt, so daß vom lebendigen Gott letztenendes nichts mehr übrigbleibt[10]. Darüber hinaus fällt auf, was die einschlägigen Autoren alles über Gottes Wesen zu wissen glauben. Ihre Argumentationsweise trägt einen autoritären Zug. Eine kritische Analyse wird nicht vorgenommen, während unablässig behauptet wird, daß die Dinge notwendigerweise so sind, wie sie sind. Vornehmster Garant hierfür ist nicht die Heilige Schrift, sondern das kirchliche Lehramt. Dem Glauben wird ein Platz innerhalb eines schon vorab gegebenen Systems zugewiesen, das sich jeder Kritik entzieht[11].

Das Zweite Vatikanische Konzil sucht mit dieser verengten essentialistischen Annäherungsweise definitiv abzuschließen. Diese Veränderung läßt sich in der Eröffnungsansprache Papst Johannes XXIII deutlich erkennen[12]. In dieser wird darauf hingewiesen, daß es in unserer Zeit nicht länger genügt, die kirchliche Lehre treu zu wiederholen. Es gilt vielmehr, sie neu zu verkündigen. Diese theologische Erneuerung entspringt einer pastoralen Sorge um den Menschen unserer Zeit. Es geht hier nicht so sehr darum, Antworten zu geben, die sich restlos in ein System einfügen lassen, sondern darum, dem

9. W. BEINERT, *Dogmatik studieren* (Anm. 6), S. 90.
10. *Ibid.*, S. 84.
11. *Ibid.*, S. 99.
12. *Ibid.*, S. 98.

zeitgenössischen Menschen die Aktualität und Plausibilität des christlichen Glaubens deutlich werden zu lassen. Auf welche Weise kann man der christlichen Offenbarung wieder eine Bedeutung für den zeitgenössischen Menschen verleihen? Diese Veränderung läßt sich im Aufbau der Argumentation in den dogmatischen Werken seit den sechziger Jahren erkennen[13]:

- Präsentation exegetischer Daten;
- Auseinandersetzung theologie- und philosophiegeschichtlichen Ideengutes;
- Interpretation der biblischen und historischen Gegebenheiten vor dem Hintergrund der gegenwärtigen Situation und des modernen Denkens;
- Integration neuer Erfahrungen in das sich zwischen Gott und Mensch vollziehende Offenbarungsgeschehen.

Fassen wir zusammen: Das Verhältnis von Offenbarung und Erfahrung läßt sich nach Analogie einer Ellipse mit zwei Brennpunkten beschreiben. In diese Ellipse kann mittels beider Brennpunkte eingetreten werden. Seit dem Zweiten Vatikanischen Konzil gibt die Theologie einem Ansatz bei der Erfahrung (*oikonomia*) den Vorzug[14]. Man spricht in diesem Zusammenhang auch von einer »anthropologischen Wende« in der Theologie.

II. Kurzer historischer Abriss für die Zeit seit 1960

Ausgehend von dem oben entworfenen Interpretationsrahmen, wollen wir unser Augenmerk nun auf die Entwicklungen des Religionsunterrichts in den Niederlanden richten.

1. Bis zum Beginn der sechziger Jahre ist Religionsunterricht Weitergabe der Tradition, die mit der kirchlichen Lehre gleichgesetzt wird. Der vornehmste Gegenstand des Religionsunterrichts ist die Kirche. Die Schüler sind passive Rezipienten der kirchlichen Lehre. Man ist hier eher um die Richtigkeit der Weitergabe der Lehre besorgt als um deren Empfänger[15]. Von der neuscholastischen Theologie her dominierte eine kognitive Ausrichtung auf das Objekt des

13. *Ibid.*, S. 82.

14. Cf. W. Beinert, *Dogmatik studieren* (Anm. 6); H. Rikhof, *Reden van bestaan* (Anm. 8).

15. Cf. P. Cooreman, *De Noord-Nederlandse R.K. schoolkatechese in het spanningsveld tussen theologie en pedagogiek. Een studie naar een proces van identiteitsbepaling tussen 1907 en 1966* (nicht publizierte Dissertation), Leuven, 1974.

Glaubens. Gott selbst wurde als Objekt gesehen. Das gute »Christ-Sein« hing von der gehorsamen Annahme des rechten Glaubens ab, wie er von der Kirche angeboten wird.

2. Mitte der sechziger Jahre (Zweites Vatikanisches Konzil) tritt eine grundsätzliche Veränderung auf. Der Religionsunterricht geht von der Weitergabe der Lehre zur Existenzerhellung über[16]. Aus dem übergeschichtlichen »traditum« wird wieder »traditio«, das heißt, daß der Prozeß der Weitergabe der christlichen Tradition eine zentrale Rolle zu spielen beginnt. Religionsunterricht ist nicht länger ein heteronomes Rezipieren der kirchlichen Lehre, sondern ein sich in Autonomie vollziehender Prozeß, in dessen Verlauf kritische Personen zu einer persönlichen Lebensentscheidung kommen sollen. Vor dem Hintergrund des beschriebenen Interpretationsrahmens könnten wir sagen, daß die Ellipse mit ihren beiden Brennpunkten den Religionsunterricht erneut zu beherrschen beginnt. Im Anschluß an die seit dem Zweiten Vatikanischen Konzil betriebene Theologie will man künftig auch via den Brennpunkt der Erfahrung in die Ellipse eintreten. Wie sollte es auch anders sein, wenn man bedenkt, daß es um die Begleitung des Lernprozesses von Schülern geht? Schließlich geht es im Unterricht um das, was sich in den Köpfen und Herzen der Schüler abspielt. Eine Anknüpfung an die Erfahrungen der Schüler liegt dem Unterricht also nahe am Herzen.

3. Seit Mitte der sechziger Jahre folgen die »Strömungen« in der Religionsdidaktik einander auf schnellem Fuße. »Strömungen« setzen wir bewußt in Anführungszeichen, da sich nach unserem Ermessen zwischen den verschiedenen Konzeptionen keine eindeutigen Trennlinien ziehen lassen. Es handelt sich eigentlich eher um Tendenzen oder Schwerpunktsetzungen. Es wäre auch zu simpel, Personen oder Personengruppen mit einer bestimmten Auffassung in Verbindung zu bringen, zumal dies meistens nicht all jenen Nuancen gerecht wird, die in der Theorienbildung von Religionspädagogen bzw. in deren Entwicklung wirksam sind. Mit diesen Randbemerkungen vor Augen ließen sich folgende seit den sechziger Jahren ausmachbare »Strömungen« benennen:

– Erfahrungskatechese (z.B. *Werkboek katechese* 1977)[17];

16. A. DE JONG, *Wordt katechese weer traditie? De ervaringskatechese binnen de schoolkatechetische ontwikkeling in Nederland*, in *Tijdschrift voor Theologie* 22 (1982) 237-246, insb. S. 239f.

17. Vgl. *Werkboek Katechese. Plaatsbepaling, verantwoording en uitvoering van een schoolkatechese voor en door twaalf- tot achttienjarigen*, Nijmegen, H.K.I., 1977.

– systematischer Religionsunterricht (z.B. Van der Ven 1973; 1982)[18];
– Befreiungskatechese (z.B. *Dossier bevrijdingskatechese* 1979)[19];
– interreligiöser Dialog (z.B. De Jong u. Zagers 1990)[20];
– Symbolkatechese (z.B. Hermans 1990)[21].

Darin stehen die Niederlande im übrigen nicht allein. In allen europäischen Ländern sind die genannten Strömungen wiederzufinden (mit Bezug auf Deutschland siehe Baudler)[22]. Meine These ist, daß eine jede Strömung als Variation ein- und desselben Themas gesehen werden kann: es gilt, zwischen der christlichen Botschaft und dem fragenden Menschen mit seinen Erfahrungen zu vermitteln. Dabei gibt es natürlich allerlei Akzente. So hatte man innerhalb des systematischen Religionsunterrichts stets große Aufmerksamkeit für theologische Strukturen bei der inhaltlichen Bestimmung des Religionsunterrichts. »Theologische Strukturen« sind aufzufassen als die Gesamtheit theologischer Themen, Modelle, Regeln und Begriffe[23]. So können z.B. bei der Behandlung des Themas der Einzigartigkeit Jesu verschiedene Modelle ins Spiel gebracht werden, wie etwa Sohn Gottes, Messias, Rabbi, Menschensohn, Knecht Gottes usw. Im Anschluß an diese Modelle können verschiedene Begriffe erarbeitet werden, wie z.B. die messianische Heilserwartung, das Reich Davids usw. Innerhalb der Erfahrungskatechese wird ein wesentlich stärkerer Akzent auf den kommunikativen Austausch zwischen den Schülern gelegt[24]. In der Kommunikation versuchen die Schüler der Bedeutung von christlichen Auffassungen und Werten auf die Spur zu kommen.

4. In der zweiten Hälfte der achtziger Jahre entsteht eine Strömung, die dazu angediehen ist, das Ruder im Religionsunterricht völlig herumzureißen. Bezeichnend hierfür ist die Namensänderung. »Religionsunterricht« wird zu »weltanschaulichem Unterricht«, das auf

18. Vgl. J.A. VAN DER VEN, *Katechetische leerplanontwikkeling*, Den Bosch, Malmberg, 1973.

19. Vgl. *Dossier bevrijdingskatechese. Een bundel studies, werkdokumenten en praktijkbeschrijvingen*, Nijmegen, H.K.I.; Amersfoort, De Horstink, 1979.

20. A. DE JONG & M. ZAGERS, *Waarheidsvraag en dialoogkatechese*, in *Verbum* 57 (1990) 66-72.

21. C. HERMANS, *Wie werdet ihr die Gleichnisse verstehen?*, Kampen, Kok; Weinheim, DSV, 1990.

22. G. BAUDLER, *Erfahrung – Korrelation – Symbol: Modewörten der neueren Religionspädagogik. Zum religionspädagogischen Stellenwert der Symboldidaktik*, in *Katechetische Blätter* 112 (1987) 30-39.

23. J.A. VAN DER VEN, *Katechetische leerplanontwikkeling* (Anm. 18), S. 114f.

24. *Werkboek Katechese*, S. 128f.

dem Lehrplan befindliche Fach »Katechese« wird zum Fach »Weltanschauung«, und die Vereinigung der Katechese- Dozenten (VKD) ändert ihren Namen in »Vereniging voor Docenten Levensbeschouwing« (VDL). Diese Namensänderung scheint auf eine tiefgreifende Kursänderung hinzuweisen. Für den Rest unseres Beitrags wird uns die Frage beschäftigen, ob diese Entwicklung in einer Linie mit vorausgegangenen Entwicklungen liegt oder nicht. Bricht die weltanschauliche Bildung mit der Ellipse von Erfahrung und Offenbarung oder situiert sie sich innerhalb dieses fundamentalen Modells der christlichen Theologie? Kann sie als ein neuer Versuch gesehen werden, zwischen Erfahrung und Offenbarung zu vermitteln?

III. Plädoyer für weltanschauliche Bildung

Warum plädiert man für weltanschauliche Bildung (= Religionskunde)? Im folgenden werden einige der wichtigsten Argumente aufgeführt[25]. Sie haben allesamt mit der Anpassung des Religionsunterrichts an seine veränderte Ausgangssituation (gemeint sind die Lernvoraussetzungen der Schüler – auch im Bezug auf die Mitschüler –, die unterrichtende Person und das Gesamtumfeld der Schule; d. Übers.) zu tun.

1. Verfechter der weltanschaulichen Bildung wollen einen Anschluß der religiösen Inhalte an die Erfahrungen (Bedürfnisse, Gefühle, Sinnsetzungen) der Schüler gewährleisten. Schüler sind erst dann in der Lage, »die religiöse Bedeutung von Bibelerzählungen zu erfassen, nachdem sie zuvor die Erfahrungen, um die es in diesen Erzählungen geht, in ihrem eigenen Leben unterschieden, benannt und begriffen haben. Man kann wohl aufgrund von Überlegungen zur Identität mit der Vermittlung des biblischen Konzepts von Liebe und Freundschaft beginnen wollen, aber einer solchen Kenntnis wird es in den Köpfen der Schüler ergehen wie westlichen Traktoren im Urwald von Zaire. Sie verrotten, weil niemand mit ihnen umzugehen weiß. Weltanschauliche Bildung will biblischen Erzählungen im Leben der Schüler eine Funktion geben. Dann erst haben sie religiöse Sprache im allgemeinen und biblische Erzählungen im besonderen

25. Vgl. H. Rijksen, *Levensbeschouwelijke vorming*, in *Verbum* 52 (1986) 290-304; L. van der Burg, *Waarom levensbeschouwelijke vorming* (Anm. 1); G. Otto, *Religionskunde in der Schule. Konfessioneller Unterricht ist ein Anachronismus*, in *Evangelische Kommentare* 1 (1992) 31-34.

begriffen. Dann erst können Schüler begreifen, worum es in Religionen und Weltanschauungen geht. Erst wenn sie die Sprache der Religion begriffen haben, erst wenn sie religiöse Texte verstehen können, indem sie ihnen einen Platz in ihrer eigenen Erfahrungswelt anweisen, können sie über die Wahrheit, die Wahrhaftigkeit oder die moralische Richtigkeit dieser Texte urteilen«[26].

2. Ein zweites Argument hängt mit der Säkularisation zusammen, durch die unsere Gesellschaft auf religiösem Gebiet gekennzeichnet wird. Aus christlicher Perspektive ist man oft geneigt, die Säkularisation als eine strukturelle und kulturelle Krise zu werten, in der sich das Christentum in unserer Gesellschaft befinde. Die Krise beschränkt sich jedoch nicht auf das Christentum. In unserer Gesellschaft liegt eine fundamentale Krise des weltanschaulichen Zugangs als solchem (im Sinne einer globalen, integrierenden Anschauung der Wirklichkeit) vor. Diese hängt unter anderem mit der dominanten Stellung zusammen, die der ökonomische und der bürokratische Umgang mit der Wirklichkeit eingenommen haben. Ungeachtet der Situation stellen Menschen vor allem Fragen wie: Was kostet das? Wozu nützt mir das? Geht es nicht noch ein bißchen effizienter? Eine andere Ursache liegt darin, daß viele Sektoren unseres Zusammenlebens, die früher mit dem religiösen Sektor in Verbindung standen, voneinander isoliert worden sind. Auf katholischer Seite kann man konkret an die geistlichen Berater denken, die Mitglieder katholischer Vereinigungen waren: im Sportverein, im Altersheim, in der Wohnungsbaugemeinschaft oder in einer Bibliothek. Das Verschwinden dieser geistlichen Leiter symbolisiert die Trennung der verschiedenen Sektoren in unserer Gesellschaft.

Dies hat zur Folge, daß es in unserem säkularisierten Zusammenleben vielen undeutlich ist, auf welche menschlichen Fragen eine religiöse Tradition wie die christliche eigentlich Bezug nimmt. Worüber sprechen religiöse Menschen eigentlich? Durch die Darstellung religiöser Inhalte in einer Beziehung zur jeweils eigenen weltanschaulichen Sichtweise läßt sich verdeutlichen, auf welche Fragen eine Antwort gegeben wird. Dies ist gerade für die religiöse Erfahrung besonders wichtig. Eine religiöse Erfahrung kann beschrieben werden als eine Erfahrung mit- und- in der menschlichen Erfahrung[27].

26. L. VAN DER BURG *Waarom levensbeschouwelijke vorming* (Anm. 1), S. 35-36.
27. Vgl. E. SCHILLEBEECKX, *Mensen als verhaal van God*, Baarn, Nelissen, 1989, S. 43f.

Um ein Beispiel zu geben: in und durch das medizinische Handeln von Ärzten in einer bestimmten Notlage können Gläubige Gottes Liebe zu den Menschen erfahren. Wenn Gläubige über Gottes Liebe sprechen, dann machen sie keine Aussage über die Richtigkeit der medizinischen Hilfeleistung gegenüber einem Patienten. Ihre Aussage sagt vielmehr etwas über den letztendlichen Sinn aus, den Menschen im sorgenden Handeln von Ärzten erfahren. Aufmerksamkeit für die »Eigenart« eines weltanschaulichen Zugangs ist wichtig, wenn die Inhalte einer religiösen Tradition auf die richtige Weise zur Sprache gebracht werden sollen.

3. Ein weiteres Charakteristikum der Säkularisation ist, daß der Glaube des einzelnen weitestgehend eine Sache der freien Wahl geworden ist. Nun wird man zwar nicht gläubig unabhängig von einer bestimmten Tradition. Entscheidend ist jedoch die Frage, ob man religiösen Auffassungen zustimmt aufgrund des Gewichts, das in eine bestimmte Autorität gelegt wird (Autoritätsargument), oder aufgrund persönlicher Übereinstimmung. Die Begleitung dieser persönlichen Wahl ist eines der Motive, denen man stets begegnet, sobald für weltanschauliche Bildung plädiert wird.

4. Auf weltanschaulichem und religiösem Gebiet wird die Situation in den Niederlanden durch Pluriformität gekennzeichnet (siehe auch den vorausgehenden Abschnitt). Es ist demnach nicht möglich, mit Selbstverständlichkeit von einer allen Schülern gemeinsamen religiösen Tradition auszugehen. In der weltanschaulichen Bildung soll es vor allem darum gehen, der Frage des interreligiösen Dialogs Aufmerksamkeit zu schenken. Um einander im Dialog verstehen zu können, ist es notwendig, eine gewisse Anzahl von Konzepten gemeinsam zu haben. Verschiedene Religionen und Weltanschauungen mögen verschiedene Antworten geben; sofern sie aber nicht dieselben Fragen behandeln, ist jedes Gespräch ausgeschlossen. Mit dem Plädoyer für weltanschauliche Bildung ist man ausdrücklich darum bemüht, dem interreligiösen Dialog eine Gesprächsbasis zu schaffen.

IV. Ein neuer Rahmenlehrplan

1989 hat der »Nederlandse Katholieke Schoolraad« (NKSR) einen neuen Rahmenlehrplan für den Religionsunterricht in der Sekundarstufe an katholischen Schulen herausgegeben[28]. Dieser

28. *Een nieuw raamleerplan voor het godsdienstonderwijs op katholieke scholen voor voortgezet onderwijs*. Brochure B. Nederlandse Katholieke Schoolraad, 's-Gravenhage, 1989.

Rahmenlehrplan wurde mit der Zielsetzung der weltanschaulichen Bildung der Schüler entwickelt. Auf der Grundlage dieses Rahmenlehrplans sind die meisten katholischen Schulen der Sekundarstufe seit 1989 damit begonnen, ein an die jeweilige eigene Schulsituation angepaßtes Lehrplankonzept zu entwickeln. Diese Phase ist nunmehr an vielen katholischen Schulen in den Niederlanden abgeschlossen. In aller Deutlichkeit muß dazu angemerkt werden, daß der Rahmenlehplan nicht von allen niederländischen Bischöfen, die sich dem »Algemeen Reglement voor het Katholiek Onderwijs« (ARKO) angeschlossen haben, akzeptiert wurde. Nur vier der sechs Bischöfe haben dem Rahmenlehrplan ihre Zustimmung gegeben.

Als allgemeines Ziel der weltanschaulichen Bildung an katholischen Schulen formuliert dieser Rahmenlehrplan folgendes:

- »die Schüler sollen in die Lage versetzt werden, die weltanschaulichen Aspekte der Wirklichkeit wahrzunehmen;
- sie sollen in zunehmendem Maße ihren weltanschaulichen Standpunkt bestimmen können;
- sie sollen diese ihre Standpunktbestimmung in Worte fassen und im Gespräch mit der christlichen Weltsicht sowie mit anderen Sichtweisen verantworten können«[29].

Von diesem allgemeinen Ziel ausgehend, sollten die Schüler am Ende der Sekundarstufe folgende Kenntnisse und Fertigkeiten erworben haben.

- »die Schüler können Sinnfragen und ethische Fragen stellen;
- sie können diese Fragen zu anderen Fragestellungen und Antworten aus verschiedenen Weltanschauungen, namentlich aus dem Christentum, in Beziehung setzen;
- sie können mit anderen über Sinn- und ethische Fragen kommunizieren;
- sie können mit der bildhaften Sprache (der sog. »zweiten Sprache«) umgehen und die tiefere Bedeutung von Erzählungen, Symbolen, Bildern und anderen Ausdrucksformen in weltanschaulicher Hinsicht erschließen;
- sie verfügen über Hintergrundwissen in Bezug auf den Katholizismus und andere Traditionen;
- sie verfügen über Hintergrundwissen in Bezug auf andere Religionen und Weltanschauungen wie Judentum, Islam, Humanismus, Marxismus/Sozialismus;
- sie können die persönlichen, gesellschaftlichen und institutionalisierten Dimensionen von Weltanschauungen erkennen und zueinander in Beziehung setzen;

29. *Ibid.*, S. 39.

– sie können beschreiben, welche Funktionen Weltanschauungen (wie etwa im Falle von Trost, Protest, Legitimation, Kritik) im persönlichen Leben und in der Gesellschaft ausüben und können diese Funktionen kritisch beurteilen«[30].

In den genannten Zielsetzungen lassen sich viele Aspekte wiederfinden, die in verschiedenen der vorausgegangenen »Strömungen« im Mittelpunkt des Interesses standen, wie etwa folgende:

– die Ausrichtung auf die Begleitung der Schüler bei der Bestimmung ihres persönlichen weltanschaulichen Standpunktes (vgl. Erfahrungskatechese);
– der aufmerksame Blick für den gesellschaftlichen Kontext, in dem Schüler leben, sowie für die gesellschaftliche Funktion von Weltanschauungen (vgl. Befreiungskatechese);
– das Interesse für den Dialog mit nichtchristlichen Religionen und Weltanschauungen (vgl. interreligiöser Dialog);
– die verstärkte Aufmerksamkeit für den religiösen Sprachgebrauch (Symbole, Erzählungen, Bilder) (vgl. Symboldidaktik)[31].

Der gemeinsame Nenner, unter dem dies alles präsentiert wird, ist neu: ein weltanschaulicher Zugang zur Wirklichkeit. Dahinter steht der Gedanke, daß man sich der Wirklichkeit auf verschiedene Weisen nähern kann. Im Fach »Weltanschauung« lernen Schüler eine weltanschauliche Weise der Annäherung an die Wirklichkeit kennen, wie sie im Fach »Geschichte« mit der historischen Sicht, im Fach »Ökonomie« mit der ökonomischen Sichtweise derselben in Berührung gebracht werden, etc. Im Rahmen der weltanschaulichen Annäherungsweise wird die christliche Religion gemeinsam im Dialog mit anderen Religionen und Weltanschauungen zur Sprache gebracht. Charakteristisch für die weltanschauliche Annäherungsweise ist die Tatsache, daß Menschen nach dem letzten Sinn des menschlichen Daseins fragen. Die christliche Religion bietet mit dem Blick auf dergleichen Fragen Antworten an. Das Ellipsen-Modell kann hierin leicht wiedererkannt werden: Menschen stoßen im Laufe ihres Lebens auf vielerlei Fragen nach einem letzten Sinn; die christliche

30. *Ibid.*, S. 39f.

31. Nur die Sorge des systematischen Religionsunterrichts um die theologischen Strukturen in Bezug auf die Erfahrungen der Schüler findet sich — zumindest in den Zielsetzungen (des Rahmenlehrplans) nicht wieder. Ist dies ein Hinweis auf eine mangelnde Aufmerksamkeit für die »theologia« und eine einseitige Konzentration auf die »oikonomia«?

Tradition kann ihnen helfen, hierauf Antworten zu finden. 1992 wurden auf der Grundlage des Rahmenlehrplans Schwerpunktsetzungen formuliert, denen zufolge die Einsicht in die beschriebene Ellipse eines der Ziele ist, die im Fach »Weltanschauung« verwirklicht werden sollen. So lautet die fünfte Schwerpunktzielsetzung wie folgt: »Die Schüler sollen darlegen können, daß Lebensfragen (d.h.: Fragen nach einem letzten Sinn) immer aus der Perspektive einer bestimmten Welt- oder Lebensanschauung gestellt werden«.

V. Konkrete Gestalten

Ein englisches Sprichwort sagt: »The proof of the pudding is the eating«. Was aber bekommen Schüler in der weltanschaulichen Bildung aufgetischt? Wir wollen uns hier vorrangig mit der Frage beschäftigen, inwieweit Erfahrung und Offenbarung in ihrer Bezogenheit aufeinander in Lehrbüchern thematisiert werden. Seit 1990 sind bereits mehrere Lehrmethoden entwickelt worden, die sich auf den Lehrplan der »Nederlandse Katholieke Schoolraad« von 1989 berufen. Wir nennen zwei davon:

- H. Rijksen, *Vragen bij het leven*, Deel 1 t/m 4, Kampen, Kok;
- M. Agterberg (u.a.), *Leefwijzer*, Deel 1 t/m 4, Schiedam, Segers, 1992.

Beide Methoden richten in allen Teilen ihre Aufmerksamkeit auf die christliche Tradition, auf deren systematische Behandlung sie beide ein ganzes Unterrichtsjahr verwenden. So wird im Rahmen der ersten Methode das Christentum im gesamten zweiten Lehrbuch (in Deutschland: Klasse acht) systematisch behandelt. Gegenstand sind hier unter anderem: der historische Kontext der Predigt Jesu, biblische Quellen, die Verkündigung des Reiches Gottes, Pfingsten sowie die Entstehung der Kirche. Die zweite Methode (Agterberg u.a.) behandelt das Christentum ausführlich im ersten Unterrichtsjahr (Deutschland: Klasse sieben). Gegenstand ist hier: die Bibel, der Umgang mit (biblischen) Erzählungen, die Bedeutung biblischer Erzählungen für die Gegenwart, Jesus und das Erste (Alte) und Zweite (Neue) Testament, sowie das Verhältnis Judentum/Christentum.

Wir werden im folgenden zwei andere Lehrbücher daraufhin untersuchen, inwieweit sie der Ellipse von Erfahrung und Offenbarung gerecht werden. Wir haben gerade diese Lehrbücher ausgewählt, weil sie die unterschiedlichen Möglichkeiten der Ausfüllung des Fachs »Weltanschauung« deutlich illustrieren. Die oben besprochenen Methoden umfassen mehrere Teile mit stark verschiedenen Strukturen, so daß ein Vergleich sehr kompliziert ausfallen würde. Die beiden ausgewählten Lehrbücher sind sehr systematisch aufgebaut, was einen Vergleich einfacher macht. Beide Methoden wurden für vergleichbare Zielgruppen entwickelt, nämlich für Schüler des höheren berufsbildenden Unterrichts (das HBO-Niveau in den Niederlanden entspricht etwa dem der Fachoberschule in Deutschland; d. Übers.). Die erste Methode ist von Autoren katholischer Herkunft entwickelt worden; der Autor der zweiten Methode kommt aus dem protestantischen Umfeld.

Wir werden jeweils vorweg eine kurze Beschreibung des Inhalts des Lehrbuches geben und anschließend auf die Frage nach der Ellipse von Erfahrung und Offenbarung eingehen.

1. Erstes Beispiel: »Levensbeschouwing en ethiek in educatieve beroepen«

Das Lehrbuch von H. RIJKSEN und L. SEGERS, *Levensbeschouwing en ethiek in educatieve beroepen* (Best, Damon, 1992) ist aus acht Kapiteln aufgebaut: 1. Weltanschauung und Ethik in Erziehung und erzieherischen Berufen; 2. Verschiedene Weisen der Wahrnehmung von Wirklichkeit; 3. Weltanschauliches Wahrnehmen; 4. Lebensanschauungen (levensvisies); 5. Ethisches Wahrnehmen; 6. Ethische Sichtweisen; 7. Ethik und Weltanschauung; 8. Die Rolle von Lebensanschauungen und ethischen Sichtweisen in unserer Gesellschaft.

Für unsere Darstellung beschränken wir uns auf die Besprechung der Kapitel zwei, drei und vier. In Kapitel zwei wird verdeutlicht, daß Menschen sich der Wirklichkeit auf verschiedene Weisen zu nähern vermögen. Der Autor spricht in diesem Zusammenhang über »Optiken«. Charakteristisch für Optiken ist, daß sie formale Rahmen darstellen (S. 35). Es ist hier auch die Rede von einer »sturmfreien Zone«, über die nicht zu diskutieren ist. Innerhalb einer bestimmten Optik gibt es verschiedene Sichtweisen. In diesem Bereich können die Ansichten von Menschen gründlich differieren. Es werden drei Optiken angeführt, nämlich die weltanschauliche, die ethische und die ästhetische. Diese werden als Optiken müt einen Anspruch auf Universalität bezeichnet. Für diese Optiken ist die indirekte Weise kennzeichnend, in der sie über die Wirklichkeit sprechen, sowie das

Übersteigen der konkreten Wirklichkeit und die Vorläufigkeit ihrer Aussprachen über den letzten Grund (S. 40-43).

Im dritten Kapitel wird die weltanschauliche Annäherungsweise eingehender ausgearbeitet als ein Zugang zur Wirklichkeit von der Frage nach dem letzten Sinn her (S. 48). Diese Annäherungsweise hat zwei Merkmale: a. »Sinn« wird jeweils in den Rahmen eines umfassenden Ganzen gestellt; b. dieses umfassende Ganze wird von einer Erwartung oder von einem Glauben ausgefüllt. Innerhalb der weltanschaulichen Annäherungsweise werden sechs Arten von Lebensfragen unterschieden, nämlich

– Fragen nach der Natur des Menschen;
– Fragen nach der Art der Beziehungen von Menschen untereinander;
– Fragen nach dem Verhältnis von Mensch und Natur;
– Fragen nach dem Verhältnis des Menschen zur Zeit;
– Fragen nach der Art des menschlichen Handelns;
– Fragen nach dem Warum des Leidens.

In Kapitel vier wird aufgezeigt, daß es innerhalb der weltanschaulichen Annäherungsweise verschiedene Sichtweisen gibt. Diese werden Lebensanschauungen genannt, da in ihnen Antworten auf Lebensfragen gegeben werden. Sie können umschrieben werden als ein Entwurf dessen, was Menschen als das »letztendliche«, ausschlaggebende Wort über das Ganze ansehen wollen.

Daraufhin wendet man sich den negativen und positiven Funktionen zu, die Lebensanschauungen sowohl für die einzelne Person als auch für die Gemeinschaft erfüllen können. Dabei wird beispielsweise über ihre integrierende Funktion gesprochen. Unter dem Gesichtspunkt der Frage, was das Dasein letztenendes sei, verleihen sie dem Leben einen Zusammenhang (S. 71). Darüber hinaus erfüllen sie auch eine kritische Funktion sowohl innerhalb des Zusammenlebens als auch im Hinblick auf das Handeln einzelner Menschen (S. 74).

Nach einer Einteilung in Lebensentwürfe (S. 79-83) werden einige konkrete Lebensanschauungen unter folgenden Aspekten kurz beschrieben: tatsächliches Vorkommen in den Niederlanden, Entstehung, literarische Quellen, Gebräuche. Dabei behandelt man aufeinanderfolgend den Humanismus, das Christentum, der Islam, das bürgerliche Ideal und den Hedonismus.

Wird man nun in diesem Lehrbuch dem in der Ellipse symbolisierten Zusammenhang von Erfahrung und Offenbarung gerecht? In den Kapiteln zwei und drei wird die christliche Religion allein im

Rahmen von Beispielen gelegentlich thematisiert. Bei der Definition der Konzepte kommt sie nicht zur Sprache. Bei der Bestimmung dessen, was eine »Letztendlichkeitsoptik« ist, oder im Hinblick auf die weltanschauliche Annäherungsweise und die sechs verschiedenen Lebensfragen wird eine Perspektive gewählt, die der Tradition gegenüber neutral bleibt; es wird also nicht gesagt, inwiefern diese Ausfüllung der menschlichen Erfahrung mit der christlichen Offenbarung korrespondiert. Oder umgekehrt: es wird nicht angegeben, wie sich von der Offenbarung her das christliche Sprechen über das menschliche Leben als Letztendlichkeitsoptik charakterisieren ließe. Die Offenbarung kommt auch nicht zum Zuge, wenn es um die Weise geht, auf die bestimmte Lebensfragen gestellt werden; die Lebensfragen werden vielmehr auf eine a-historische und traditionsunabhängige Weise formuliert. Das Christentum wird im Rahmen von Kapitel vier als eine der fünf (beispielhaft) herausgegriffenen Lebensanschauungen systematisch behandelt. Als Schlüssel für die Interpretation des Christentums wird das Reich Gottes herangezogen. Die Ellipse von Erfahrung und Offenbarung findet hier also sehr wohl Anwendung. Die einzige Randbemerkung, die sich anbringen ließe, ist diese, daß die christliche Offenbarung doch wohl sehr dürftig dargestellt wird, wenn nur der Reich-Gottes-Begriff gebraucht wird.

2. Zweites Beispiel: »Werkboek levensbeschouwing«

Das *Werkboek levensbeschouwing* von A. ALTHUIS (Amersfoort, De Horstink, 1992) ist aus sechs Kapiteln aufgebaut: 1. Eine Weltanschauung bietet Perspektive; 2. Weltanschauung, Identität und die Suche nach Gott; 3. Persönliche Freiheit und Weltanschauung; 4. Die Bibel im Verhältnis zur Weltanschauung; 5. Die jüdische Tadition und Weltanschauung; 6. Leben, zweitausend Jahre nach Christus.

Wir beschränken uns in der Besprechung dieses Arbeitsbuches auf die ersten drei Kapitel. Das erste Kapitel beginnt mit einer Charakterisierung von Weltanschauung überhaupt. Eine Weltanschauung gibt Antworten auf vier Lebensfragen, nämlich auf die Frage nach sich selbst (»Wer bin ich?«), nach dem Mitmenschen (»Wer ist der Andere, mit dem ich lebe?«), nach der Natur (»Was bedeutet die Natur für mein Dasein?«) und nach Gott (»Wer ist Gott?«). Diese Lebensfragen werden in einem Rahmen betrachtet, der der Bibel – der jüdischen und der christlichen Tradition – entliehen ist (S. 23).

Dieser Rahmen ist der biblische Begriff von Freiheit als einem Bewußtsein von – und einer Beschäftigung mit – Wahrheit, Gerechtigkeit und Liebe. Menschen sind dazu da, frei zu sein. Dies ist der sich durch die Bibel hinziehende rote Faden.

In Kapitel zwei wird eine Beziehung zwischen Weltanschauung, Identität und der Suche nach Gott hergestellt. Das Finden von Identität hat in höchstem Maße mit Freiheit zu tun. Jemand, der ängstlich oder von sich selbst entfremdet ist, hat keine eigene Identität (S. 30). Identität besteht im Zulassen von Gefühlen und bildet damit den Gegensatz zur Entfremdung. Freiheit kann beschrieben werden als die Abwesenheit von Angst und Entfremdung. An eine Weltanschauung darf die Frage gerichtet werden, ob sie dem Menschen eine Identität gibt, beziehungsweise, ob sie den Menschen frei macht (S. 25). Die christliche Religion spricht nicht abstrakt über Freiheit. Im Arbeitsbuch werden vier biblische Schlüsselworte herausgearbeitet, die dem christlichen Begriff von Freiheit Gestalt verleihen, nämlich Schöpfung, Bund, Exodus und Reich Gottes.

In Kapitel drei werden die vier verschiedenen Beziehungsgefüge von Weltanschauung, nämlich das Selbst, der Andere, die Natur und Gott, eingehender behandelt. Das Arbeitsbuch zeigt, wie Menschen in jedem dieser Beziehungsgefüge auf der Suche nach Freiheit sind (S. 49).

Wird in diesem Lehrbuch dem in der Ellipse symbolisierten Zusammenhang von Erfahrung und Offenbarung entsprochen? Das Arbeitsbuch geht von der Bestimmung der weltanschaulichen Annäherung von einem christlichen Interpretationsrahmen aus. Dieser Interpretationsrahmen wird in der biblischen Auffassung von Freiheit als einem Leben in Wahrheit, Gerechtigkeit und Liebe gefunden. »Freiheit« gewinnt Gestalt mittels der vier Schlüsselworte Schöpfung, Bund, Exodus und Reich Gottes. Daraufhin wird verdeutlicht, wie Menschen in allen Bereichen, auf die sich Weltanschauung bezieht, auf der Suche nach Freiheit sind. Der Autor hält bei der Ausarbeitung seines *Werkboek levensbeschouwing* mithin am Modell der Ellipse von Erfahrung und Offenbarung fest.

VI. Fazit

Zum Abschluß unseres Beitrags wollen wir die im Vorausgehenden skizzierten Entwicklungen gegeneinander abwägen. Als Instrument hierfür haben wir die Ellipse von Erfahrung und Offenbarung gewählt (siehe Abschnitt 2). Kernfrage an die jüngsten Entwicklungen in den Niederlanden war, ob diese als ein neuer Versuch gesehen werden dürfen, eine Vermittlung zwischen Erfahrung und Offenbarung zustande zu bringen, oder ob der Nachdruck einseitig auf die Erfahrung gelegt wird, so daß diese von der Offenbarung lossteht. In diesem Fall müßten wir dann nicht mehr von einer »anthropologischen Wende« reden, sondern vielmehr von einer »anthropologischen Engführung«.

Es wird nicht verwundern, wenn die Abwägung der skizzierten Entwicklungen nuanciert ausfällt. Wichtig ist zuallererst festzustellen, daß weltanschauliche Bildung oder das Unterrichtsfach »Weltanschauung« keinen grundsätzlichen Bruch zwischen Erfahrung und Offenbarung herbeiführen müssen. Auf diese Feststellung legen wir großen Wert, zumal die Motive, die dem Plädoyer für weltanschauliche Bildung zugrunde liegen, zu wichtig sind, als daß man sie vernachlässigen dürfte. Wir führen sie nochmals kurz auf:

- Anschließen an die Erfahrungen der Schüler;
- Einsicht in die Eigenart der weltanschaulichen Annäherung im Kontrast mit anderen Annäherungen (an die Wirklichkeit; d. Übers.);
- Achtung vor der persönlichen Lebensentscheidung der Schüler;
- Anerkennung der Pluriformität auf weltanschaulichem Gebiet.

Prinzipiell scheint es keinen Grund zu geben, warum die christliche Offenbarung nicht in das »Kostüm« der weltanschaulichen Annäherungsweise passen sollte. Im zweiten Anlauf stellen wir aber fest, daß es nicht allen Ausarbeitungen (lies: Lehrbüchern) gleich gut gelingt, innerhalb der Ellipse von Erfahrung und Offenbarung gehalten zu bleiben. Im ersten Beispiel, das im vorigen Abschnitt vorgestellt wurde, wird diese Wechselbeziehung zumindest auf der Ebene der Darbietung (des Unterrichtsstoffs; d. Übers.) fallengelassen. Es wird der Anschein geweckt, als könnte jenseits von Geschichte und Tradition bestimmt werden, was eine weltanschauliche Annäherungsweise sei und worin der Inhalt von Lebensfragen bestehe. Wir sagen mit Vorsicht: »der Anschein wird geweckt«. Nimmt man die entwickelten Konzepte tatsächlich in Augenschein, dann scheinen sich die meisten davon theologisch verteidigen zu lassen. Eine zeitgenössische Strömung wie etwa der Postmodernismus dürfte beispielsweise viel schwieriger in die Definition der Letztendlichkeitsoptik einzupassen sein. Es ist die Frage, ob sich hier nicht noch die unterschiedlichen Akzentsetzungen im Verhältnis von Natur und Gnade in der katholischen und der protestantischen Theologie auswirken. Wir erinnern daran, daß der Autor der zweiten Methode ein protestantischer Theologe/Religionspädagoge ist; die Autoren der ersten Methode dagegen sind von katholischer Herkunft. Legt der Autor der zweiten Methode nicht eher einen Akzent auf die umwandelnde Wirkung der Gnade? Die Bibel erscheint hier als kritisches Gegenüber der menschlichen Erfahrung. Und legen nicht umgekehrt die Autoren der ersten Methode implizit den Schwerpunkt in die menschliche Natur, die von der Gnade vorausgesetzt wird (»gratia supponit naturam«)?

Will das Konzept der weltanschaulichen Bildung der Ellipse von Erfahrung und Offenbarung gerecht werden, dann bedürfen vier Punkte in den Lehrbüchern einer inhaltlichen Ausgestaltung:

a. Das christliche Sprechen über Gott, Mensch und Welt kann als ein Sprechen über den letzten Sinn verstanden werden. In Jesu Leben und Tod hat Gott definitiv offenbart, was für den Menschen heilsam ist. Offenbarung handelt zutiefst von der Frage nach der Ausgestaltung der menschlichen Humanität. Es ist dann auch ein falsches Dilemma, Erfahrung und Offenbarung gegeneinander auszuspielen[32].

b. Von der christlichen Religion her erhalten Lebensfragen einen spezifischen Inhalt. Kennzeichnend für diesen spezifischen Inhalt ist der aporetische (offene) Charakter der Lebensfragen in christlicher Sicht. Damit ist gemeint: das christliche Sprechen über den Menschen verweist auf ein Menschsein in Fülle, das in der Zukunft von Gott verwirklicht werden wird. Diese Zukunft stellt jede menschliche Erfahrung unter prophetische Kritik. Der Freiheitsbegriff könnte durchaus als Verbindungsstück zwischen Lebensfragen und christlicher Tradition fungieren. In diese Richtung ging auch das Beispiel in Abschnitt 5.2[33].

c. Nicht nur die Erfahrung muß durch die Unterscheidung verschiedener Lebensfragen strukturiert werden, sondern auch die Offenbarung bedarf einer entsprechenden Strukturierung. So spricht etwa die metaphorische Theologie von zentralen theologischen Modellen oder Basismetaphern wie Schöpfung, Gnade, Auferstehung oder Reich Gottes. Jedes dieser theologischen Modelle besitzt einen

32. Vgl. E. SCHILLEBEECKX, *Erfahrung und Glaube*, in F. BÖCKLE u.a., *Christlicher Glaube in moderner Gesellschaft*, Freiburg-Basel-Wien, Herder, 1980.

33. Vgl. T. PRÖPPER, *Erlösungsglaube und Freiheitsgeschichte. Eine Skizze zur Soteriologie*, München, Kösel, 1988.

Bedeutungsreichtum, der durch die Tradition Form gewonnen hat. Dergleichen Modelle bringen die christliche Offenbarung zum Ausdruck.

d. Lebensfragen müssen mit der Struktur der christlichen Offenbarung verbunden werden. Verschiedene christliche Modelle geben verschiedene Antworten auf Lebensfragen. Die christliche Tradition ist eine offene Tradition, in der neue Erfahrungen einen Platz erhalten können. Offenbarung ist keine abgeschlossene Gegebenheit, sondern ein Prozeß.

(trad. M. Begerow) Chris HERMANS

III

L'ENSEIGNEMENT RELIGIEUX À L'ÉCOLE CATHOLIQUE EN BELGIQUE

L'ENSEIGNEMENT DE LA RELIGION DANS LES ÉCOLES SECONDAIRES CATHOLIQUES EN FLANDRE

Dans cette contribution, je voudrais principalement m'étendre sur l'enseignement de la religion dans les écoles secondaires *catholiques* en Belgique néerlandophone[1]. Ces écoles catholiques constituent l'immense majorité des écoles en Flandre; environ 75% des jeunes en âge scolaire entre 12 et 18 ans suivent l'enseignement secondaire catholique. Pour l'ensemble de la Belgique (néerlandophone et francophone) ce chiffre atteint presque 60%. Ce taux élevé de participation à l'enseignement catholique dans notre pays est unique pour l'Europe occidentale. En France, par exemple, 18% des jeunes choisissent l'enseignement catholique, en Italie 4%, en Espagne 21% et dans l'ex-R.F.A. 4%[2].

1. Au 1er janvier 1989, la Belgique comptait 9.927.612 habitants: 5.721.344 (*57,6%* du total) dans la Région flamande; 3.234.768 (*32,7%*) dans la Région wallonne (dont 66.299, soit *0,7%*, dans la Région germanophone) et 970.501 (*9,7%*) dans la Région de Bruxelles.

Il y a trois réseaux d'enseignement en Flandre: l'enseignement communautaire ou enseignement officiel, dont les frais sont supportés par la Communauté flamande, l'enseignement provincial et communal ou l'enseignement officiel subsidié et l'enseignement libre subsidié; ce dernier réseau d'enseignement est avant tout 'catholique'.

L'enseignement secondaire de plein exercice est destiné aux jeunes de 12 à 18-19 ans et comprend en général six années scolaires. Les élèves peuvent éventuellement suivre une septième année de spécialisation ou une année de préparation à l'enseignement supérieur. Le premier degré de l'enseignement secondaire (1e en 2e années) est commun. À partir du deuxième degré (3e et 4e années) les élèves peuvent choisir une des quatre formes d'enseignement suivantes: l'enseignement général, qui procure une formation théorique très large, l'enseignement technique, qui comprend à côté des cours technico-théoriques, des heures de travaux pratiques, l'enseignement artistique qui prévoit la pratique active d'une discipline artistique (p. ex. la musique) et enfin l'enseignement professionnel préparant à une profession spécifique (p. ex. les métiers de la construction, étalagiste, ...). Cf. MINISTÈRE DE L'ÉDUCATION, DE LA RECHERCHE ET DE LA FORMATION, *Les systèmes éducatifs en Belgique: Similitudes et divergences*, Bruxelles, 1991; MINISTERIE VAN DE VLAAMSE GEMEENSCHAP. DEPARTEMENT ONDERWIJS, *Het educatief bestel in België: van convergentie naar divergentie*, Brussel, 1991; J. TIELEMANS, *Onderwijs in Vlaanderen*, Leuven, Garant, 1991.

Pour le cours de religion dans l'enseignement secondaire officiel, cf. G. GEVAERT, *Het godsdienstonderwijs in de officiële school*, dans *Collationes* 21 (1991) 183-200.

2. J. BULCKENS, *Godsdienstonderwijs op de secundaire school. Een handzame godsdienstdidactiek*, Leuven, Acco, 1987, p. 352.

Je compte examiner si l'évolution de la conception de l'enseignement de la religion dans les écoles *publiques* dans les pays qui nous entourent, peut également être constatée dans les écoles *catholiques* en Flandre. Est-ce que, en d'autres mots, la présence de l'enseignement de la religion dans les écoles secondaires catholiques, qui attirent trois quarts des jeunes flamands, apporte des accents spécifiques? Y a-t-il une cohérence entre une vision particulière d'une école catholique contemporaine et une certaine opinion actuelle sur l'enseignement de la religion? À l'aide de plusieurs propositions, je tente de décrire quelques grandes lignes et perspectives d'avenir concernant le cours de religion et l'école catholique en Flandre.

Il y a lieu d'éclairer ces grands axes à la lumière de la situation de l'enseignement en Belgique, qui a récemment été modifiée[3]. Depuis le premier janvier 1989 la compétence légale concernant l'enseignement a été pour une large part transférée aux Communautés en Belgique. Dorénavant les Communautés flamande, française et germanophone déterminent leur propre politique d'enseignement, et cela suite à la modification de la Constitution, du 15 juillet 1988. Un premier arrêté important de l'Exécutif flamand (5 avril 1989) concernait l'introduction d'une structure dite d'unité dans l'enseignement secondaire. Cela ne s'est pas fait sans de nombreuses résistances. L'Exécutif flamand voulait par là ratifier la rénovation de l'enseignement, qui s'était profilée légalement en Belgique à partir du début des années septante (loi du 19 juillet 1971). La nouvelle philosophie d'enseignement faisait prévaloir le principe social (participation, démocratisation) par rapport au principe économique, auquel l'enseignement traditionnel adhérait plus.

Une étude récente compare comme suit la rénovation récente de l'enseignement et la conception traditionnelle de l'école[4]:

En 1990-91, l'enseignement secondaire en Flandre comptait 426.235 élèves (exception faite de l'enseignement spécial). L'enseignement communautaire comptait 70.825 élèves ou 16,8%, l'enseignement provincial 13.952, soit 3,3%, l'enseignement communal 21.931, soit 5,1% et l'enseignement libre (pour 99% enseignement catholique) 319.616 élèves ce qui correspond à 75%; cf. *Statistisch Jaarboek van het onderwijs. Schooljaar 1990-1991*, Brussel, Ministerie van de Vlaamse Gemeenschap. Departement van het Onderwijs, 1992, p. 41.

3. Pour l'histoire de l'enseignement en Belgique, je renvoie à la contribution de M. Simon dans cet ouvrage: *L'enseignement de la religion catholique en Belgique francophone*. Cf. R. VANDEPUTTE, *De schoolkwestie en de Guimardstraat. Een historisch overzicht*, Tielt, Lannoo, 1990.

4. L. OSAER, *De eenheidsstructuur van het secundair onderwijs*, dans *Onderwijsgids*. Partie I/3, *Structuren*. Fascicule 19, Antwerpen, juin 1990; V. VAN

ÉCOLE TRADITIONNELLE	RÉNOVATION DE L'ENSEIGNEMENT
* sélection et orientation précoces, basées sur une disposition innée et une invariabilité; l'on veut ainsi éviter des échecs;	* report du choix d'étude et orientation progressive, basée sur des caractéristiques variables;
* diplôme comme point final;	* diplôme comme point de départ;
* chaque élève a le même bagage culturel:	* chaque élève est différent et équivalent, donc:
- le même programme d'études, voire la même matière pour tout le monde;	- individualisation (matière et méthodes différentes);
- système de cascade;	- grande rétentivité;
- les différences ne peuvent être supprimées;	- place aux différences (différenciation, accompagnement);
* accentuation de la formation intellectuelle ou technique;	* développement harmonieux et complet de chaque individu;
* évaluation axée sur la sélection;	* l'évaluation est axée sur la sélection d'une part, et le feed-back d'autre part;
* accentuation du principe économique.	* accentuation du principe social.

ÈEn Flandre, comme d'ailleurs dans toute la Belgique, les élèves dans l'enseignement public, organisé par la Communauté flamande, les provinces ou les communes, sont tenus de choisir entre le cours de morale non-confessionnel[5] et une des religions reconnues officiellement dans notre pays, à savoir les religions catholique, protestante, anglicane, orthodoxe, juive, islamique. Dans les écoles catholiques, qui constituent environ 99% des écoles libres en Belgique, le cours de religion catholique est naturellement obligatoire pour tous les élèves.

Dans les écoles secondaires en Flandre (à l'exception de l'enseignement secondaire spécial), le choix entre «religion» et «morale non-confessionnelle» – sur un nombre total de 421.260 élèves – se chiffrait comme suit en 1990-91[6]:

ACHTER, *Pedagogische visie op onderwijs*, Leuven, Garant, 1991. Cf. M. DE VROEDE, *Eenheid in het secundair onderwijs in Vlaanderen?*, Kapellen, Pelckmans, 1988.

5. F. MORTIER, *Visies op het vak niet-confessionele zedenleer*, dans *Collationes* 20 (1990) 309-325.

6. *Statistisch Jaarboek van het onderwijs*, p. 282-283.

Religion catholique	*359.807*	*85,4%*
Enseignement communautaire	26.851	6,4%
Enseignement provincial	9.412	2,2%
Enseignement communal	9.034	2,1%
Enseignement libre	314.510	74,7%
Religion protestante	1.166	0,3%
Religion israélite	835	0,2%
Religion islamique	4.206	1,0%
Religion orthodoxe	27	
Cours de morale non-confessionnelle	*54.712*	*13,0%*
Enseignement communautaire	38.979	9,2%
Enseignement provincial	4.059	1,0%
Enseignement communal	11.172	2,7%
Enseignement libre	502	0,1%
Dispensés	507	0,1%

Quelques grandes lignes

Au cours des années 1976-1980, la Commission Catéchétique pour l'Enseignement Secondaire a publié, à la demande de l'épiscopat, les programmes scolaires de religion pour les quatre premières années de l'enseignement général, technique et artistique des écoles secondaires catholiques; en 1988 ces programmes publiés séparément, ont été réédités, légèrement modifiés, en un volume. Le programme scolaire de religion pour les cinquième et sixième années est paru en 1985[7]. Les programmes de religion pour l'enseignement professionnel ont été par la suite 'dérivés' des programmes précités et adaptés. Les programmes scolaires de religion pour les écoles catholiques ont été publiés par le Secrétariat National de l'Enseignement Catholique. Pour l'enseignement de la religion dans l'enseignement officiel, une commission spéciale a rédigé des programmes scolaires analogues. Ces derniers ont les mêmes objectifs et le même contenu, mais sont plus succints; ils ont été édités par les soins du Ministère de l'Enseignement.

7. CATECHETISCHE COMMISSIE VOOR HET SECUNDAIR ONDERWIJS IN OPDRACHT VAN HET EPISCOPAAT, *Leerplan godsdienst. Algemene inleiding. Eerste tot vierde jaar*, Brussel, Licap, 1988; ID., *Leerplan godsdienst vijfde en zesde jaar*, Brussel, Licap, 1985.

Dans l'introduction au programme des cinquième et sixième années, nous trouvons la formulation suivante de l'objectif général de l'enseignement de la religion dans l'école secondaire[8]:

En vue
de l'intégration de valeurs
d'une formulation personnelle de la foi
et d'un engagement libérateur
apprendre à connaître d'une façon engagée et structurante
la vision et la pratique de la foi chrétienne
concernant les conditions humaines fondamentales
en dialogue avec
d'autres religions et autres conceptions du monde.

Je voudrais apporter quelques remarques critiques à cette définition si bien rédigée de l'objectif. Je me propose de la commenter, de la compléter et de l'«ajuster». Et cela à la lumière d'évolutions récentes dans la pédagogie religieuse en Europe occidentale et des notes récentes importantes d'instances officielles de l'Église[9]. Il est frappant qu'en Flandre la question de savoir si la définition de l'objectif de l'enseignement de la religion dans les écoles catholiques est différente de celle du cours de religion dans les écoles publiques, n'a jamais été posée sérieusement. En 1977, la rédaction de *Tijdschrift voor Catechese* a bien prétendu que: «l'objectif général de la catéchèse scolaire dans l'enseignement officiel est le même que celui dans l'enseignement catholique»[10].

8. *Leerplan godsdienst vijfde en zesde jaar*, p. 10.

9. Cf. F. PAJER (éd.), *L'insegnamento scolastico della religione nella Nuova Europa*, Leumann (Torino), Elle Di Ci, 1991; COMMISSIE VAN DE BISSCHOPSCONFERENTIE VAN DE EUROPESE GEMEENSCHAP, *Doelstellingen en kaderprogramma voor het onderwijs van de katholieke godsdienst in de Europese scholen*, 1 juin 1990 (polycopie); CONGRÉGATION POUR L'ÉDUCATION CATHOLIQUE, *Dimension religieuse de l'éducation dans l'école catholique*, Rome, 1988; SEKRETARIAT DER DEUTSCHEN BISCHOFSKONFERENZ (éd.), *Religionsunterricht an den öffentlichen Schulen in Europa. Dokumentation des Symposions vom 13. bis 15. April in Rom, 10. Juli 1991*, Bonn, 1991; ALGEMENE RAAD VAN HET KATHOLIEK ONDERWIJS, *Beleidsvisie en beleidsopties van het Katholiek Onderwijs betreffende de migranten in het onderwijs, inzonderheid de moslims*, Brussel, Licap, juillet 1990 (polycopie). C. HERMANS, *Tendensen binnen het godsdienstonderwijs in Europees perspectief*, dans *Voorwerk* 9 (1992) n° 3, 62-69; P. RENARD, *Symposium européen sur l'enseignement de la religion dans l'école publique*, dans *Lumen Vitae* 47 (1992) 86-92; J. SCHEPENS, *Godsdienstonderricht op school in het nieuwe Europa*, dans *Collationes*, 1993, n° 2.

10. T.V.C.-REDACTIERAAD, *Opties TVC. Schoolcatechese S.O.: wat bedoel je er mee?*, dans *TVC. Driemaandelijks Tijdschrift voor Catechese* 7 (1977) 242-248.

Mais il est un fait établi qu'à l'heure actuelle l'on pense différemment concernant l'enseignement de la religion dans l'école catholique. Parfois, cette différence n'est qu'une question d'accents, parfois il s'agit de convictions très divergentes. Chez certains, la recherche d'une définition contemporaine et justifiée de l'enseignement de la religion à l'école catholique, provoque une réaction agressive: à quel point une école catholique ou l'enseignement de la religion peuvent-ils aujourd'hui encore être chrétiens? Mais là n'est pas le problème. La vraie question, d'après moi, est la suivante: de quelle *façon contemporaine* l'enseignement de la religion ou une école catholique doivent-ils être 'chrétiens'?

Dans une définition d'objectif, les bases générales de l'enseignement de la religion à l'école secondaire (catholique) doivent se manifester clairement et d'une manière reconnaissable. Au fur et à mesure que l'on essaie de profiler l'enseignement de la religion d'une façon plus précise, l'on doit aussi – dans la même mesure – 'jouer cartes sur table' et concrétiser ses convictions générales de façon plus détaillée. Cela implique le 'courage de la clarté'.

I. L'enseignement de la religion d'abord une contribution à la réussite du projet d'enseignement et d'éducation de l'école

Dans les écoles officielles

Dans la définition de l'objectif de l'enseignement de la religion, conçue en 1970 par la Commission flamande de programmes scolaires, dans son document de base préparatoire *Catéchèse scolaire dans l'enseignement secondaire*, il y est mentionné explicitement que, dans l'enseignement secondaire, la catéchèse est une matière qui a toutes les caractéristiques d'un vrai cours d'école[11]. La Commission de programmes scolaires de l'époque a commenté ce point comme suit: «moins qu'avant, la catéchèse à l'école n'est mise directement et exclusivement en rapport avec la tâche des autorités ecclésiastiques de transformer les baptisés en membres pratiquants de l'Église; la catéchèse est plus insérée dans l'ensemble des cours donnés à l'école et chaque cours, d'après sa propre intentionnalité, veut

11. *Schoolcatechese in het secundair onderwijs. Basisdocument in opdracht van het episcopaat opgesteld door de Catechetische Commissie voor het Secundair Onderwijs*, Brussel, 1970, n° 235.

contribuer au développement de la personnalité». Pour la Commission de programmes scolaires, le cours de catéchèse scolaire crée, il est vrai, «l'espace pour grandir comme croyant» mais... «à la manière d'une leçon». Et elle a précisé cela comme suit: «pas comme dans un sermon, pas par une conversation strictement personnelle, ni par la collaboration à une tâche de charité chrétienne»[12].

L'attention portée au caractère scolaire de l'enseignement de la religion n'a plus été reprise dans la nouvelle définition de l'objectif de 1985. Cela a pu donner l'impression qu'une bonne compréhension du caractère 'scolaire' du cours de religion faisait déjà partie des acquisitions des responsables. Rien n'est moins vrai. L'enseignement de la religion en Flandre n'est toujours pas suffisamment décrit et justifié en fonction du projet d'enseignement et d'éducation de l'école.

C'est pourquoi un point a été marqué lorsque dans la récente note (juin 1990) relative aux écoles européennes, émanant du COMECE (Commission des épiscopats de la Communauté européenne), l'enseignement de la religion a été décrit explicitement comme une contribution à la réussite de l'école. En Belgique il existe en ce moment trois écoles européennes (deux à Bruxelles; une à Mol); une quatrième est actuellement en préparation. Cette note affirme: «tous ceux qui sont responsables pour les cours de religion catholique, adhèrent à l'objectif des écoles européennes 'd'être des établissements d'enseignement et d'éducation' (art. 1 des Statuts), et s'emploient à faire des cours de religion catholique une contribution inspiratrice à la réussite de ce projet»[13]. Par conséquent, il n'étonnera personne de lire dans la même note la phrase suivante: «L'enseignement de la religion catholique relève de la responsabilité de l'Église et est en même temps une mission de l'école»[14].

Sans doute, précisent les évêques du COMECE, les autorités ecclésiastiques garantissent l'authenticité de l'enseignement de la religion, en déterminent les objectifs, le contenu et les méthodes, choisissent les professeurs de religion et les présentent aux autorités de l'école[15].

12. *Ibid.*, n°236.

13. COMMISSIS VAN DE BISSCHOPSCONFERENTIE VAN DE EUROPESE GEMEENSCHAP, p. 2. Cf. C. ROBA, *Les écoles européennes et les cours de religion*, dans *Lumen Vitae* 47 (1992) 76-85.

14. COMMISSIE VAN DE BISSCHOPSCONFERENTIE VAN DE EUROPESE GEMEENSCHAP, p. 4.

15. *Ibid.*, p. 2.

Le cours de religion à l'école est donc une 'affaire mixte' (*res mixta*), une affaire concernant l'école et l'Église. Les évêques européens sont manifestement d'accord que l'enseignement de la religion à l'école, du moins à l'école publique, peut trouver sa justification ou légitimation aussi à partir de la réalité scolaire même, de ses propres exigences et lois. L'Église actuelle doit relever le défi de justifier la présence de l'enseignement de la religion sur la base de pédagogie scolaire[16].

Il est en effet recommandable aujourd'hui d'exprimer les objectifs de l'enseignement de la religion directement ou d'abord en fonction des objectifs de l'école, et non pas tout de suite en fonction des buts catéchétiques et liturgiques propres à l'Église. Si l'on souhaite que l'enseignement de la religion à l'école reste justifiable aux yeux de l'opinion publique, même aux yeux de concitoyens incroyants, des professeurs et des élèves, il est indispensable d'accorder sans ambages les objectifs du cours de religion aux buts pédagogiques de l'établissement scolaire même. C'est ainsi qu'apparaîtra que le cours de religion catholique, prévu par la Loi, est un service désintéressé de l'Église aux écoliers.

Autrefois, il en a été autrement à plusieurs reprises. À mon avis, cette 'réserve' de l'Église est liée à ce qui peut être lu clairement dans la déclaration du Vatican concernant l'éducation chrétienne *Gravissimum educationis momentum* (1965, n° 4): le premier souci direct de l'Église porte sur ses propres possibilités, dont la principale est l'enseignement catéchétique. Il est vrai qu'elle attribue une grande valeur à d'autres 'moyens', surtout les écoles, poursuit le texte du Vatican. Ce texte 'relativise' l'importance pastorale des écoles, aussi des écoles catholiques, par rapport aux propres institutions catéchétiques. Aux yeux de Vatican II, les écoles catholiques sont «secondaires», viennent après le propre enseignement catéchistique de l'Église.

Dans un contexte européen occidental il est important de nos jours de démontrer que l'enseignement de la religion doit avoir sa place

16. E. ALBERICH, *La catéchèse dans l'Église* (édition italienne: *Catechesi e prassi ecclesiale*, 1982), Paris, Cerf, 1986, p. 230: «Il faut raisonner *en termes pédagogico-scolaires* et se demander si la problématique religieuse relève ou non du programme éducatif et didactique propre à l'école moderne, ceci sans recourir à des positions de principes ou à des jugements de foi propres aux seuls croyants». Emilio Alberich, né en 1933 en Espagne, est professeur de catéchétique depuis 1964 à l'université salésienne de Rome.

dans la grille des horaires de l'école et qu'il n'y est pas un corps étranger. Pour des raisons anthropologiques, sociales et des raisons qui se rapportent à l'histoire de la civilisation, pour des raisons donc qui sont intrinsèquement liées aux objectifs de l'école même. Et donc pas suite à une position de force, résultat d'une évolution historique reconnu légalement, de l'Église dans un pays donné.

L'étude du phénomène de la religion est premièrement une contribution importante à la formation de jeunes écoliers dans notre société. Favoriser l'épanouissement des jeunes fait en effet partie de la mission de l'école. L'enseignement de la religion y contribue en traitant d'une façon religieuse et chrétienne les questions fondamentales de l'être humain et de la société et les valeurs qui orientent la vie. Le document de base flamand de 1970 a déjà souligné l'importance de la dimension anthropologique de l'enseignement de la religion. «Le point de départ n'est pas un cours sur les vérités de la foi, mais bien l'humanisation intégrale de l'homme. Dans l'ensemble des autres cours, le catéchiste veut d'une façon plus explicite stimuler le processus d'humanisation authentique»[17]. Aujourd'hui cependant, l'éducation vers l'humanisation intégrale des élèves est sérieusement menacée par la tendance rationaliste et la domination économique dans la société et ... l'école. Pourtant il faut se rendre compte que les valeurs éducatives et humanisantes du message chrétien ne possèdent une force de conviction que pour les chrétiens, pas nécessairement pour les incroyants[18].

À côté de cet argument *anthropologique*, l'intérêt *social* de l'enseignement de la religion mérite aussi d'être explicité. L'école ne peut se contenter d'adapter simplement les élèves à l'ordre établi. L'enseignement de la religion développe des forces permettant de s'opposer à et offrir des alternatives à toute revendication de personnes et de

17. *Schoolcatechese in het secundair onderwijs*, n° 237. Dans ce document de base, ainsi que dans les programmes scolaires flamands pour la religion (de la première à la quatrième année) de 1976-1980, il est encore régulièrement question de «schoolcatechese» (catéchèse à l'école ou de catéchèse scolaire), plutôt que d'enseignement de la religion. Dans le programme scolaire flamand de 1985, on choisit cependant résolument pour l'appellation «godsdienstonderricht» (enseignement de la religion).

18. E. ALBERICH, *La catéchèse dans l'Église* (n. 16), p. 230. Cf. M. KWIRAN, *Religionsunterricht in USA. Ein Vergleich*, Frankfurt, P. Lang, 1987. La *Religious Education Association* (Association d'Éducation Religieuse) défendait l'apport de l'enseignement de la religion en termes de «Human Survival» (survie humaine) et de «Shaping a new world» (création d'un nouveau monde) (*ibid.*, p. 240, 316).

groupes à tendance d'absolutisme (par exemple un état totalitaire) et à toutes sortes de pseudo-valeurs (par exemple l'excès de consommation). Considérons concrètement le problème du racisme. Il n'est dès lors pas étonnant que des régimes dictatoriaux comme par exemple en Amérique Latine s'opposent fortement à la catéchèse et l'enseignement de la religion qui accentuent la signification 'libératrice' de la religion biblique[19].

Tertio, on peut attendre d'une école qu'elle familiarise les élèves avec l'héritage spirituel qui a fortement marqué notre situation culturelle (par exemple toutes sortes de manifestations d'art et éléments de civilisation). Eh bien, le christianisme fait partie du patrimoine spirituel qui nous a été transmis. Cette mission qui se rapporte à *l'histoire de la civilisation*, est reconnue de nos jours, aussi dans des cercles libéraux, comme cela s'est produit récemment en France[20]. L'importance éducative et socio-culturelle du phénomène chrétien peut certainement défendre le mieux une certaine forme d'enseignement de la religion, même aux yeux de membres d'autres confessions et d'incroyants.

Cette triple justification du cours de religion à l'école est de fait contredite en Belgique par la possibilité de choix dans les écoles communautaires, provinciales et communales entre le cours de morale non-confessionnelle et une des religions reconnues légalement. C'est entre autres pour cette raison que A. Gesché, professeur à la faculté de théologie de Louvain-la-Neuve, a proposé dans la rubrique *Réflexion faite* du journal *La Libre Belgique* (19-1-1988) de programmer dans l'enseignement public et dans l'enseignement libre (catholique) aussi bien un cours de religion qu'un cours de morale. Ce réarrangement peut constituer pour tout le monde une source originale d'enrichissement. La morale et la religion sont en effet deux disciplines distinctes mais pas nécessairement séparées. A. Gesché

19. E. ALBERICH, *La catéchèse dans l'Église* (n. 16), p. 136, n. 65.

20. C. BEDARIDA, *Enseigner Dieu à l'école*, dans *Le monde de l'éducation,* n° 184 (1991) 21-38; M. KWIRAN, *Religionsunterricht in USA* (n. 18), p. 243; R. RÉMOND, *Culture et enseignement. L'apport actuel de l'enseignement catholique au patrimoine culturel de la Nation* (Enseignement catholique. Documents, 1291), Paris, 1987.

Dans l'enseignement de la religion la foi chrétienne est abordée de façon trop unilatéralement littéraire. L'interprétation de la foi chrétienne dans les expressions visuelle (p. ex. reproductions artistiques), musicale (p. ex. musique religieuse) et dramatique (p. ex. des pièces de théâtre religieuses) devrait recevoir beaucoup plus d'attention.

suggère en outre la possibilité de consacrer dans chaque école, confessionnelle ou publique, une heure de cours au phénomène religieux et une heure à la morale.

La triple légitimation de l'enseignement de la religion à l'école, à savoir le rapport avec l'anthropologie, la société et l'histoire de la civilisation, peut parfaitement être soutenue, confirmée et approfondie par des motifs *théologiques*. Ne doit-on pas avoir entendu parler du Dieu de Jésus-Christ pour pouvoir croire en Lui? La familiarité avec le patrimoine chrétien n'est-elle pas une condition élémentaire pour une meilleure compréhension de la foi, de la liturgie et de la pratique chrétienne? La religion chrétienne avec sa doctrine sur la 'réserve eschatologique' ne développe-t-elle pas une impulsion forte pour une société plus juste? Et une théologie axée sur l'anthropologie n'est-elle pas orientée vers les besoins concrets et les espoirs de l'homme (jeune) contemporain?

L'approche 'diaconale' précitée de l'enseignement de la religion – diaconie de l'Église par rapport aux objectifs de l'école – a été développée dans nos pays voisins, surtout en Allemagne, en vue de sa 'place' justifiée dans les écoles publiques. Je renvoie au texte du synode ouest-allemand de 1974, *Der Religionsunterricht in der Schule*[21].

Le point de vue diaconal concernant le cours de religion est l'expression du «nouveau visage de la diaconie ecclésiale»[22]. Cette diaconie ne se rapporte pas seulement aux membres de l'Église mais comme 'service au monde' elle est aussi service à tous les hommes, surtout à ceux qui sont gardés pauvres et opprimés. Dans une telle approche diaconale de l'enseignement, l'enseignement de la religion réalise «le souci pastoral pour l'évangélisation par le développement de la dimension humaine à l'école par une Église au service de l'humanité»[23].

21. *Der Religionsunterricht in der Schule*, dans *Gemeinsame Synode der Bistümer in der Bundesrepublik Deutschland. Beschlüsse der Vollversammlung*. Offizielle Gesamtausgabe I, Freiburg, Herder, 1978, 123-152.

22. E. ALBERICH, *La catéchèse dans l'Église* (n. 16), p. 182. Cf. *Religionsunterricht in der Schule. Eine Plädoyer des Deutschen Katecheten-Vereins*, dans *Katechetische Blätter* 117 (1992), p. 612.

23. E. ALBERICH, *La catéchèse dans l'Église* (n. 16), p. 184: «Aujourd'hui la catéchèse présuppose, mais doit en même temps favoriser, l'*option pastorale pour l'évangélisation dans la promotion humaine* au sein d'une *Église en état de service de l'humanité*. Elle participe donc à la fonction diaconale de toute l'Église».

Il va de soi qu'apprendre à connaître la diaconie de l'Église constitue en soi un aspect du message évangélique. Le projet éducatif de l'école et des cours ne peut cependant servir de *moyen* ni d'*instrument* pour poursuivre un soi-disant objectif plus élevé que signifierait l'éducation de la foi. Cette forme d''instrumentalisation' est une méconnaissance de l'autonomie relative du monde scolaire. Le professeur de religion à l'école, inspiré par le message chrétien, démontrera et promouvra par conséquent fortement la qualité humanisante de son cours[24].

Dans les écoles catholiques

La vision diaconale de l'enseignement de la religion dans l'enseignement public est aussi de rigueur dans les écoles catholiques. Les écoles catholiques sont également et avant tout une réalité politico-scolaire et pédagogique du fait que ce sont des écoles, autrement dit qu'elles incarnent une réalité profane et relativement autonome[25]. Dans son document *L'école catholique* (1977, n° 25), la Congrégation romaine pour l'éducation catholique pose également que l'école catholique ne peut remplir sa mission «qu'à condition de se profiler avant tout comme une école et d'en adopter les caractéristiques constitutives». Mais par le fait même d'être justement des écoles *catholiques*, elles créent un monde scolaire animé par une vision et une pratique chrétiennes[26].

En Allemagne, les écoles non publiques sont appelées *Schulen in freier Trägerschaft*, et le cas échéant *Schulen in kirchlicher Trägerschaft*[27]. La dénomination 'écoles portées par les Églises' convient mieux que le terme 'écoles catholiques' à mettre en évidence la relation entre par exemple la communauté catholique et le monde de l'enseignement. La relation de 'l'Église et l'enseignement' est un reflet de celle entre 'l'Église et le monde' ou entre 'la foi et le monde'. La façon dont on conçoit cette relation détermine directement la vision que l'on se façonne d'une école catholique et de

24. *Ibid.*, p. 195: «Il y a une façon malsaine d'affirmer la priorité de la mission spirituelle de la catéchèse».

25. J. SCHEPENS, *Geloof en opvoeding. Over de geloofwaardigheid van de christelijke opvoeding in de katholieke school*, dans *De Rots*, n° 358 (1990) 3-24.

26. *Dimension religieuse de l'éducation dans l'école catholique*, n° 67.

27. K.E. NIPKOW, *Bildung als Lebensbegleitung und Erneuerung. Kirchliche Bildungsverantwortung in Gemeinde, Schule und Gesellschaft*, Gütersloh, Mohn, 1990, p. 496-497.

l'enseignement de la religion à l'école. L'école catholique fait également partie du patrimoine culturel et l'État en est également responsable. L'État a sur ce plan des droits et des obligations et dans cet esprit il est co-organisateur de l'école catholique et de l'enseignement de la religion. Pensons concrètement aux dispositions récentes en matière des normes de qualité de l'enseignement secondaire, aux certificats de compétence nécessaires à l'enseignement de la religion et aux rémunérations des professeurs de religion[28].

Il y a lieu de concevoir et de justifier l'enseignement de la religion et les écoles catholiques à partir d'une relation réciproque et critique entre la pédagogie et la théologie et non pas à partir d'un modèle hiérarchique ou normatif-déductif par lequel la théologie supervise ou utilise la pédagogie[29]. Ce modèle hiérarchique est encore présent de façon consciente ou inconsciente dans beaucoup de milieux lors de discussions à propos des écoles catholiques et du cours de religion. C'est nier en grande partie le principe reconnu par Vatican II de l'autonomie relative du monde, en l'occurrence, du monde scolaire. Une interprétation directe et simpliste de l'enseignement catholique et de l'enseignement de la religion à partir du texte biblique «Allez et enseignez tous les peuples» peut facilement mener à une 'vue ecclésiale déplacée du monde scolaire'. La conception 'l'Église à l'école' a encore existé longtemps après la deuxième guerre mondiale. Elle incorporait l'idée du 'monde *pour* l'Église'. Cependant, depuis Vatican II, le modèle de 'l'Église *dans* et *pour* le monde', l'Église faisant partie du monde et contribuant à la réussite et au renouvellement du monde, a évincé l'ancien modèle[30].

Une école catholique veut être le levain dans la pâte du monde scolaire et ceci conformément à la conception de l'Église exprimée dans *Gaudium et Spes*, n° 40b.

Afin de concevoir la portée réelle de cette conception nous pouvons prôner avec J.B. Niënhaus, évêque auxiliaire d'Utrecht, qu'en aucun cas l'école n'est un prolongement direct de l'Église. L'école est chargée d'une «mission éducative qui lui est propre et qui se situe

28. J. SCHEPENS, *Geloof en opvoeding* (n. 25), p. 7. Cf. A. VERGOTE, *Een opvoedingsproject gegrondvest op Jezus Christus*, Heverlee, C.C.S.-Tijdingen, n° 5, 1974, p. 4.

29. J.A. VAN DER VEN, *Kritische godsdienstdidactiek*, Kampen, Kok, 1982, p. 66-140; G. LÄMMERMANN, *Grundriß der Religionsdidaktik*, Stuttgart, Kohlhammer, 1991, p. 77-89; W. BÖHM, *Was heißt: christlich erziehen?*, Würzburg, Echter, 1992, p. 13, 63-80.

30. E. ALBERICH, *La catéchèse dans l'Église* (n. 16), p. 29.

sur un autre plan que celle de la communauté paroissiale ... L'école catholique n'a pas pour premier but de rendre les élèves catholiques»[31].

La formation, y compris à l'école, et la religion ont besoin l'une de l'autre, pour une double raison. D'une part, vu qu'elle concerne fondamentalement l'épanouissement intégral de l'homme, la formation peut faire appel à la religion. D'autre part, celle-ci nécessite d'elle-même la formation, à condition de ne pas se préoccuper de prosélytisme et de recrutement mais de l'élaboration du monde conformément à la mission de Dieu qui a créé l'homme à son image[32].

C'est ainsi que j'en viens à un premier complément et ajustement de l'objectif de 1985:

> *L'enseignement de la religion veut fournir une contribution constructive et critique en vue de la réalisation du projet instructif et éducatif de l'école, en l'occurrence l'école catholique.*

II. À L'ÉCOLE, ÉGALEMENT À L'ÉCOLE CATHOLIQUE, ENSEIGNER LA RELIGION ET NON PAS FAIRE DE LA CATÉCHÈSE

Si le cours de religion doit en large mesure sa justification à l'école, il se doit également de respecter et de promouvoir – de façon critique, il est vrai – les objectifs contemporains ainsi que les modèles d'interaction et les méthodes de cette école. Cette conviction a fait grandir la conscience que les objectifs de l'influence religieuse à l'école et dans la paroisse peuvent diverger sensiblement. La différence, qui n'est pas pour autant une dissociation, entre l'enseignement religieux à l'école et la catéchèse dans la communauté catholique (paroisse) a pour la première fois été défendue à un niveau élevé dans la hiérarchie de l'Église lors du synode des évêchés ouest-allemands en 1974[33]. La portée réelle de cette distinction a donné lieu, à l'heure actuelle, à de nombreuses publications divergentes.

31. J.B. NIËNHAUS, *Jongeren helpen hun geloof tot een 'way of life' te maken*, dans *Zoeken naar bijzonderheid. Een overzicht van de discussie over katholiek onderwijs in de periode 1977-1987*, Utrecht, Secretariaat RK Kerkgenootschap in Nederland, 1988, p. 138. Cf. E. ALBERICH, *La catéchèse dans l'Église* (n. 16), p. 194; W. BÖHM, *Was heißt: christlich erziehen?* (n. 29), p. 80.

32. J.A. VAN DER VEN, *Kritische godsdienstdidactiek* (n. 29), p. 161ss.; G. LÄMMERMANN, *Grundriß der Religionsdidaktik* (n. 29), p. 77-85; W. BÖHM, *Was heißt: christlich erziehen?* (n. 29), p. 80.

33. *Der Religionsunterricht in der Schule*, 1974, n° 1.4: Religionsunterricht – Gemeindekatechese.

Déjà en 1977, la revue flamande *Tijdschrift voor Catechese* (TVC) a adopté cette distinction. La rédaction de cette revue concevait l'objectif général de l'enseignement religieux à l'école secondaire comme suit[34]:

> La catéchèse scolaire veut apprendre aux jeunes pour leur propre 'humanisation' à traiter de façon intégrale, systématique et justifiée les questions réelles de la vie et la question fondamentale du mystère de l'existence (questions de sens) comme celles-ci sont posées par et trouvent une réponse dans les religions (dimension religieuse) et en particulier dans les religions juive et chrétienne (dimension chrétienne).

Cette distinction est progressivement devenue une idée commune en Flandre. Cependant, beaucoup s'étonnèrent encore de ce que la Congrégation romaine pour l'éducation catholique soulignât et justifiât, dans sa publication de 1988 concernant la dimension religieuse de l'éducation à l'école catholique, la distinction de plus en plus adoptée – pas la dissociation, il est vrai – entre l'enseignement de la religion à l'école et la catéchèse de la communauté religieuse[35]. Ce qui frappait dans le texte romain était que la distinction mentionnée figurait dans un document traitant de l'école *catholique*.

Cette distinction a également été clairement confirmée par le neuvième point de l'allocution de clôture du symposium, tenu en 1991 à Rome, du Conseil de la conférence des évêques concernant la religion catholique dans les écoles *publiques*. Ce point stipule littéralement: «Dans la réflexion ecclésiale sur l'enseignement de la religion, les tâches et les objectifs spécifiques de l'enseignement de la religion – distinct et complémentaire de la catéchèse paroissiale (*Gemeindekatechese*) – doivent être davantage accentués et précisés»[36].

Le document romain de 1988 fondait la distinction entre la catéchèse et l'enseignement scolaire de la religion sur deux points. D'une part, la catéchèse présuppose surtout l'acceptation active du message évangélique comme réalité salutaire. D'autre part, la catéchèse ne trouve que pleinement sa place dans une communauté adoptant la croyance comme une règle de vie qui transgresse le cadre de l'école, dans l'espace et dans le temps. Cependant, ajoute la Congrégation

34. *T.V.C. Driemaandelijks Tijdschrift voor Catechese* 7 (1977), p. 245, n° 7.1.
35. *Dimension religieuse de l'éducation dans l'école catholique*, 1988, n°s 68-70.
36. *Religionsunterricht an den öffentlichen Schulen in Europa*, 1991, p. 8.

romaine, l'enseignement scolaire de la religion peut contribuer de façon originale à la catéchèse, dans ce sens qu'il s'intègre au sein de la catéchèse proposée par la paroisse, la famille et les mouvements de jeunesse[37].

Il est vrai que de nos jours, même dans les écoles catholiques, l'acceptation active du message évangélique comme réalité salutaire est loin d'être généralisée. De ce fait, les écoles catholiques flamandes ne constituent plus des communautés religieuses. Toutefois, il y a au sein des écoles catholiques, des communautés religieuses qui s'efforcent de garantir une éducation d'inspiration chrétienne[38].

Afin d'illustrer la composition pluraliste de la population scolaire actuelle dans les écoles catholiques flamandes, nous mentionnons les résultats issus d'enquêtes concernant les données de la foi menées auprès d'écoliers d'écoles catholiques. Elles ont été rassemblées sous la direction de D. Hutsebaut, professeur au Katholieke Universiteit te Leuven. Le taux de croyance des élèves des classes supérieures a fortement évolué entre 1981 et 1992. En 1981, environ 18% se considérait comme non-croyant ou absolument non-croyant. En 1984, en 1990 et en 1992, ce chiffre avait respectivement atteint les 31%, les 32% et presque 46%[39]. Si beaucoup de jeunes, d'après le catéchisme allemand pour adultes de 1985, disaient encore il y a quelques années «non» à l'Église mais «oui» au Christ, J.B. Metz a récemment constaté que de nos jours beaucoup de gens, parmi lesquels aussi des jeunes, disent «non» à Dieu mais «oui» à la religiosité.

Si l'on classe et examine les objectifs de la *catéchèse*, comme l'a réalisé E. Alberich dans son œuvre *Catechesi e prassi ecclesiale* (1982), on constate d'emblée que la 'catéchèse' en général ne *peut* plus faire partie de la tâche des professeurs de religion actuels à l'école secondaire. E. Alberich énumère les objectifs suivants de la catéchèse purement ecclésiale: promouvoir et susciter la conversion, introduire à la pleine connaissance du mystère du Christ, initier à la pratique chrétienne dans l'Église et dans la société, éveiller et faire croître des attitudes de foi[40].

37. *Dimension religieuse de l'éducation dans l'école catholique*, 1988, n° 70.

38. P. LAMOTTE, *Guide pastoral de l'enseignement catholique*, Limoges, Droguet-Ardant, 1989, p. 21 et 448.

39. K. KINT, *Religieuze attitude-onderzoek bij jongeren tussen twaalf en achttien jaar. Replicatie van een godsdienstpsychologisch onderzoek*, mémoire de licence (sous la direction du Prof. D. Hutsebaut), Leuven, Hoger Instituut voor Godsdienstwetenschappen, 1992, p. 38.

40. E. ALBERICH, *La catéchèse dans l'Église* (n. 16), p. 116-124.

Il est par conséquent évident que les objectifs du cours de religion dans une société sécularisée, multiculturelle et multireligieuse, qui se reflète aussi en plus ou moindre mesure dans les classes, divergent.

Vu d'une part la réticence croissante de la part des écoliers envers la religion chrétienne et d'autre part un intérêt vivant pour de nouvelles valeurs, telles que l'écologie, la paix, la tolérance, l'égalité entre homme et femme, etc., il y a lieu de décrire les objectifs du cours de religion de façon *différenciée*. Plusieurs pédagogues religieux en Allemagne ont clairement étalé cette différenciation[41].

Pour certains élèves, l'enseignement de la religion exerce une influence *catéchisante*: il renforce leur foi et leur connaissance des croyances.

Sur d'autres, il exerce plutôt une influence *d'évangélisation*. Certains élèves se posent à nouveau la question de la validité de la foi chrétienne. D'autres encore sont d'avis que l'enseignement de la religion ne peut que réaliser des objectifs se rapportant à *l'histoire de la civilisation* et contribuer à l'analyse du dialogue entre la foi et la civilisation contemporaine.

Le pourcentage de ces trois types d'influence peut sensiblement diverger selon les classes, les écoles et les systèmes d'enseignement.

Les objectifs de l'enseignement de la religion nécessitent dès lors une évaluation réaliste. Même si les deux premiers objectifs ne peuvent pas être réalisés ou alors uniquement de façon très limitée – je pense concrètement à l'approfondissement de la foi et à l'initiation ecclésiale – l'enseignement de la religion garde néanmoins toute sa valeur. Il mérite l'estime et le soutien de la communauté religieuse. L'enseignement de la religion à l'école est le *seul* endroit où Dieu peut encore être explicitement évoqué en public, envers la plus grande majorité de jeunes; en Flandre, environ 85% des jeunes suivent pendant six ans deux heures de religion par semaine à l'école catholique ou officielle.

Cette constatation ne doit nullement inciter la direction des écoles, soi-disant au nom du choix des parents et des enfants pour une école catholique, à poursuivre quand même des desseins 'catéchétiques' pour tous. N'oublions pas que ce choix relève de raisons multiples!

41. Cf. J. BULCKENS *et al.*, *Het vak godsdienst in het katholiek secundair onderwijs. Een werkboek voor ouders*, Kapellen, Pelckmans, 1990, p. 30; A. FOSSION, *La catéchèse dans le champs de la communication. Ses enjeux pour l'inculturation de la foi*, Paris, Cerf, 1990, p. 366.

Ne doit-on pas partir en général du principe «que plus le caractère forcé et involontaire de l'enseignement est ressenti, plus la matière devra informer largement, plus doit-il y avoir des alternatives permettant des choix»?[42] En d'autres termes, l'enseignement de la religion est davantage un service au monde de l'enseignement (diaconie), aux jeunes pris dans une situation d'enseignement, qu'un service à l'Église (genre libre-service) par le biais de l'enseignement[43].

De par le climat actuel de sécularisation dans notre société et à l'école et de par la liberté de conscience et de religion des élèves, le professeur de religion doit se garder de poursuivre pour tous des objectifs affectifs élevés. C'est ainsi qu'il lui sera presque toujours impossible d'aider à atteindre le niveau d'intégration et d'appréciation des croyances. Rare sera par exemple l'élève qui, après avoir suivi un cours au sujet de l'Église pendant un mois et demi, éprouvera une certaine sympathie pour celle-ci et/ou encore adoptera à nouveau une pratique dominicale régulière. Tout le monde peut le constater. L'enseignant s'efforcera cependant d'éveiller chez l'élève un *intérêt actif* pour et une *ouverture* à la religion chrétienne[44]. Cet intérêt actif est l'attitude minimale requise de la part des élèves pour permettre un apprentissage dans la classe. Toutefois, sur le plan *cognitif*, l'enseignant se devra de stimuler des objectifs d'une grande portée, tel que développer un sens critique et une façon de penser alternative.

L'évaluation réaliste de la limitation des objectifs affectifs dans l'enseignement de la religion suscite parfois la réaction que cette optique néglige les besoins spirituels des élèves très croyants. Cette affirmation ne me paraît pas adéquate. En effet, ces jeunes peuvent intégrer de façon personnelle et approfondie les thèmes religieux abordés en classe et enrichir leur foi notamment en participant librement à des groupes scolaires de lecture biblique.

C'est ainsi que j'en viens à un deuxième ajustement de l'objectif de 1985, qui mentionne – à tort –, les objectifs cognitifs et affectifs sans les différencier:

42. G.D.J. DINGEMANS, *In de leerschool van het geloof*, Kampen, Kok, 1986, p. 262.

43. *TVC* 7 (1977), p. 245, n° 5.2 et 5.3; P. LAMOTTE, *Guide pastoral* (n. 38), p. 112: «L'école, non pas d'abord au service de l'Église, mais un service d'Église en faveur du monde».

44. G.T. VAN GERWEN, *Catechese waartoe? De basisschoolcatechese benaderd vanuit de vraag naar het doel*, Kampen, Kok, 1985, p. 10-11.

L'enseignement de la religion aide les élèves
à se forger un esprit critique
et à adopter un intérêt actif
envers la vision chrétienne des questions et
des tâches fondamentales et actuelles de la vie.

L'enseignement actuel de la religion à l'école met en effet davantage l'accent sur les objectifs cognitifs et en moindre mesure sur les objectifs affectifs. Ne perdons pas de vue qu'au sein de et par le biais d'autres milieux d'éducation chrétienne – telle la famille et la paroisse – une plus grande ouverture sur la foi chrétienne peut être obtenue chez les jeunes. Trop souvent l'on attend trop de l'enseignement de la religion et de l'école catholique. Cela empêche en fait la stimulation d'un effort pastoral plus intense dans et par les autres milieux d'éducation.

III. Dans l'enseignement de la religion, un intéret plus poussé pour le dialogue avec les autres religions du monde

L'importance du dialogue interreligieux

Dans l'objectif général du document de base flamand concernant la catéchèse à l'école secondaire (1970) il n'était pas encore question d'un dialogue avec d'autres conceptions de vie ou religions non-chrétiennes. Les nouveaux programmes scolaires de religion pour les quatre premières années du secondaire, datant des années 1976-1980, n'accordent pas non plus une importance à un tel dialogue. Il s'en suit qu'à l'heure actuelle, les manuels de religion pour les quatre premières années ne font pas ou très peu allusion à ce dialogue.

Cependant, le programme scolaire flamand de religion pour la 5e et la 6e année (1985) souligne fortement l'aspect de dialogue du cours de religion: l'étude de la pratique et de la vision chrétienne doit se réaliser «aussi en dialogue avec d'autres religions et d'autres idéologies». Le thème 'justification de la foi' du programme scolaire pour la 6e année prévoit l'explication de quelques caractéristiques générales et de la conception de Dieu dans l'hindouisme, le bouddhisme et l'islam; cependant, seule la religion islamique appartient à la matière obligatoire (p. 164). L'objectif suivant, qui n'est pas strictement normatif, est corréctif au précédent: «mettre en question, opposer les unes aux autres et comparer au christianisme ces trois religions importantes en ce qui concerne les composantes mentionnées sous le point 1.2.» (à savoir, la composante existentielle, dogmatique, cultuelle et éthique; J.B.). La description sur le plan du contenu de ces trois religions, qui par ailleurs ne dépasse pas une page, présente même quelques traits dépréciatifs (p. 165-166). La valeur salutaire des religions n'est pas mentionnée explicitement. Il n'est pas question de vrai dialogue – il n'est question que de comparaison. L'objectif valable: «commenter quelques expressions concrètes de l'actuelle piété juive liée à la thora à partir de leur inspiration», passe également sous silence l'aspect de dialogue (p. 170). Heureusement il est question de la piété juive *actuelle*; le judaïsme est considéré comme une religion mondiale actuelle et l'on ne s'en tient pas à la représenter comme une préparation au christianisme.

Ce qui frappe le plus, c'est que le dialogue avec d'autres idéologies reçoit plus d'attention. Les auteurs du programme scolaire consacrent presque trois pages aux idées de Feuerbach, de Marx, de Freud et de Nietzsche. Les objectifs concernant ces conceptions, mentionnés sous l'objectif général «examen critique des objections à la foi», n'utilisent jamais le verbe 'dialoguer', mais bien le verbe 'confronter', utilisé à trois reprises (p. 174-179).

À côté de l'importance modeste accordée au 'grand œcuménisme' dans le thème 'justification de la foi', le programme scolaire de la cinquième année sollicite un certain intérêt pour 'le petit œcuménisme ou l'œcuménisme chrétien' (p. 100-105), sous l'objectif principal: «évaluer réciproquement l'unité et la diversité au sein de l'Église et entre les Églises» (p. 100). Face aux disputes sur le plan de la foi au sein de la propre Église catholique, l'on attend néanmoins des élèves qu'ils valorisent et soient eux-mêmes prêts à adopter une attitude de dialogue (p. 102). Cependant, le seul objectif obligatoire à réaliser lorsque le sujet de la scission et de la réunification des Églises chrétiennes est abordé, consiste à «nommer et décrire différentes Églises et différentes communautés ecclésiales» (p. 102).

Ce n'est que dans de très rares cas et à l'occasion de certains thèmes, que l'on renvoie à d'autres «digressions œcuméniques». Deux exemples: «rendre de façon nuancée le point de vue de l'Église catholique en matière d'indissolubilité du mariage et le comparer à la façon de faire d'autres Églises» (p. 132) et «formuler par ses propres mots et comparer avec la vision chrétienne les conceptions divergentes des grandes idéologies et des grandes religions au sujet du sort après la mort» (p. 250).

Bref, l'importance accordée au dialogue substantiel avec les autres religions et idéologies, formulée dans l'objectif général, ne se voit pas vraiment réalisée dans l'élaboration concrète du programme scolaire.

Cependant, l'intérêt pour le 'petit' et le 'grand' œcuménisme dans l'enseignement de la religion s'impose. Dans le cadre de l'Europe actuelle, où différentes cultures, Églises et religions se rencontrent, il incombe à la direction de l'école et aux professeurs de religion en particulier d'aider les élèves à déterminer et à prendre leur place dans une société multiculturelle et multireligieuse. Dans son allocution de clôture au symposium sur l'enseignement de la religion dans les écoles publiques en Europe (avril 1991), le pape Jean Paul II a dit entre autres: «L'œcuménisme tient une place importante dans la construction de l'Europe. L'enseignement de la religion, avec son ouverture sur les thèmes œcuméniques, peut aider la jeunesse européenne à mieux se connaître, à vaincre les préjugés, à rechercher en toute sincérité l'unité voulue par le Seigneur»[45].

À plus d'une reprise, l'exposé sur les religions non-chrétiennes dans l'enseignement se heurte à des objections. Il arrive que l'on entende les propos suivants: «Ils connaissent à peine leur propre religion (catholique); comment les enseignants pourraient-ils dès lors consacrer du temps à l'étude d'autres religions du monde»! D'aucuns craignent cependant consciemment ou inconsciemment que le contact avec d'autres religions puisse miner la vérité et la certitude de la propre foi. Mais l'autocompréhension de la religion chrétienne ne serait-elle pas fortement appauvrie si elle n'arrivait pas à reconnaître et à capter le message de Dieu dans et à travers les autres religions du monde? Dans le monde de l'enseignement actuel pluraliste, on ne peut connaître à fond sa propre religion que si on est capable d'en définir l'originalité par rapport à d'autres religions et de l'enrichir par le dialogue. D'ailleurs, R. Michiels affirme que «Jésus, en tant que révélation unique de Dieu dans un contexte concret et historique, ne parvient pas à lui seul à exprimer toute la grandeur de Dieu et il y a donc lieu de reconnaître de fait et de principe la multiplicité des révélations divines et des religions comme un enrichissement»[46].

45. *Religionsunterricht an den öffentlichen Schulen in Europa*, 1991, p. 88; E. ALBERICH, *La catéchèse dans l'Église* (n. 16), p. 171ss.

46. R. MICHIELS, *Jezus en de andere godsdiensten. Twee nieuwe christologische modellen*, dans *Collationes* 22 (1992), p. 392; G. D'COSTA, *Christ, the Trinity, and Religious Plurality*, dans ID. (éd.), *Christian Uniqueness Reconsidered*, Maryknoll, NY, Orbis, 1990, p. 25-26.

Le dialogue interreligieux présuppose d'abord une information spécialisée et vivante sur les fondateurs et les adeptes actuels de ces autres religions du monde. Les croyants de ces autres religions du monde doivent pouvoir se reconnaître dans cette information. Cependant, un dialogue interreligieux authentique suppose bien plus et est au fond beaucoup plus difficile. Une simple information – aussi pénétrante soit-elle – sur les autres religions du monde implique en fait souvent une tolérance purement formelle qui risque de se transformer aussi bien en indifférence qu'en fanatisme. Par contre, une tolérance authentique suppose un engagement pour un approfondissement commun de la vérité. «Le dialogue tolérant implique outre 'le doute méthodique un zèle méthodique en quête de la vérité'. La vérité ne devient authentique qu'en relation avec d'autres qui la reconnaissent en tant que telle et la partagent entre eux. La tolérance n'exclut pas ce zèle en quête de la vérité»[47]. En d'autres mots, une tolérance 'qualitative' pratique la vérité dans l'amour.

Le vrai dialogue avec d'autres idéologies et d'autres religions du monde dans l'enseignement de la religion est une tâche complexe et exigeante. Il apprend à se respecter et à aimer l'autre, à relativiser ses propres convictions sans pour autant verser dans le relativisme[48]. Ce que Henri Nouwen conseille en général aux croyants vaut en particulier pour les enseignants et les élèves dans l'enseignement de la religion: «La réceptivité et la confrontation sont liées indissolublement dans notre témoignage chrétien. Il faut soigneusement les garder en équilibre. La réceptivité sans confrontation aboutit à une neutralité fade qui ne rapporte rien à personne. La confrontation sans réceptivité engendre une agressivité tyrannique qui blesse tout le monde»[49].

L'actuel dialogue interreligieux se trouve entravé par la grande diversité de réponses théologiques à la question sur la relation entre

47. B. HOUDART, *Tolerantie, zingeving en christelijke levensbeschouwing*, dans *Collationes* 22 (1992), p. 410. Cf. *Dialogue et annonce. Réflexions et orientations concernant le dialogue interreligieux et l'annonce de l'Évangile. Document du Conseil pontifical pour le Dialogue interreligieux et de la Congrégation pour l'Évangélisation des peuples*, dans *La Documentation catholique* 88 (1991) 874-890.

48. J. BAERS, *De islam in het godsdienstonderricht*, dans C. CORNILLE – J. BULCKENS (éd.), *Jodendom en islam in het vak godsdienst*, Leuven, Acco, 1989, p. 73-97.

49. H. NOUWEN, *Open uw hart*, Tielt, Lannoo, 1987, p. 88.

le christianisme et les autres religions du monde. Ces réponses varient selon que les théologiens défendent une théologie pluraliste des religions du monde (par exemple John Hick, Paul Knitter, Raimondo Pannikar) ou une théologie normative des religions du monde, où l'unicité du Christ est centrale (par exemple Gavin D'Costa, Hans Küng, Edward Schillebeeckx). Étant donné que la discussion théologique actuelle est loin d'avoir atteint un consensus, l'on fait bien de se tenir, notamment pour des considérations pédagogiques, aux conceptions de E. Schillebeeckx et de H. Küng[50].

Les professeurs de religion actuels sont les moins préparés à cette tâche importante. De plus, nous ne disposons pas de données empiriques suffisantes sur les réactions d'élèves face à une approche dialogique de la religion chrétienne.

L'étude des religions du monde ne peut négliger l'option préférentielle de la religion catholique. Cependant, l'enseignant se verra obligé de définir de façon actualisée et œcuménique les revendications d'absolu de la religion chrétienne. Mais il est quand même peu défendable que dans une école catholique qui 'institutionnellement' se veut être l'expression de la valeur unique de la religion chrétienne (c.q. catholique), les professeurs de religion se livreraient à une approche purement descriptive, bien qu'avec beaucoup d'empathie, et comparative des religions du monde. De même également dans l'enseignement de la religion à l'école publique, qui offre le choix entre la morale non-confessionnelle et une des religions légalement reconnues, cette option préférentielle dans le cours de religion catholique ne peut être passée sous silence, entre autre pour des raisons se rapportant à l'histoire de la civilisation[51].

50. H.G. ZIEBERTZ, *Interreligiöses Lernen. Herausforderung der religiösen Erziehung durch Theologien des interreligiösen Dialogs*, dans *Katechetische Blätter* 116 (1991) 316-327; A. CAMPS, *De wereldgodsdiensten en de uniciteit van het christendom*, dans C. CORNILLE – J. BULCKENS (éd.), *Jodendom en islam in het vak godsdienst* (n. 48), p. 199-216; E. SCHILLEBEECKX, *Mensen als verhaal van God*, Baarn, Nelissen, 1989 («Caractère unique et définitif de la mission de Jésus-Christ comme tâche historique et base de l'Église et de sa mission dans le monde», p. 163-204); H. KÜNG, *Theologie im Aufbruch. Eine ökumenische Grundlegung*, München / Zürich, Piper, 1987 («vers une théologie des religions du monde», p. 251-306).

51. J. VAN LIER, *Een voorkeursbehandeling? Over de positie van de christelijke traditie in het vak levensbeschouwing*, dans *Verbum* 85 (1991) 32-39.

Élèves musulmans dans l'enseignement de la religion catholique?

Parler des autres religions du monde dans une classe comprenant des élèves d'une autre religion (par exemple des musulmans) soulève sans aucun doute des problèmes particuliers. Lorsque des élèves musulmans sont admis dans une école catholique, ils doivent suivre aussi le cours de religion; s'ils ne suivent pas ce cours, leur diplôme d'enseignement secondaire, à cause d'un curriculum incomplet, ne pourra être officiellement homologué. Si l'on conçoit l'enseignement de la religion comme catéchèse dans le sens stricte du mot, cela constituerait indubitablement une infraction inadmissible à la liberté religieuse et la liberté de conscience des jeunes musulmans. Si, par contre, l'objectif de l'enseignement de la religion s'inscrit dans l'ordre d'idées de la deuxième thèse et que l'accent soit mis sur l'aspect de dialogue, j'estime que la présence de jeunes musulmans est justifiée et qu'elle contribue même en large mesure à leur intégration dans notre civilisation occidentale, marquée par le christianisme. Selon que le nombre d'élèves musulmans croît, le dialogue interreligieux mérite, il est vrai, davantage d'intérêt. Mais même s'il n'y a pas d'élèves musulmans dans le cours de religion – situation la plus fréquente en Flandre – le professeur devra aider les élèves à se positionner dans une société européenne et mondiale multiculturelle et multireligieuse[52].

Le Mémoire du Conseil Général de l'Enseignement Catholique concernant les immigrés, et tout particulièrement les musulmans (juillet 1990), défend une vision diaconale de l'école catholique. Ce Mémoire prescrit une articulation équilibrée entre l'apport de la vision chrétienne et le respect de la liberté de conscience des écoliers. Il est cependant frappant que le Mémoire ne fait état que d'une communauté multi-éthique, multiculturelle et multiraciale accélérée. Curieusement, elle ne souffle mot d'une société multireligieuse. Il n'est dès lors pas étonnant que le Mémoire discourt sur l'orientation progressive des écoliers immigrés dans notre communauté multiculturelle, mais qu'il ignore l'orientation progressive des écoliers immigrés dans notre communauté multireligieuse. Cette constatation fait deviner quelle solution est envisagé par le Mémoire de 1990 au pro-

52. J. van Lin, *Christliche Erziehung in einem multireligiösen Westeuropa*, dans J. Ohlemacher (éd.), *Religion und Bildung in Europa*, Göttingen, Vandenhoeck & Ruprecht, 1991, p. 97.

blème des musulmans dans l'enseignement de la religion dans les écoles catholiques.

Le Mémoire stipule que cela semble réalisable «d'isoler les élèves musulmans lors du cours de religion, et pendant que les autres élèves suivent un cours de religion catholique, de leur offrir un cours particulier de morale basé sur des valeurs chrétiennes mais n'incluant pas d'interprétation ni de prédication explicites»[53]. Cette option me paraît peu favorable à l'intégration et implique plutôt une vue catéchétique de l'enseignement de la religion.

C'est pourquoi la seconde alternative proposée prudemment par ce même Mémoire de 1990 mérite la préférence absolue. Elle stipule: «On peut toutefois se demander si, dans certains cas particuliers, il ne serait pas possible de donner les cours ensemble (à condition cependant de prévoir un complément pour les élèves autochtones pendant, et pour les élèves musulmans en dehors de l'horaire)»[54]. En vérité, je supprimerai tout simplement 'dans certains cas particuliers'.

Le dialogue avec les autres religions constitue une dimension importante et nouvelle du cours de religion catholique. On ne peut toutefois pas perdre de vue que pour les jeunes d'aujourd'hui en Flandre, l'incroyance signifie un défi beaucoup plus grand que la présence dans notre civilisation de grandes religions mondiales ou d'autres mouvements de la nouvelle religiosité.

C'est ainsi que j'en viens à un troisième et 'léger' ajustement de l'objectif de l'enseignement de la religion défini dans le programme scolaire de 1985:

L'enseignement de la religion
étudie la religion chrétienne
dans un esprit œcuménique
et en dialogue constructif
avec les conceptions d'autres religions du monde
et d'idéologies laïques.

L'élaboration systématique de cette dimension dans tous les thèmes prévus au programme scolaire de 1985 nécessite cependant un ajustement approfondi.

53. ALGEMENE RAAD VAN HET KATHOLIEK ONDERWIJS, *Beleidsvisie en beleidopties van het Katholiek Onderwijs betreffende de migranten in het onderwijs, inzonderheid de moslims*, Brussel, 1990, p. 12.
54. *Ibid.*

IV Stimuler fortement dans une atmosphère communicative la facilité du langage de la foi ainsi que la formulation personnelle de la foi des élèves

La formulation personnelle de la foi comme compréhension des rapports entre des expériences et des histoires religieuses, des professions et articles de foi

L'objectif de l'enseignement de la religion de 1985 mentionne trois objectifs formels: l'intégration des valeurs, la formulation personnelle de la foi et un engagement libérateur. Ce triple objectif est de grande valeur car il est axé sur l'épanouissement *total* de l'élève. Tout 'enseignement', l'enseignement de la religion y compris, doit être 'éducatif' et orienté sur la personne entière de l'élève[55]. Cependant, comme nous l'avons déjà démontré plus haut, les différents aspects de cette tâche englobante ne peuvent être poursuivis et réalisés tous dans la même mesure. Une différenciation de la portée des différents objectifs s'impose donc. Je suis d'avis qu'aujourd'hui l'enseignement de la religion est à même de contribuer directement et en large mesure à la réalisation de l'objectif cognitif, à savoir une formulation personnelle de la foi. Dans cette optique, l'apprentissage du langage religieux est aussi important que l'apprentissage de(s) la religion(s) même.

Il incombe à la communauté catholique, par la voix des évêques, de définir le contenu de l'enseignement de la religion catholique. Toutes les conventions entre l'Église et l'État concernant l'enseignement de la religion dans les écoles publiques le stipulent ainsi. Il est cependant important de continuer à assurer d'une façon pédagogico-scolaire l'approche de la vision chrétienne ou de la dogmatique. Ceci suppose entre autres qu''apprendre à apprendre' occupe une place centrale. C'est pourquoi le professeur essaiera toujours de situer la *doctrine* chrétienne dans le cadre plus large de *l'histoire* religieuse. 'Apprendre à croire' mérite autant d'attention qu''apprendre la foi' quelle qu'elle soit. N'oublions pas que la foi religieuse est toujours née d'*expériences* religieuses vécues par des gens qui se savaient interpellés par Dieu ou par le divin. Pensons par exemple aux expériences religieuses de Moïse, d'Élie, de Jésus, de Mahomet. Par la

55. A. Daelemans, *Opvoedend onderwijs. Mgr. A. Daelemans over de zin van het katholiek onderwijs*, Brussel, Licap, 1991.

suite, ces expériences quasi inexprimables furent gardées dans des *histoires* généralement très symboliques et métaphoriques, ont été exprimées et transmises à la communauté des croyants. Beaucoup perçurent dans le récit de ces expériences l'expression d'expériences propres ce qui a donné souvent lieu à de courtes professions de foi (par exemple Jésus est le Fils de Dieu, le Messie, le Seigneur). Celles-ci permettaient à la communauté croyante de se reconnaître et d'exprimer sa foi de façon concise. Plus tard encore, ces professions de foi, basées sur des histoires, se développèrent en véritable *doctrine* et certains éléments de la foi devinrent des *dogmes*[56].

Expériences religieuses, histoires symboliques, professions liturgiques, ensemble de doctrines: ce processus – peu importe l'ordre dans lequel il est abordé didactiquement – est de nos jours constitutif de l'apprentissage de la foi, de toute attitude de foi, et par conséquent pour tout enseignement de la religion. En séparant ces quatre dimensions de la foi authentique, on risque d'hypothéquer lourdement l'éducation et la formulation religieuse. Un enseignement de la religion qui ne parvient pas à exprimer la doctrine en rapport étroit avec les expériences initiales juives et chrétiennes, avec les histoires bibliques et les professions de foi de l'Église ne réussira guère à passionner les jeunes. Ceci est également vrai pour le contact avec d'autres religions. On ne peut nier l'ignorance actuelle des jeunes en matière de religion. Le problème de la rétention, c'est-à-dire le stockage continu de la connaissance religieuse, est fortement influencé par une indifférence croissante aux questions religieuses, indifférence qui est à l'égale de celle qui caractérise notre société. La plus grande ignorance se situe indubitablement dans le fait que les écoliers (et les adultes) ne distinguent plus le lien entre doctrine, profession, histoire et expérience religieuse.

Il est indispensable de porter beaucoup plus d'attention que cela n'a été le cas jusqu'à présent aux expériences religieuses (c'est-à-dire la 'rencontre' avec le divin, avec Dieu) dans chaque religion. Cela implique l'apprentissage de l'usage d'un langage narratif et métaphorique susceptible de révéler en termes voilés ces expériences religieuses. Si les jeunes ne peuvent constater que les expériences religieuses de coreligionnaires d'antan sont reconnaissables chez eux ou

56. S. KONIJN, *De rode draad. Op zoek naar grondlijnen binnen ons veranderend geloven*, Hilversum, Gooi & Sticht, [4]1981, p. 38-45; R. MICHIELS, *Jezus en de andere godsdiensten* (n. 46), p. 382.

du moins chez leurs contemporains, le discours sur Dieu et sur les religions risque de n'être que paroles en l'air. Ce discours est également creux si l'on ne parvient pas à créer ni à manier un langage de foi contemporain permettant d'exprimer et de réfléchir sur les expériences et sur les missions actuelles et fondamentales de la vie. C'est pourquoi l'intégration de la foi dans notre civilisation actuelle est d'une telle importance. D'ailleurs, l'exhortation apostolique concernant l'évangélisation dans le monde moderne, *Evangelii Nuntiandi* du pape Paul VI (1975, n° 20) ne désigne-t-elle pas le clivage entre l'évangile et la civilisation comme le drame de notre époque, tout comme cela a été le cas à d'autres époques? Pour beaucoup de jeunes le langage traditionnel de la foi n'est plus crédible parce que pour eux ce langage ne traduit plus de façon acceptable et attrayante la réalité concrète dans laquelle ils vivent. Une adaptation du langage de la foi s'impose plus que jamais. Sans doute une des raisons profondes de la crise religieuse actuelle se retrouve dans l'absolutisation et donc l'incapacité de renoncer à d'anciennes formulations dans un bon nombre de documents de l'Église. L'enseignement de la religion a de nos jours surtout besoin de ce que A. Teipel appelle une «théologie-Emmaüs»: cette théologie «contient en elle le germe de la vérité, mais elle doit encore parcourir le chemin vers cette vérité»[57]. Il ajoute que la vérité religieuse doit être compréhensible aux yeux des chrétiens et que la vie religieuse doit se reconnaître dans cette vérité. C'est pourquoi le professeur tâchera d'indiquer les chemins qui mènent aux réponses et d'aborder les réponses de telle façon qu'elles ouvrent des chemins.

Un enseignement de la religion communicatif

Cette approche théologique a trouvé sa cristallisation pédagogico-religieuse dans ce que l'on appelle la didactique corrélationnelle. Par didactique corrélationnelle on entend l'interaction constructive et réciproque entre d'une part les traditions bibliques et ecclésiales et d'autre part les expériences de vie actuelles[58]. Cette didactique

57. A. TEIPEL, *Die Katechismusfrage. Zur Vermittlung von Theologie und Didaktik aus religionspädagogischer Sicht*, Freiburg, Herder, 1983, p. 357-358. Cf. M. HEYNDRIKX, '*... en Gij geeft ons een andere toekomst*'. *Over het christelijk geloof en zijn gestalte tussen gisteren en morgen*, Leuven, Peeters, 1991.

58. W.H. RITTER, *Glaube und Erfahrung im religionspädagogische Kontext*, Göttingen, Vandenhoeck & Ruprecht, 1989.

corrélationnelle n'est que partiellement réalisable en classe. En effet, le lien entre la vie quotidienne et la foi biblique n'est assuré surtout que par la pratique chrétienne[59]. «Ce n'est que lorsque le récit vivant d'une tradition religieuse est raconté et se voit appliqué de façon vivante dans la pratique de tous les jours d'une communauté concrète que les contemporains seront capables, à partir de leurs expériences *humaines*, d'éprouver des expériences *chrétiennes*: en s'identifiant à ce récit et à cette pratique ou ... en s'en distanciant»[60].

Suite à une enquête récente concernant la religiosité de parents et de leurs enfants, F.W.P. van der Slik constate dans sa dissertation de 1992 «qu'à part en ce qui concerne le comportement, les parents ne peuvent que très indirectement influencer la religiosité de leurs enfants»[61]. Ce qui importe pour influencer la foi, n'est d'après lui pas tellement le fait que les parents soient religieux mais plutôt «dans quelle mesure ils réussissent à l'aide de conversations d'expliquer pourquoi et de quelle façon la religion a un sens dans leur vie»[62]. La méthode communicative d'enseignement et d'éducation pendant les cours de religion influencera certainement favorablement la réceptivité des élèves face aux expériences et attitudes religieuses. La démarche *communicative* incarne pour ainsi dire de façon contemporaine la *communion* de Dieu avec l'homme.

D.C. Mulder a proposé et explicité quatre règles pratiques pour une attitude dialogique et communicative à savoir: «comprendre l'autre comme il/elle voudrait être compris(e); se libérer des préjugés et des clichés pour atteindre une vraie compréhension; ne pas comparer son propre idéal à la réalité de l'autre; honnêteté dans la recherche des points forts de l'autre et disposition à l'autocritique»[63].

59. W. SCHÄFFER, *Erneuerter Glaube – verwirklichtes Menschsein. Die Korrelation von Glauben und Erfahrung in der Lebenspraxis christlicher Erneuerung*, Köln - Zürich, Benziger, 1983.

60. E. SCHILLEBEECKX, *Mensen als verhaal van God* (n. 50), p. 44.

61. F.W.P. VAN DER SLIK, *Overtuigingen, attituden, gedrag en ervaringen. Een onderzoek naar de godsdienstigheid van ouders en van hun kinderen*, Helmond, Wibro, 1992, p. 232.

62. *Ibid.*

63. Cité d'après T. ANDREE, *Geschapen naar Gods beeld. Pleidooi voor opvoeding tot eigenwaarde en zelfrespect, omwille van de dialoog*, Utrecht, Rijksuniversiteit, 1991, p. 31.

Une atmosphère communicative en classe est une condition importante du développement de la 'liberté de foi'. Une éducation authentique est opposée à la contrainte. Cette éducation n'exclut nullement le 'témoignage' en classe. Mais le professeur doit avant tout faire valoir la force d'interpellation et de témoignage du message évangélique en soi. Il ou elle ne doit pas avant tout témoigner personnellement. Il ou elle doit avant tout croire vraiment au pouvoir d'interpellation du message chrétien, qui a toujours jusqu'à présent enthousiasmé des gens... et faire confiance à l'esprit de Dieu qui œuvre dans le cœur des jeunes. Cependant, le professeur de religion ne parlera de Dieu qu'en termes 'discrets' et 'prudents' car il sait que dans notre monde pluraliste Dieu n'est pas 'évident' et qu'on Lui a aussi attribué des propos inhumains. Sa façon de parler de Dieu en dit parfois plus long et est plus convaincante que ne le sont ses nombreux mots religieux. C'est précisément cette 'réserve' à parler de Dieu qui exerce chez beaucoup de jeunes d'aujourd'hui le plus d'attirance[64]. Dieu est 'mystère', Il n'est pas évident.

C'est ainsi que j'en viens à un quatrième 'ajustement' de l'objectif de l'enseignement de la religion de 1985:

En vue de promouvoir une formulation personnelle de la foi,
l'enseignement de la religion éclaire le rapport entre
les expériences religieuses, les récits,
les professions et les doctrines,
utilise une méthode de corrélation productive,
réciproque et critique
et se déroule en classe selon une communication
pédagogique-didactique justifiée.

V. Cohérence entre école catholique et l'opinion concernant l'enseignement de la religion

Peut-on promouvoir l'Église à l'école?

Celui qui défend la thèse qu'une école catholique devrait en premier lieu être une école *de* catholiques *pour* catholiques, la concevra

64. J. De Vriese, *Het getuigenis als kans voor de geloofscommunicatie in het godsdienstonderricht*, dans J. De Vriese – J. Bulckens (éd.), *Ongehoord anders. Eigentijdse spiritualiteit*, Leuven, Acco, 1992, 177-203.

évidemment comme une 'institution pastorale'[65]. Dans cette optique, l'enseignement de la religion sera résolument 'catéchétique'. Toutes sortes d'exercices religieux et de célébrations liturgiques exprimeront à temps réguliers et de façon 'obligatoire' pour tout le monde l'inspiration catholique de l'école.

De nos jours cependant, la conception de l'école catholique en tant qu'école *de* catholiques *pour* des jeunes catholiques est dépassée par les faits[66]. Depuis de longues années, la majorité des directions des écoles catholiques a opté pour une politique de recrutement large d'élèves, pour une attitude d'hospitalité aussi envers par exemple de jeunes musulmans. La composition de la population actuelle des écoles catholiques est pluraliste: des élèves (très) croyants y côtoient des sceptiques, athées, des élèves qui croient autrement, ou encore qui sont indifférents à la religion. Il en est de même pour le corps professoral: l'on y trouve et accepte également une attitude hétérogène sur le plan religieux et ecclésial. Une telle situation sécularisée et pluraliste défie l'école catholique à redéfinir son projet d'éducation chrétienne et de là sa vision sur l'enseignement de la religion.

Lors du congrès de 1982 à Houthalen, le Centre pour les communautés scolaires chrétiennes défendait ardemment la spécificité de l'enseignement catholique en préconisant franchement et résolument la 'promotion de l'Église à l'école'. L'introduction à ce congrès stipulait qu'il incombe à l'école confessionnelle en tant que communauté chrétienne de promouvoir l'Église à l'école[67]. Outre la promotion de l'Église à l'école, une autre notion-clé, proche à la première, s'est faite entendre dans la même période à savoir 'l'école en tant que terrain missionnaire'. On attendait de l'Église qu'elle soit 'missionnaire à l'école'. La raison en était évidente: l'école est pour beaucoup de jeunes l'unique lieu où ils sont encore confrontés au message

65. Pour une approche canonique de l'école catholique, cf. J.W.M. HENDRIKS, *De katholieke school. De ontwikkeling van het kerkelijk denken over het katholiek onderwijs van Concilie tot Codex*, Brugge, Tabor, 1987; C. VAN DE WIEL, *Éducation et école catholiques selon le code de droit canonique de 1983* (dans cet ouvrage); ID., *De verkondigingstaak van de Kerk. Kerkelijk Wetboek 1983. Canons 747-833*, Leuven, University Press - Peeters, 1990.

66. P. LAMOTTE, *Guide pastoral* (n. 38), p. 17: «En quelques décennies, on est passé d'une école faite par les chrétiens pour les chrétiens, à une école fondée sur quelques chrétiens et ouverte à tous».

67. *Kerkopbouw op school. C.C.S.-congres 5-6 november 1982*. Actes du congrès mars 1983, Heverlee, p. 45. Voir aussi H. VANHEESWIJCK, *God op school*, Leuven, Davidsfonds, 1993.

évangélique (en théorie, en pratique et en célébration)[68]. La journée pédagogique de l'enseignement catholique en 1983-1984 avait pour thème: «L'école catholique, lieu d'évangélisation?» En tant que terrain missionnaire, l'école constitue l'endroit par excellence pour promouvoir l'Église de nos jours, c'est ce qu'on prétendait. D'emblée, le terme 'pastorale scolaire' se répandit dans les milieux scolaires catholiques.

Les partisans de la 'promotion de l'Église à l'école' étaient conscients que cette notion pouvait être mal interprétée. Ils reconnaissaient que cette expression pouvait comporter une connotation négative, dans ce sens qu'elle pouvait suggérer l'idée que l'Église ne s'occupe que d'elle-même, qu'elle essaie de se sauvegarder comme structure et qu'elle a comme but 'de mettre l'école au service de l'Église'.

Cependant, cette évolution a aussi suscité des critiques[69]. Est-ce bien opportun de nos jours de considérer les écoles catholiques comme un 'prolongement' de l'Église, comme un terrain missionnaire, comme une sorte d'institut pastoral? Ne sont-elles pas plutôt des établissements scolaires publics relativement autonomes et profanes qui dans et par un esprit évangélique essaient de se façonner un profil et un climat propres? Tentons d'abord d'expliquer certaines notions. Qu'entend-on par promotion de l'Église, par évangélisation et mission à l'école, par pastorale scolaire?

P. Lamotte écrit que porter le nom 'catholique' implique que l'on participe à la 'mission' – c'est le terme qu'il emploie – de l'Église[70]. Ceci vaut aussi pour l'école 'catholique'. Cependant, la question est de savoir ce qu'il faut comprendre ici par 'mission' et quelle en est la teneur. D'après E. Alberich, l'Église considère le service de l'éducation globale de l'homme dans son intégralité – que ce service soit rendu au sein ou en dehors d'un établissement catholique – comme faisant partie intégrante de sa mission évangélique, comme un devoir 'pastoral'[71]. Il opère une double distinction entre d'une part «évangéliser en éduquant» et d'autre part «éduquer en évangélisant»[72]. Ensuite, il commente la distinction entre «l'évangélisation dans la

68. M. Devisch, *Kerk en school*, dans *Korrel*, 1983, n° 3, 143-146.

69. J. Bulckens, *Onderwijs en christendom. Enkele kritisch-constructieve vragen bij «kerkopbouw op school»*, dans E. Henau – J. Bulckens (éd.), *Tussen utopie en berusting. Over kerk-zijn vandaag*, Leuven, Acco, 1984, 192-210.

70. P. Lamotte, *Guide pastoral* (n. 38), p. 386.

71. E. Alberich, *La catéchèse dans l'Église* (n. 16), p. 190-191.

72. *Ibid.*, p. 192.

sacramentalisation» – qui récemment encore constituait la forme dominante de l'évangélisation – et la nouvelle «évangélisation dans la promotion humaine»[73].

Pour pouvoir parler de pastorale scolaire, il convient d'éclaircir ce qu'il faut entendre par pastorale ou par devoirs pastoraux, avant d'appliquer ces termes dans le monde de l'enseignement.

La pastorale incarne la participation de la communauté religieuse à l'activité pastorale de Dieu en la personne du Christ en vue de l'avènement du Royaume de Dieu sur terre; en bref la vocation et la mission de l'Église au service du Royaume de Dieu. Elle est dans le monde, mais pas de ce monde. Elle n'y est pas pour elle-même, mais bien pour le salut du monde. L'Église est le germe et le commencement du Royaume de Dieu et de ce fait levain et levure (*Lumen Gentium* 1964, n° 4). Elle rend visible le Royaume de Dieu à travers différents signes salutaires... et parfois aussi moins visibles par des activités et des attitudes indignes.

Selon E. Alberich, le projet du Royaume de Dieu *se concrétise* dans le signe de la diaconie (service, épanouissement de l'homme, amour, éducation, libération); il *s'observe* dans le signe de la koinonia (communauté, fraternité, unité, communion, communication) et est *prêché* dans le signe du kerygma (prédication, prophétie, évangélisation, catéchèse, prédication liturgique) et *célébré* dans le signe de la liturgie (eucharistie, sacrements, fêtes, célébrations, prière, exercices divins)[74]. L'ordre que E. Alberich choisit, est frappant. Le recueil *Handbuch der praktischen Gemeindearbeit* (1990) mentionne d'abord la 'Martyria' (le témoignage de foi), puis la 'Leiturgia', ensuite la 'Diakonia' et finalement la 'Koinonia'[75]. D'après E. Alberich cependant, le service de l'Église ou la diaconie est dans une certaine mesure prioritaire parmi les quatre fonctions mentionnées de l'Église; cette option peut sans doute s'expliquer par la parabole de Matthieu 25 concernant le jugement dernier. La diaconie n'est aucunement un instrument au service des autres fonctions ecclésiales comme la vie sacramentelle ou la catéchèse. Tout au contraire, la diaconie au service des propres membres de l'Église et de tous les hommes du monde, est le but initial et original de l'Église et

73. *Ibid.*, p. 183.
74. *Ibid.*, p. 27.
75. L. Karrer (éd.), *Handbuch der praktischen Gemeindearbeit*, Freiburg, Herder, 1990.

constitue même une activité pastorale au fur et à mesure qu'elle réalise les valeurs du Royaume de Dieu. La diaconie de l'Église est indispensable au bon fonctionnement des autres missions; elle leur garantit leur authenticité[76]. Jean-Marc Ela et Edward Schillebeeckx sont également d'avis que «la tâche première de la mission n'est pas l'intégration liturgique, catéchétique et théologique du christianisme dans notre civilisation, mais la recherche du Royaume de Dieu dans la réalisation d'une communauté humaine solidaire»[77].

Retournons maintenant au monde de l'enseignement et plus en particulier à l'école catholique et l'enseignement de la religion et posons-nous la question de ce que 'présence chrétienne' peut y signifier aujourd'hui. La déclaration du Vatican au sujet de l'éducation chrétienne (1965, n° 9) mentionnait que la fondation et l'organisation d'écoles catholiques «doivent tenir compte des exigences de notre évolution». Ce même paragraphe stipule explicitement «qu'une école catholique peut se concevoir différemment selon les circonstances locales». Le texte ajoute que l'Église a «une appréciation toute particulière des écoles catholiques qui, surtout dans des régions récemment christianisées, sont fréquentées par des élèves non-catholiques».

À mon avis, il serait erroné de définir une école catholique en pays flamand comme un établissement avant tout 'pastoral' ou encore de vouloir poursuivre directement la promotion de l'Église à l'école catholique. Tout comme il serait trompeur de considérer l'enseignement de la religion comme catéchèse. Ce serait confondre l'Église et le monde, en l'occurrence l'Église et le monde de l'enseignement. L'école catholique est avant tout une école. «L'école, qu'elle soit confessionnelle ou non, est un établissement public»[78], profane et autonome. Une école catholique se doit d'être une bonne école, un établissement scolaire de bonne qualité pédagogique, ce qui d'ailleurs est généralement le cas en Flandre, ce qui explique aussi le grand attrait de l'enseignement catholique chez énormément de parents. Fournir un enseignement de qualité, aussi et peut-être surtout à toutes sortes de 'jeunes défavorisés' (entre autre dans l'enseignement professionnel), aider de nombreux écoliers à devenir des personnes indépendantes, solidaires et cultivées peut être vécu par les croyants comme l'accomplissement de la volonté de Dieu[79], comme participation à la sagesse créatrice de Dieu.

76. E. ALBERICH, *La catéchèse dans l'Église* (n. 16), p. 182.
77. E. SCHILLEBEECKX, *Mensen als verhaal van God* (n. 50), p. 202.
78. A. FOSSION, *La catéchèse dans le champ de la communication* (n. 41), p. 364.
79. K.E. NIPKOW, *Bildung als Lebensbegleitung und Erneuerung* (n. 27), p. 510.

Bien que les écoles catholiques puissent avoir la même valeur que les écoles publiques, elles n'ont pas pour autant la même nature[80]. Dans le processus d'humanisation de la vie scolaire concrète, l'école catholique incarne l'humanité ou la charité du Dieu de Jésus-Christ et érige des signes du Royaume de Dieu dans le monde scolaire. Les chrétiens croient que précisément l'évangile de Jésus-Christ peut développer à cette fin une force motrice, critique, voire innovatrice. L'école catholique et avec elle l'enseignement de la religion accomplissent surtout un devoir *diaconal* envers la génération montante. Dans le monde de l'enseignement, elle témoigne de la force humanisante de l'évangile. C'est là que réside précisément la tâche 'pastorale' ou 'évangélisante' de l'école catholique: un service éducatif aux élèves à partir d'une motivation évangélique. En d'autres termes, l'école catholique offre un projet d'éducation d'inspiration clairement chrétienne. Une école ne mérite le nom 'catholique' que si elle reçoit l'évangile 'institutionnellement'[81].

Vers une pastorale scolaire différenciée

Le façonnement d'une école secondaire d'après une inspiration chrétienne – que l'on peut appeler pastorale scolaire – a lieu aux différents niveaux de la vie scolaire. L'on peut y déceler quatre catégories anthropologiques de base: la relation, l'action, la pensée et la célébration. Il est impératif de distinguer ces quatre niveaux différents, sans pour autant les dissocier, et d'examiner chaque fois de quelle façon l'Église peut être présente dans le monde de l'enseignement catholique en tant que koinonia, diaconie, sens et célébration[82].

L'inspiration évangélique de l'école doit avant tout se manifester à travers l'activité diaconale et koinoniale de la communauté scolaire

80. *Ibid.*, p. 524.

81. P. LAMOTTE, *Guide pastoral* (n. 38), p. 448. Cf. *Éduquer n'est pas contraindre. Document de la Commission épiscopale du monde scolaire et universitaire*, dans *La Documentation catholique* 86 (1989), p. 806: «Refusant toute endoctrinement, l'école catholique sait bien que sa mission consiste à servir l'homme et qu'elle n'a pas sa fin en elle-même. Proposant certes aux jeunes chrétiens qu'elle accueille les moyens de grandir dans la foi, elle est d'abord un chemin de croissance en humanité qu'elle veut ouvrir à tous ses élèves, dans une inlassable recherche de vérité et d'amour».

82. E. ALBERICH, *La catéchèse dans l'Église* (n. 16), p. 31: «Ainsi l'Église se présente-t-elle dans le monde comme le lieu par excellence du *service*, de la *fraternité*, du *sens*, de la *fête*, ce qui correspond aux quatre catégories anthropologiques de base: la *pensée*, l'*action*, la *relation*, et la *célébration*». Cf. *Éduquer n'est pas contraindre* (n. 81), p. 806: «Ce sont les richesses du message évangelique qu'elle veut mettre à la disposition de tous, au cœur même de la réaltié scolaire».

chrétienne. Dans quelle mesure la communauté scolaire concrétise-t-elle son projet éducatif? Les enseignants sont-ils compétents en ce qui concerne leur matière, leurs relations pédagogiques avec la classe, leur approche méthodique, leur collaboration avec les collègues et les parents? Contribuent-ils confraternellement à créer une vraie communauté scolaire, où il fait bon vivre et apprendre? Parviennent-ils à passionner les élèves pour leur branche? Sont-ils par exemple 'au service' d'élèves qui ont intellectuellement du mal à suivre? Sont-ils aussi disponibles pour les élèves en dehors des heures de cours? Témoignent-ils de l'intérêt particulier pour les classes plus faibles de la première année, les «classes B»? Les enseignants continuent-ils à estimer les élèves en tant que personnes même si du point de vue cognitif les résultats de ces derniers sont décevants? Aident-ils les élèves (et leurs parents) à assimiler un échec à la fin de l'année scolaire? Etc.

En d'autres mots, le vécu des valeurs profondément humaines et d'inspiration chrétienne à l'école en tant que communauté d'apprentissage et de vie, est indispensable à la catholicité de cette école[83]. Selon M. Rokeach, l'école est plutôt «une entreprise qui crée des valeurs» qu'un «établissement qui fournit de l'information»[84]. Apprend-on la fraternité aux élèves, la collaboration plutôt que l'opposition? Les élèves copient-ils leurs notes pour leurs camarades de classe malades? Sont-ils capables de respecter et d'apprécier le travail du personnel d'entretien? Les enseignants témoignent-ils d'une attention discrète aux élèves de ménages dissolus? Osent-ils faire appel aux élèves pour participer à des actions de solidarité avec les handicapés, les pays du tiers monde, les immigrés? Les réunions de direction, d'enseignants et d'élèves se passent-elles dans un climat démocratique? Le comité des parents recrute-t-il suffisamment d'hommes et de femmes parmi les familles ouvrières? Etc.

Je voudrais encore attirer l'attention sur un aspect de catholicité 'vécue' à l'école, à savoir l'hospitalité. De nos jours, l'école catholique est à même de vivre authentiquement et chrétiennement l'hospitalité en souhaitant la bienvenue à tous ceux qui se présentent, nous pensons particulièrement aux enfants d'immigrés et aux

83. X. THÉVENOT, *Rendre morale l'influence éducative*, dans X. THÉVENOT *et al.*, *Pour une éthique de la pratique éducative*, Paris, Desclée, 1991, 261-286; J.A. VAN DER VEN, *Ethische vorming: een voorwaarde voor de katholiciteit van de school*, dans J. SIMONS (éd.), *Leren waarderen*, Nijmegen, H.K.I., 1984, 196-202.

84. M. ROKEACH, *Understanding Human Values*, New York, 1979, p. 266.

non-croyants à condition de les accepter tels qu'ils sont, c'est-à-dire de respecter leurs convictions propres et respectives. L'école catholique y est moralement contrainte de par le désintéressement et la gratuité chrétienne et de par la liberté de religion. Ceci ne signifie aucunement que ces jeunes ne peuvent être mis en contact explicitement au message et aux valeurs du christianisme. Après tout, ils sont les bienvenus... à une école catholique.

Et bien, *chaque* membre de la communauté scolaire d'un établissement catholique est supposé participer de façon vécue, sincère et constructive à la koinonia et à la diaconie. Cette tâche de l'école catholique incombe à tous les enseignants et à tous les élèves, qu'ils soient très croyants, peu ou non croyants ou hétérodoxes. Si la vie scolaire quotidienne n'est pas vécue chrétiennement pour tous, l'école catholique se trahirait.

L'esprit chrétien inspirant la vie scolaire devra régulièrement être évoqué. De nos jours, jeunes et adultes sont confrontés à des convictions et des valeurs parfois très divergentes. Citons quelques exemples. Quelles valeurs priment: liberté individuelle ou solidarité, soumission ou autonomie créative? Des mesures économiques au détriment d'individus ou de peuples défavorisés, sont-elles justifiables? Que penser des problèmes préoccupants qui ont récemment fait leur apparition dans le monde biomédical? Comment pallier aux conflits entre individus, entre races et entre peuples? Quel comportement sexuel est sensé? L'existence humaine est-elle purement le fruit d'un hasard, d'une fatalité, ou est-elle prise dans une évolution axée sur un avenir plein d'espérance? Une école catholique veut préparer les jeunes à affronter de façon avertie et honnête les différentes conceptions de la vie (chrétienne, humaniste, islamique et autres) auxquelles notre société pluraliste les confronte[85]. Les professeurs – et pas seulement les professeurs de religion – mettront l'accent sur la vision chrétienne de la réalité, comme offre et option préférentielle de l'école catholique. Ne considère-t-elle pas Jésus-Christ comme étant «la voie, la vérité et la vie»?

L'objectif numéro un d'une école catholique est de concilier civilisation et foi d'une part et foi et vie d'autre part[86]. Il incombera aux

85. R. GRYSON, *Le monde écoute la foi*, dans R. GRYSON (éd.), *Nature et mission de l'université catholique*, Louvain-la-Neuve, Faculté de Théologie, 1987, 51-66.

86. HEILIGE CONGREGATIE VOOR DE KATHOLIEKE OPVOEDING, *De katholieke school*, Rome, 1977, Brussel, Licap, 1978, n° 33; R. GRYSON, *Le monde écoute la foi* (n. 85), p. 63: «La Faculté de Théologie ne pourrait être une sorte de présence réelle qui dispenserait les autres d'être présentées à la manifestation de la transcendance. Ce

enseignants de préciser et de concrétiser cette synthèse en temps voulu. Cependant, de nos jours, nombre d'enseignants ont du mal à mener à bien cette tâche. Cela n'empêche que l'on attend d'eux qu'ils soient favorables à la conviction chrétienne de leurs collègues, ou du moins qu'ils ne la contredisent ni la minent.

L'inspiration chrétienne est systématiquement abordée dans le cours de religion. Précisément en enseignant la religion et non pas la catéchèse, l'enseignant respecte d'une part le cadre scolaire et d'autre part l'hétérogénéité religieuse, ecclésiale et éthique des classes. De nombreuses enquêtes démontrent que bon nombre de jeunes désirent vraiment recevoir de sérieux renseignements authentiques au sujet des philosophies et des religions. Mais ils tiennent à déterminer eux-mêmes leur position envers ces conceptions. Considérer le cours de religion comme catéchèse de prédication et de recrutement, blesserait ceux qui croient autrement et les non-croyants et nierait la liberté de conscience et de religion. Rien n'empêche cependant – bien au contraire – que dans le cadre de l'école catholique et en dehors des heures de cours, toutes sortes d'initiatives pastorales, comme des groupes bibliques, soient proposés aux professeurs et aux élèves, leur permettant d'approfondir et de vivre leur foi.

L'inspiration chrétienne de l'école se manifestera aussi régulièrement à l'occasion de moments de célébrations liturgiques ou de méditation: une fête de Noël, une randonnée de carême, un groupe biblique, une prière ou une méditation au début de la journée, etc. Toutefois, sur ce point nombre d'élèves (et d'enseignants) sont réticents. Le caractère obligatoire des pratiques religieuses à l'école crée un effet opposé: il renforce l'aversion pour la religion plutôt qu'il ne sensibilise à la foi. Ne serait-il pas préférable d'opérer une distinction entre d'une part les célébrations liturgiques à l'école en tant qu'expression sacramentelle de l'inspiration chrétienne de la communauté scolaire en son *intégralité* (par exemple: une eucharistie au début et à la fin de l'année scolaire, célébration pour Noël) et d'autre part divers exercices liturgiques et spirituels pour des classes distinctes (par exemple: messes de classe, liturgie de confession ou de pénitence)? Il serait souhaitable que ces derniers exercices soient fondés sur invitation, délibération et choix libre. La direction de

qu'elle peut remplir comme rôle, c'est d'être la mémoire de cette transcendance. Très exactement d'une anthropologie théologale: dans la ligne de la foi elle définit l'homme à partir de Dieu».

l'école devrait laisser une grande marge de liberté en cette matière. Dans certaines écoles et classes mixtes du point de vue religieux, il serait possible à certaines occasions d'organiser des moments de prière œcuménique[87]. Inviter et ne pas obliger donc... et adresser cette invitation en premier lieu aux professeurs eux-mêmes! Croire est en vérité l'acte le plus libre qui soit. C'est concernant ce point précis que beaucoup de directions ne savent pas comment s'y prendre. N'est-il pas essentiel à la spiritualité chrétienne d'accueillir professeurs et élèves dans notre monde scolaire, sans leur imposer nos conceptions religieuses et rites comme condition à une bonne instruction à visage humain[88]. Une note du Secrétariat national de l'enseignement catholique de 1986 soulignait à juste titre que des élèves musulmans ne peuvent en aucun cas être *contraints* à assister aux célébrations de l'eucharistie. Mais cela ne vaut-il pas non plus pour les élèves non croyants ou non baptisés que les écoles catholiques accueillent chaque année? Bref, il est injustifiable de parler encore d'une pastorale scolaire 'indifférenciée'.

Cette conception réaliste de la pastorale scolaire rend les directions actuelles des écoles catholiques conscientes de leur contribution réelle quoique *limitée* à l'ensemble de l'éducation des jeunes. Elle constitue aussi un appel urgent à l'adresse de la communauté catholique d'assumer ses responsabilités et ceci par l'entremise de la famille, de la paroisse, des mouvements de jeunesse et toutes sortes de médias.

C'est ainsi que j'en viens au dernier ajustement de ou plutôt au dernier complément à l'objectif de l'enseignement de la religion à l'école catholique tel qu'il a été formulé en 1985. La cohérence entre la vision de ce qu'est une école catholique et la conception concernant l'enseignement de la religion doit y être mise en évidence:

L'enseignement de la religion peut en outre apporter
une contribution non négligeable et généralement indirecte
à l'intériorisation des valeurs de vie

87. *Mededelingen van de Centrale Raad van het Katholiek Onderwijs aan de katholieke scholen* (*Communications du Conseil Central de l'Enseignement Catholique aux écoles catholiques*), Brussel, 18 juillet 1986: «Les enfants musulmans ne peuvent jamais être contraints à assister aux exercices liturgiques de la foi catholique. Ceci n'empêche nullement qu'il puisse y avoir des moments de prières communes».

88. H. NOUWEN, *Open uw hart* (n. 49), p. 86-87.

et à la participation à un engagement libérateur
ainsi qu'à la célébration rituelle de la foi,
qui peuvent être poursuivies de façon plus directe
et réelle dans d'autres milieux éducatifs
(famille, paroisse, mouvements de jeunesse, les médias).
Des initiatives de toutes sortes, émanant de
la pastorale scolaire peuvent également élargir
la portée de l'enseignement de la religion.

Les cinq adaptations mentionnées ci-dessus résument ainsi unc conception contemporaine de l'enseignement de la religion à l'école catholique.

Les professeurs de religion se voient aujourd'hui confrontés à de lourdes exigences: capacités philosophique et théologique, maîtrise d'une méthode de pédagogie religieuse, formation spirituelle. Par conséquent les certificats de compétence pour l'enseignement de la religion dans l'enseignement secondaire ne peuvent être délivrés à la légère.

(trad. M.-R. Kint) Jozef BULCKENS

LE COURS DE RELIGION ET L'ÉCOLE CATHOLIQUE RÉSULTATS D'UNE ENQUÊTE EN FLANDRE*

Que ce soit de manière implicite ou explicite, consciemment ou inconsciemment, un professeur de religion enseigne toujours à partir d'une certaine conception qu'il s'est faite de son cours. Il est également parfaitement concevable que ce même professeur, qui a été formé à une certaine image de l'enseignement de la religion et de l'école catholique, soit poussé de par son expérience personnelle de l'enseignement et de par ses réflexions ultérieures à reconsidérer ses acquis initiaux, à les rectifier, à les confirmer ou, en tout cas, à les adapter aux problèmes nouveaux qui ont surgi entre-temps. Sonder dès lors l'opinion des professeurs de religion sur les développements actuels que connaissent le cours de religion et l'école catholique, est une tâche importante.

Le colloque international consacré à l'enseignement catholique de la religion dans l'Europe occidentale d'aujourd'hui, qui a été organisé à l'occasion de la célébration du cinquantenaire du *Hoger Instituut voor Godsdienstwetenschappen* (Institut supérieur de sciences religieuses) les 5 et 6 novembre 1992 à Leuven, était une occasion propice pour envoyer un questionnaire approfondi à quelque 720 licenciés en sciences religieuses, qui enseignent dans les classes supérieures des écoles secondaires principalement catholiques[1]. Nous avons reçu 373 réponses dans les délais, ce qui représente un taux de réponse très honorable d'environ 52%.

Plus de 100 affirmations ont été soumises, fin avril/début mai 1992, à ces licenciés en sciences religieuses de Leuven. Le questionnaire s'articulait autour de trois thèmes majeurs, à savoir le cours de religion, l'école secondaire catholique et la satisfaction au travail. Les

* Cette étude empirique fut élaborée, réalisée et analysée, sous la direction des professeurs Jozef Bulckens et Dirk Hutsebaut, par Nele Vanleene et Sylvie Walraevens (enquête auprès des licenciés) et par Goedle Aerts et Heleen De Wilde (enquête auprès des «régents»).

1. L'orientation universitaire des «Sciences Religieuses» de la Faculté de Théologie de Leuven, dispense une formation en théologie et en pédagogie religieuse à des étudiants laïcs qui enseignent principalement dans l'enseignement secondaire supérieur. Les études de «sciences religieuses» ne peuvent être confondues avec les études de «sciences religieuses comparatives».

titres et sous-titres du présent article révèlent les aspects que nous avons voulu étudier dans le cadre tracé. Au fil de cet exposé, nous reprendrons souvent certaines des affirmations proposées dans l'enquête; nous les signalons à chaque reprise en les imprimant en italique. Nous avons demandé aux anciens étudiants de Leuven d'évaluer les assertions ou propositions sur une échelle de sept points, où le score 1 indiquait qu'ils étaient «tout à fait opposés» à l'affirmation en question et le score 7, en revanche, qu'ils étaient «tout à fait d'accord». Dans le compte rendu qui suit, nous avons regroupé les scores de 1 à 3 sous la rubrique «pas d'accord» et les scores de 5 à 7 sous la rubrique «d'accord»; le score 4 (= pas d'opinion, je ne sais pas) a été négligé à plusieurs reprises. Si un nombre particulièrement élevé de professeurs ont attribué un même score, celui-ci sera, bien évidemment, repris.

Dans cette contribution, nous offrons, dans l'attente d'un traitement intégral de toutes les données en 1994, un aperçu de quelques constats importants établis à partir de l'enquête. L'étude empirique a principalement été conçue comme une vérification d'hypothèses au sens large du terme: nous voulons analyser si les diplômés partagent ou non les récentes évolutions au sein de l'actuelle pédagogie de l'enseignement de la religion en Flandre. Pour une description de ces évolutions, nous renvoyons le lecteur à l'article de J. Bulckens dans ce même recueil de conférences; il a d'ailleurs servi de base à la formulation des affirmations proposées dans l'enquête.

En novembre 1992, un même questionnaire a été envoyé à tous les professeurs de religion des provinces de Limbourg et de Flandre orientale qui enseignent dans le Secondaire. Pour ces deux provinces, nous avons facilement pu mettre la main sur un fichier d'adresses récent et complet de tous les professeurs de religion. Nous avons évidemment supprimé les licenciés en sciences religieuses de ces deux provinces. Sur un total de 1100 professeurs, 451 (soit 41%) ont renvoyé à temps leurs formulaires; 373 questionnaires remplis étaient susceptibles d'un traitement ultérieur. Ce groupe se compose pour plus de 90% de régents/régentes et de gradué(e)s en sciences religieuses (de Leuven et de Gent), tous diplômés de l'Enseignement Supérieur de Type Court (ESTC)[2]. Par souci de facilité, nous avons

2. Au sein du groupe de la deuxième enquête, on peut répartir les professeurs de religion selon leur degré de formation en théologie et en pédagogie religieuse. Nous distinguerons quatre catégories: 1. les enseignants ayant une formation poussée en

appelé ce groupe le groupe de l'ESTC ou des «régents» pour les distinguer des licenciés en sciences religieuses de Leuven. Le hasard veut que pour chacune des deux enquêtes nous ayons reçu à peu près 370 réponses utilisables.

Cette deuxième enquête permet de cerner les opinions sur le cours de religion des professeurs qui enseignent surtout dans le cycle inférieur de l'enseignement secondaire et qui ont reçu une formation théologique moins poussée (ou aucune formation théologique). Nous reprendrons parfois en notes des données chiffrées issues de la deuxième enquête pour les comparer à celles de l'enquête auprès des licenciés en sciences religieuses. Nous accentuerons alors surtout les divergences notables qui ressortent de la comparaison des deux enquêtes.

I. Opinions sur le cours de religion dans l'enseignement secondaire

1. Justification du cours de religion à l'école

Avec l'affirmation *L'enseignement de la religion qui tend directement à gagner les jeunes à la foi catholique n'est plus justifié de nos jours*, nous avons voulu sonder la popularité d'une conception plutôt «catéchétique» du cours de religion et indirectement aussi d'une légitimation majoritairement «ecclésiale» de ce cours dans une école catholique. Trois quarts des licenciés en sciences religieuses se disent d'accord avec cette affirmation et rejettent une conception à dominante «catéchétique»' et «ecclésiale» de l'enseignement de la religion et de l'école catholique; 45% ont même indiqué le chiffre 7 et près de 12% ont répondu par «je ne sais pas»[3].

théologie (p.ex. les prêtres); 2. les enseignants qui ont une bonne formation en théologie, ayant suivi une formation de deux ou trois ans en sciences religieuses, à Leuven ou à Gent, dans l'enseignement supérieur de type court (ESTC); 3. les régents/régentes qui, durant leurs études, n'ont bénéficié que d'une formation théologique plutôt restreinte dans le troisième cours optionnel de «religion»; 4. les enseignants, surtout des régents/régentes, qui n'ont pas eu de formation complémentaire en théologie durant leurs études préparant à l'enseignement.

Une étude plus approfondie des données devra révéler si le niveau de formation en théologie influence les conceptions de ce groupe sur le cours de religion et l'école catholique.

3. Dans l'enquête ESTC, cette proposition est approuvée par 62% des personnes interrogées. À remarquer que 16% ne savent pas très bien ce qu'elles doivent en penser, puisqu'elles ont donné la note 4.

En revanche, plus de 90% des personnes interrogées sont d'avis que le cours de religion occupe une place légitime à l'école s'*il aide résolument les élèves à grandir dans une société multiculturelle et multireligieuse.* Il s'agit ici d'une conception du cours de religion qui peut également être légitimée par l'école, y compris l'école catholique. Presque autant d'enseignants (85%) considèrent qu'initier *aux grandes questions de la vie* constitue également un important objectif de l'enseignement de la religion. Une autre affirmation qui a également suscité l'adhésion majoritaire, à savoir 82%, des licenciés en sciences religieuses est la suivante: *L'enseignement de la religion doit permettre aux élèves de rester en contact avec la culture chrétienne qui a profondément marqué l'Europe occidentale*[4].

Il est toutefois étonnant de constater qu'aux yeux de 51% des enseignants interrogés, la suppression du cours de religion à l'école *ne nuirait pas gravement à l'éducation religieuse des jeunes.* Nous pensons pouvoir en conclure que la moitié des professeurs de religion estiment qu'ils ne peuvent combler un manque d'éducation religieuse dans la famille[5]. D'autres données de l'enquête viennent corroborer cette thèse. Si les enseignants considèrent quand même leur cours comme important – bien que ce ne soit pas vraiment en vue de favoriser directement l'éducation religieuse des jeunes – la pertinence de leur cours réside éventuellement dans sa large contribution culturelle et sociale. Pas étonnant dès lors que 64% des diplômés évaluent positivement l'affirmation *le professeur de religion doit surtout s'investir dans une critique de la société, fondée sur un engagement chrétien.* Sans doute relèguent-ils l'éducation religieuse proprement dite dans la sphère privée ou individuelle de la famille.

2. *Objectifs et contenu de l'enseignement de la religion*

À la base de la plupart des conflits concernant la justification et le concept du cours de religion dans l'enseignement secondaire, il y a

4. Trois quarts des «régents» se déclarent d'accord avec cette affirmation; 18% marquent le score 4.

5. Il y a une grande différence dans les réponses à cette affirmation entre les «licenciés» et les «régents». 41% démentent cette affirmation (30% indiquent même le score 1). Parmi les «régents», le score négatif ne couvre que 4%, alors que 92% d'entre eux approuvent cette proposition qui, il faut le préciser, a été formulée de manière positive dans la deuxième enquête, à savoir: *si le cours de religion devait être supprimé à l'école, cela nuirait fortement à l'éducation religieuse des jeunes.* L'écart des réponses entre les deux groupes est sans doute lié en partie à la formulation différente de l'affirmation.

bien souvent un point litigieux plus profond, qui a trait aux objectifs de l'enseignement de la religion.

Les diplômés en sciences religieuses sont en tout cas ouverts à la présence de ceux et celles qui «pensent autrement» (*andersdenkenden*) dans l'enseignement de la religion. C'est ce qui ressort de leur conception du cours de religion même. 92% de ceux qui ont répondu à l'enquête soutiennent que le cours de religion peut aussi être attrayant et utile pour les pratiquants et croyants marginaux. La plupart des professeurs de religion ne veulent plus, comme nous l'avons déjà dit, directement gagner les jeunes à la foi catholique. Pourtant, près de trois quarts d'entre eux sont d'accord avec l'affirmation que le cours de religion *doit viser à éveiller ou à approfondir chez les élèves une attitude et un comportement fondés dans la foi chrétienne*; 11% ne savent que penser de cette affirmation (score 4)[6]. À première vue, le nombre important de réponses positives s'oppose à l'assentiment majoritaire des personnes interrogées avec l'affirmation susmentionnée, à savoir que *l'enseignement de la religion qui tend à gagner directement les jeunes à la foi catholique n'est plus justifié de nos jours*. Sans doute cette dernière affirmation a-t-elle été associée à l'interprétation de l'objectif visant à gagner les jeunes à la «foi catholique» comme une forme de «recrutement de l'Église». Ce dessein peut avoir eu quelques résonances négatives chez bon nombre des professeurs de religion. L'objectif d'*éveiller ou d'approfondir une attitude et un comportement fondés dans la foi chrétienne* ne suscita pour beaucoup sans doute pas les mêmes réticences.

On peut distinguer différents objectifs majeurs en rapport avec le cours de religion: 1. connaissance de la foi et de la morale suivant le point de vue des autorités de l'Église (ou catéchèse ecclésiale); 2. service à l'épanouissement et à la quête d'identité des jeunes à partir de la tradition de la foi; 3. approfondissement de l'attitude et de la pratique inspirées par la foi chrétienne; 4. dialogue interreligieux. Comment les licenciés ont-ils réagi face à ces objectifs?

Les personnes interrogées ont rejeté catégoriquement l'affirmation selon laquelle *dans son dialogue avec les élèves, un professeur de religion doit toujours défendre le point de vue des autorités ecclésiastiques*. Près de 80% ont affirmé leur désaccord et qui plus est, 45% d'entre eux ont attribué la note 1, soit l'appréciation la plus

6. 88% du groupe de l'ESTC sont favorables à cette affirmation; 6% ne se prononcent pas.

faible sur l'échelle de sept points[7]. L'absence, aux yeux de beaucoup d'enseignants, de signification dans la vie de la doctrine «formulée» de l'Église peut fournir une explication. Cette hypothèse est confirmée par l'évaluation des affirmations qui s'alignent sur le deuxième objectif formulé, à savoir que la religion doit servir l'épanouissement et la quête d'identité des jeunes à partir de la tradition de la foi. À titre d'illustration, nous reprenons deux affirmations qui ont été soumises à l'approbation des licenciés: *le cours de religion sert surtout à aborder les tensions entre foi et culture contemporaine* et *dans l'enseignement de la religion, il importe moins de faire passer un message chrétien que d'aider les élèves à donner un sens profond à leur vie dans une confrontation engageante avec l'héritage catholique.* Dans les deux cas, plus de la moitié des diplômés louvanistes, respectivement 65 et 54%, optent pour un concept du cours de religion qui soit proche de la culture et de l'homme. À noter également que dans les deux cas, un quart des personnes interrogées ne sont pas en mesure de se prononcer (score 4).

La priorité accordée à un enseignement de la religion engagé dans la vie s'exprime également à travers l'évaluation de la troisième vision du cours de religion. Plus de trois quarts des personnes interrogées approuvent le concept du cours de religion en tant qu'éveil à ou approfondissement de l'attitude et du comportement de croyant chez les jeunes.

À épingler aussi le fait que l'affirmation *on peut tout aussi bien avoir un échec pour le cours de religion que pour d'autres matières, comme l'histoire, la géographie ou le cours de néerlandais* n'a été rejetée que par 3% des personnes interrogées; 96% ont exprimé leur assentiment; 74% ont même attribué un 7 à cette affirmation[8]. Apparemment, les examens portant sur la matière du cours de religion sont susceptibles d'une évaluation objective, même si dans le cours, il ne s'agit pas – comme il a déjà été démontré ci-dessus – de pures données de connaissance sur la foi chrétienne. Il est clair qu'une évaluation du cours de religion qui est analogue à celle des autres matières scolaires influence dans une forte mesure la satisfaction au travail et

7. Sur ce point, les résultats des deux groupes d'interviewés sont diamétralement opposés. Seuls 55% des «régents» sont en désaccord avec cette proposition, et 15% ne prennent pas position.

8. Il est étonnant de remarquer la différence qui ressort de la comparaison du score 7 dans les deux groupes: pour les licenciés, il représente 74%, contre 61% chez les «régents».

l'estime personnelle des enseignants. Nous reprendrons ce sujet ultérieurement.

Lorsque nous avançons un concept de l'enseignement de la religion qui se fonde explicitement sur la Bible et le dogme, une petite majorité des personnes interrogées rejettent ce point de vue; les partisans et adversaires de cette conception sont toutefois presque aussi nombreux. À titre d'exemple, nous prenons l'affirmation suivante dans l'enquête: *si les principaux concepts clés chrétiens (tels que création, rédemption, résurrection, sacrements) n'ont plus leur place dans l'enseignement de la religion, mieux vaut alors supprimer carrément le cours*. 48% s'opposent à cette affirmation, 38% s'y rallient. Nous avons pu constater une même hésitation dans les réponses à l'affirmation suivante: *la lecture de textes bibliques dans les cours de religion est plus facilement acceptée par les élèves ces dernières années*. Cette affirmation a recueilli 33% de pour et 43% de contre[9].

3. Différents contenus pour le cours de religion

Nous constatons que les professeurs interrogés ont parfois du mal à concevoir un certain nombre de nouveaux contenus et de réaménagements en rapport avec le cours de religion, tels qu'ils sont expérimentés dans certaines écoles de Flandre. C'est le cas lorsque l'on demande aux licenciés en sciences religieuses de réagir à une conception du cours de religion qui s'oppose à l'alignement dominant sur la morale et qui vise à consacrer au moins une heure par semaine à la «religion» – bien qu'organisée en plusieurs modules optionnels. C'était, par exemple, le cas pour l'affirmation suivante: *Il est bon que tous les élèves d'une classe suivent ensemble un cours d'une heure/semaine consacré aux grandes questions abordées à partir de l'éthique de l'Évangile et qu'ils puissent – pour la deuxième heure de religion par semaine – choisir librement entre, par exemple, un cours d'exégèse, de bouddhisme, un cours sur la foi et la science, etc*. Seuls 30% se prononcent clairement en faveur de cette organisation de l'enseignement de la religion; un quart des professeurs ne se prononcent pas à ce sujet (score 4)[10].

9. Environ 46% des «régents» (contre 33% des licenciés) estiment que ces dernières années, les élèves acceptent plus facilement que soient traités des textes bibliques dans les cours de religion. À noter également que dans les deux groupes, il y a près d'un quart d'abstentions.

10. Seuls 22% des «régents» sont partisans de cette organisation du cours de religion; un cinquième des enseignants indiquent le score 4.

Le pourcentage des personnes interrogées qui voudraient proposer des formes diverses d'enseignement de la religion aux élèves des écoles catholiques – parmi lesquelles ces derniers pourraient choisir librement – est encore plus faible.

Le fait qu'en théorie, les diplômés se prononcent plus explicitement en faveur d'une largesse de vue dans l'enseignement de la religion qu'au niveau de l'organisation pratique peut sans doute être attribué à un sentiment d'incertitude. Depuis quelques années, la société multiculturelle et multireligieuse et la sécularisation croissante évoluent à un rythme effréné. Et toute situation de transition engendre un sentiment d'incertitude.

4. Dialogue interreligieux dans le cours de religion

L'ouverture croissante à d'autres religions mondiales et une certaine appréhension vis-à-vis de la relativisation des prétentions chrétiennes à l'absolu sont clairement qualifiées de problèmes récents dans le dialogue interreligieux en classe. Pour plus de la moitié des licenciés (55%), *le dialogue avec d'autres religions et conceptions de la vie ne compromet pas, auprès des élèves, les prétentions absolutistes de leur propre religion chrétienne*. Plus d'un quart (28%) des personnes interrogées ont toutefois des doutes à ce sujet[11].

Suivant trois quarts des enseignants, ce dialogue entre religions est synonyme d'enrichissement. *L'ouverture aux autres religions dans l'enseignement de la religion est, de nos jours, une condition favorable à l'acquisition de son identité de chrétien*, est une thèse soutenue par 77% des personnes interrogées[12]. Il est alors étonnant de noter que dans ce contexte, une autre affirmation a été évaluée de manière très différente, à savoir *les jeunes à l'école doivent d'abord être suffisamment initiés à leur propre tradition chrétienne avant de les mettre en contact avec d'autres religions mondiales*. Près de trois quarts des professeurs de religion se rangent à cette opinion; 16% s'y opposent et 11% ne se prononcent pas[13].

11. Dans le groupe de l'ESTC, environ 20% se déclarent d'accord; 24% s'abstiennent toutefois en donnant le chiffre 4.

12. Le groupe de l'ESTC compte un même nombre de réponses approbatrices.

13. Une différence notable avec le groupe des licenciés est que le deuxième groupe indique, à raison de 31% environ, le chiffre 7, contre 22% des licenciés.

En résumé, on peut dire que la connaissance d'autres religions constitue, aux yeux des diplômés louvanistes, un élément essentiel du programme pédagogique de religion. Mais elle ne peut en aucun cas compromettre la priorité accordée à notre propre tradition chrétienne. Seuls 16% des licenciés adhèrent à la proposition suivante: *Le temps que l'on pourrait consacrer à une introduction aux autres religions peut être mieux mis à profit en rapprochant davantage les élèves de la foi catholique*; en revanche, 67% la désapprouvent.

Pourtant, suivant 42% des professeurs de religion, le programme pédagogique de religion ne prévoit pas les incitants nécessaires à un dialogue avec d'autres religions et philosophies de la vie. Il *s'inspire fortement d'une vision de l'enseignement de la religion en tant qu'annonce ecclésiale de la foi*, est la réponse de 62% des professeurs. Un cinquième des personnes se limitent au score 4.

5. *La présence d'élèves musulmans dans le cours de religion*

La présence récente d'élèves musulmans à l'école catholique pose un nouveau défi. La question cruciale que suscite leur présence est la suivante: les jeunes musulmans doivent-ils prendre part à l'enseignement de la religion catholique? L'opinion des anciens étudiants de Leuven est partagée à ce sujet. L'importante dispersion des réponses entre les différentes possibilités d'évaluation des affirmations se rapportant à la présence de musulmans est sans doute liée au fait que beaucoup d'enseignants ne sont pas directement confrontés à cette nouvelle situation; la présence des élèves musulmans en pays flamand se limite à quelques endroits seulement (dont Genk, Beringen et Anvers). 46% des professeurs de religion, qui ont accompli leurs études à Leuven, estiment que *les élèves musulmans doivent suivre le cours de religion, sans plus, car ils ont choisi une école catholique*. 30% des licenciés ne sont pas d'accord avec cette affirmation[14]. Une petite minorité des enseignants, à savoir 15%, optent pour la thèse suivante: *mieux vaut prendre à part les élèves musulmans pendant le cours de religion et leur faire suivre un cours spécial de morale. Ce cours s'appuiera sur des valeurs chrétiennes, mais sans y associer une interprétation et une prédication explicitement chrétiennes*; toutefois, 33% des personnes interrogées ne se prononcent pas sur

14. Nous constatons, sur ce point, une grande différence entre les deux groupes d'interrogés. Seuls 19% des «régents» s'opposent à cette affirmation; en revanche, près de 63% se disent d'accord.

cette affirmation et lui attribuent la note 4[15]. Un cinquième des personnes interrogées estiment pourtant que *les élèves musulmans présents dans l'enseignement catholique doivent pouvoir suivre un enseignement du coran, donné par un professeur musulman*, contre 53% qui rejettent cette idée. Ces deux dernières visions ne sont pas très bien accueillies par les anciens étudiants du *Hoger Instituut voor Godsdienstwetenschappen*; ils plaident davantage en faveur de l'insertion des élèves musulmans dans le cours de religion. Comment doit-on, dans ce cas, concevoir l'enseignement de la religion? La moitié des personnes interrogées soutiennent l'idée que *à mesure qu'augmente le nombre de musulmans dans le cours de religion, il faudra développer davantage l'enseignement religieux dans le sens d'un dialogue entre religions*. Cependant, près de 30% des anciens étudiants louvanistes restent réticents à l'idée d'un tel dialogue[16]. Une des raisons pourrait être que de plus en plus d'élèves croyants resteraient dans ce cas sur leur «faim de religion chrétienne».

Ce dialogue interreligieux était aussi présent dans une autre formulation qui a recueilli plus de suffrages, à savoir 61%, chez les licenciés. Il s'agit de l'énoncé suivant: *les élèves musulmans peuvent très bien suivre le cours de religion, s'il n'est pas conçu comme annonce de la foi et qu'il s'ouvre aux autres religions mondiales*. 21% des personnes interrogées restent indécises face à cette affirmation[17].

Malgré la dispersion assez importante des réponses, il est tout de même possible d'en dégager une tendance, à savoir que les musulmans sont les bienvenus à l'école catholique à condition qu'ils suivent le cours de religion. Sans perdre de vue que la plupart des professeurs de religion «louvanistes» ne conçoivent plus le cours de religion comme une «catéchèse». Si le cours de religion était conçu comme une «catéchèse de prédication et de recrutement», la présence de musulmans dans l'enseignement de la religion serait beaucoup moins acceptée par les personnes interrogées. Donner la «catéchèse», y compris aux musulmans, signifie en effet une violation de leurs plus intimes convictions religieuses.

15. Dans les deux groupes, nombreux sont ceux qui s'abstiennent: 33% des licenciés et 28% des «régents» indiquent le chiffre 4. Près d'un quart du groupe de l'ESTC se dit d'accord.

16. Le groupe des «régents» aussi est très partagé; 39% infirment la proposition, 39% la confirment et 22% ne répondent pas.

17. À noter qu'un tiers des «régents» ne se prononcent pas sur cette vision. Un peu plus de la moitié de ce groupe se dit d'accord.

6. Les élèves «incroyants» dans le cours de religion

Ce n'est pas seulement vis-à-vis des élèves musulmans que l'enseignement de la religion conçu comme propagation directe de la foi est inacceptable, d'autres élèves aussi ne se sentent pas à leur place dans un tel type d'enseignement religieux. Pourtant, il ressort de l'enquête que la très grande majorité des élèves (90%) *sont vraiment disposés à s'informer sur les questions religieuses, à condition qu'ils puissent choisir librement leur point de vue*. Les élèves attachent d'ailleurs également de l'importance au dialogue interreligieux. Dans notre enquête, 73% des licenciés prétendent que les jeunes *sont intéressés par les leçons consacrées aux religions mondiales dans le cadre du cours de religion*, contre 12% qui infirment cette assertion.

L'enquête a également révélé que *l'indifférence des élèves vis-à-vis de thèmes explicitement chrétiens augmente ces dernières années*. Près de 60% partagent cette opinion[18]; et près d'un quart la rejettent. Seuls 34% des professeurs de religion *constatent parmi les élèves une recrudescence de l'intérêt pour la dimension religieuse*; en revanche, 39% ne distinguent pas de signes d'un nouvel intérêt pour la dimension religieuse. Beaucoup de jeunes sont plutôt indifférents face à la foi. De plus, 66% des enseignants attestent que *dans le cours de religion, les jeunes chrétiens convaincus de leur foi osent moins facilement exprimer leurs opinions et leur attitude concrète que les élèves non pratiquants et incroyants*; suivant 23%, ce n'est pas le cas.

7. Interaction en classe et méthode d'enseignement

Un autre volet de l'enquête portait sur la nature de l'interaction en classe et la méthode d'enseignement. Ce point rallie la quasi-unanimité des professeurs de religion: en effet, la très grande majorité d'entre eux ne considèrent pas le cours de religion comme un moyen pour imposer une certaine vérité ou morale collective. Ils attachent une grande importance à la discussion ouverte et critique, à la réflexion éthique et à la communication. Plusieurs énoncés de l'enquête peuvent être associés à cette position: *dans le cours de religion, les élèves doivent être invités à se forger, en connaissance de cause et librement, une attitude personnelle face à l'approche*

18. Environ un cinquième du groupe de l'ESTC n'est pas d'accord avec cette affirmation; environ 60% des «régents» se disent d'accord.

chrétienne des problèmes de la vie et *dans le cours de religion, tous les élèves, qu'ils aient des attaches chrétiennes faibles, moyennes ou fortes, doivent apprendre à dialoguer entre eux de manière active.* 95% et 92% des licenciés, respectivement, ont souscrit à ces deux affirmations.

8. Professeurs de religion

Le contenu concret du cours de religion à l'école dépend aussi de la personnalité de l'enseignant même et, plus précisément, de son diplôme ou de sa formation. Près de la moitié des licenciés qui ont répondu à l'enquête relèvent l'importance d'une bonne formation théologique et affirment catégoriquement que *dans le deuxième degré de l'enseignement général, le cours de religion doit être donné, de préférence, par des licenciés.* Pour un cinquième seulement des enseignants, le diplôme de licencié n'est pas une exigence nécessaire pour enseigner dans le deuxième degré. 30% ne se prononcent pas sur cette assertion[19].

L'opinion selon laquelle le mérite de la licence en sciences religieuses réside dans les connaissances transmises et pas tellement dans la formation spirituelle – celle-ci peut s'acquérir autrement – est accueillie favorablement par la moitié des personnes interrogées.

9. L'enseignement de la religion au sein de l'enseignement officiel

Il n'est pas possible de se faire une idée précise de l'opinion des licenciés à propos de l'énoncé *les objectifs et la teneur du cours de religion dans l'enseignement officiel ne sont pas différents des objectifs et de la teneur de l'instruction religieuse dans l'enseignement catholique.* Un peu plus d'un tiers des anciens étudiants louvanistes estiment qu'il n'y a pas de différence, alors que 26% évaluent négativement cette affirmation; 37% n'émettent pas d'avis à ce propos.

II. Visions de l'école catholique

1. Différents types d'écoles catholiques

Dans notre enquête, nous souhaitions également sonder les licenciés en sciences religieuses sur leurs visions de «l'école catholique».

19. Comme on pouvait s'y attendre, les «régents» ont répondu en masse (69%) par un «non». De plus, 57% d'entre eux ont indiqué le chiffre 1.

À cet effet, différents types d'écoles catholiques et leur légitimité ont été soumis à leur jugement. Nous voulions connaître le point de vue des anciens étudiants sur les objectifs d'un établissement de l'enseignement catholique.

Dans la présentation des résultats de l'enquête qui suit, nous visons avant tout à mettre en lumière la répartition des licenciés entre les différents types d'écoles.

Une première définition de l'école catholique est formulée dans l'énoncé suivant: *une école catholique est une sorte d'institut pastoral qui tente directement d'éveiller ou d'approfondir la foi des élèves*. Un nombre plutôt restreint de licenciés, à savoir 24%, évaluent positivement cet énoncé. Toutefois, la majorité des licenciés, à savoir 61%, ne sont pas d'accord avec cette définition de l'école catholique[20].

Parallèlement à cette première proposition, nous avons également proposé comme définition *une école de catholiques faite pour les catholiques*. Cet énoncé satisfait peu de licenciés en sciences religieuses. La très grande majorité (87%) rejettent cette vision; 57% des anciens étudiants louvanistes ont même attribué la note 1. Les conceptions de l'école catholique en tant qu'institut pastoral et en tant qu'école de catholiques faite pour les catholiques sous-tendent aussi une certaine vision de l'Église. Dans les deux cas, l'école catholique serait *plus un service à l'Église qu'un service aux élèves et à la société*. Seuls 17% des licenciés interrogés se disent d'accord avec cet énoncé. La plupart des anciens étudiants, soit 70%, désapprouvent cette vision. Cette tendance se prolonge d'ailleurs dans la proposition suivant laquelle l'école catholique est le garant d'une éducation chrétienne. Trois quarts des licenciés en sciences religieuses nient que les parents *envoient leur enfant à l'école catholique surtout en raison de l'éducation chrétienne qu'il y reçoit*. La majorité des personnes interrogées attribuent donc un maigre score aux définitions précédentes de l'école catholique.

La plupart des diplômés se prononcent, en effet, en faveur d'une proposition qui s'oppose aux propositions précédentes. Il ressort en effet de l'enquête que 86% des anciens étudiants partagent la vision *d'une école catholique comme un établissement où – avec la foi chrétienne comme fondement – tous les élèves seront accueillis dans le*

20. Dans les provinces de Flandre orientale et de Limbourg, 38% se disent d'accord, contre 43% d'opposants.

respect de leurs propres convictions religieuses; 6% s'opposent à ce concept.

Un score élevé pour cette vision implique un faible score pour la vision de l'école catholique en tant qu'école de catholiques faite pour les catholiques. Les préférences vont clairement dans le sens d'une politique d'accès libre. Le respect des convictions religieuses personnelles se traduit dans une attitude tolérante vis-à-vis des personnes qui «pensent autrement». La présence de croyants marginaux, d'hétérodoxes ou d'incroyants parmi la population scolaire pourrait offrir de nouvelles chances de conférer à l'école catholique un visage chrétien en accord avec notre époque. Ce faisant, il y aurait aussi une place pour les élèves musulmans au sein des écoles catholiques. C'est pourquoi la majorité des personnes interrogées estiment que les élèves musulmans peuvent suivre le cours de religion s'il n'est pas conçu comme un moyen de propager la foi et s'il s'ouvre largement au dialogue avec d'autres religions mondiales.

Si l'on opte pour une école de catholiques faite pour les catholiques, on se prononce du même coup aussi en faveur d'un enseignement de la religion conçu comme une catéchèse. Si l'on met l'accent sur le respect des convictions religieuses personnelles des élèves, on aura plutôt tendance à rejeter le cours de religion comme catéchèse et à opter pour le concept «d'instruction religieuse».

2. *Objectifs de l'école catholique*

Nous en arrivons ainsi aux objectifs de l'école catholique. Celle-ci traduit ses conceptions dans ses objectifs et, inversement, ses objectifs lui donnent un certain visage. Une école catholique qui se fixe comme objectif *de stimuler les jeunes à prendre consciemment position par rapport au christianisme et à la foi catholique en particulier* est appréciée par 88% des diplômés. Seuls 3% rejettent cet objectif. Suivant la majorité des licenciés louvanistes, la connaissance d'autres religions est, en outre, une condition pour arriver à se situer. Plus de trois quarts des personnes interrogées se prononcent en faveur *d'une éducation à la foi qui se réalise par et dans l'enseignement plutôt que par et dans des messes de classe ou d'autres exercices spirituels*[21]. Une même proportion considère cette éducation à la foi

21. Près de 80% du deuxième groupe se disent d'accord avec cette conception; 40% indiquent même le chiffre 7.

davantage comme une invitation à apprendre à suivre les chemins de la vérité que comme une invitation à adopter la vérité.

Il résulte de tout ceci que les objectifs qui se traduisent davantage dans une «instruction religieuse» que dans un cours conçu comme une catéchèse, sont choisis en priorité.

Nous avons déjà quelque peu abordé la politique d'admission de l'école catholique. Nous allons maintenant reprendre ce thème de la politique comme conséquence d'une certaine conception de l'école catholique.

3. La politique d'admission des élèves et des enseignants dans l'enseignement catholique

La pluralité est un phénomène de notre époque, qui émerge aussi dans l'enseignement catholique. L'école catholique ne forme plus un public homogène. Elle est souvent un creuset d'élèves ayant des conceptions de la foi, des philosophies et des horizons culturels différents. Vu l'importance des immigrés dans notre pays, nous ne pouvons plus nous imaginer nombre de nos écoles catholiques sans musulmans. En outre, l'incroyance croissante dans nos contrées nous confronte aussi à un grand nombre d'élèves incroyants dans les écoles catholiques. Cette situation peut susciter toutes sortes de questions sur le profil à adopter par l'école catholique. La pluralité de la population scolaire appelle également la question de la politique d'admission à suivre par les écoles catholiques.

L'école catholique doit-elle suivre une politique d'admission plus ferme et doit-elle appliquer une sélection plus sévère en ce qui concerne l'identité chrétienne de ses élèves ? La très grande majorité des personnes interrogées estiment qu'il n'est pas souhaitable d'appliquer une politique d'admission ferme. Seuls 10% des licenciés voudraient que les écoles catholiques soient plus sélectives. La majorité des anciens étudiants préfèrent donc une école «ouverte». La présence d'élèves moins croyants ou incroyants n'est pas considérée comme une entrave. La plupart des professeurs de religion, à savoir 60%, estiment même que *la présence d'élèves ou d'enseignants moins croyants ou incroyants offre de nouvelles chances de conférer à l'école catholique un visage chrétien en accord avec notre époque.* À la proposition *la pluralité de fait, en matière de religion, de la population scolaire à tous les échelons fait qu'il est difficile, voire impossible, de concevoir une école catholique*, les licenciés réagissent de manière très nuancée; 33% acquiescent, 54% nient et 13% ne se prononcent pas[22].

Contrairement au choix d'une politique d'admission relativement souple des élèves, trois quarts des licenciés préconisent une sélection plus sévère des enseignants. Ils estiment en effet qu'*une école catholique ne peut engager que des enseignants qui sont favorables à la vision de l'évangile sur l'instruction et l'éducation.* La plupart des anciens étudiants veulent par conséquent que l'inspiration spécifiquement chrétienne d'une école catholique reste garantie. Pourtant, il faut noter que près de 85% des licenciés *se considèrent eux-mêmes davantage comme membres de la communauté scolaire que comme envoyés de la hiérarchie ecclésiastique*; 7% ont une autre opinion[23].

4. *La pastorale scolaire*

Il y a différents moyens à l'école de révéler aux élèves l'inspiration chrétienne. Un de ces canaux est à coup sûr la pastorale scolaire. Souvent, c'est une équipe pastorale qui constitue le moteur de la pastorale scolaire. Cette pastorale ne regroupe pas uniquement des professeurs de religion, mais aussi des professeurs qui enseignent d'autres matières et encore d'autres membres du personnel. Notre enquête a révélé que 260 des 373 licenciés en sciences religieuses (soit environ 70%) font partie de l'équipe pastorale de l'école. La majorité de ces professeurs de religion (58%) sont satisfaits du fonctionnement de leur groupe de travail pastoral. Mais seuls 11% se disent «très satisfaits» de son fonctionnement.

La pastorale scolaire comprend beaucoup de dimensions. L'équipe pastorale prend aussi de nombreuses initiatives très diversifiées. Toutes ces fonctions de l'équipe pastorale scolaire peuvent être regroupées en quatre catégories: communion (koinonia), diaconie, sens de la vie (religieux) et célébration liturgique. Les résultats de l'enquête nous apprennent que la diaconie est peu présente dans les activités pastorales à l'école. Seuls 27% des personnes interrogées ont déclaré *se consacrer* en tant qu'équipe pastorale *aux élèves issus de familles brisées*. Nous avons également sondé les enseignants sur

22. Nous constatons une même dispersion importante des réponses dans le groupe de l'ESTC; 56% ne sont pas d'accord, 28% marquent leur accord et 16% ne savent pas.

23. Dans le deuxième groupe, les chiffres sont quelque peu différents: environ 16% ne sont pas d'accord avec cette affirmation, près de trois quarts sont d'accord et 10% ne savent pas.

leur préoccupation spécifique pour les jeunes qui connaissent des difficultés scolaires. La majorité des licenciés, soit 65%, ont révélé que cette préoccupation n'était pas présente dans leur groupe de travail pastoral[24].

L'intérêt accordé à la 'communion' ne semble pas non plus occuper une place prioritaire dans le programme des équipes pastorales. Pour analyser si les groupes pastoraux participent au développement de l'école en une communauté, nous avons proposé l'énoncé suivant: *l'équipe pastorale vise à améliorer les relations entre les enseignants et le personnel administratif*. Seuls 30% des licenciés ont répondu par l'affirmative, contre 55% d'avis négatifs.

En revanche, 46% des licenciés ont relevé que *l'équipe pastorale révèle, le cas échéant, les injustices présentes à l'école même*; 39% n'ont pas constaté cette préoccupation. Les équipes pastorales se préoccupent également peu du fondement religieux. Seule une minorité, à savoir 27%, s'engagent à donner *une inspiration chrétienne aux matières profanes*. Près d'un tiers des équipes pastorales dont font partie les professeurs interrogés *prennent des initiatives en faveur de la formation chrétienne des enseignants mêmes*.

Après avoir décrit les dimensions pastorales sur lesquelles les équipes pastorales se concentrent en fait peu ou prou, nous en arrivons à leur pôle d'intérêt réel, à savoir le développement de la pastorale liturgique. L'enquête révèle en effet que le plus gros du temps de la pastorale scolaire est consacré à la liturgie. Cette dimension liturgique se traduit concrètement par *la formulation de suggestions pour les célébrations des grands moments de l'année liturgique*. Une très grande majorité des équipes pastorales, à savoir 89%, se consacrent à ces célébrations. Une proportion aussi importante *prend des initiatives pour la récollection en classe ou la prière en classe*.

Cet aspect liturgique nous amène à la question de la libre participation à cettc pastorale dans une école catholique. La pastorale scolaire, non plus, ne peut plus faire abstraction de la pluralité

24. En ce qui concerne les activités de l'équipe pastorale à l'école, les réponses des deux groupes sont en grande partie parallèles. Il y a toutefois deux exceptions. L'affirmation *Notre équipe pastorale accorde une attention spéciale aux élèves de familles brisées* obtient, chez les licenciés, un score positif de 26% et, chez les «régents», un score positif de 41%. Un même écart de 15 pour cent est à noter pour l'affirmation *Notre équipe pastorale accorde une attention particulière aux jeunes qui ont des problèmes d'apprentissage*; 65% des licenciés et 50% des «régents» disent que leur équipe pastorale n'y accorde pas d'attention.

précitée. Elle se voit dès lors placée devant un choix: doit-on rendre la participation aux activités pastorales obligatoire ou celle-ci doit-elle rester volontaire? Une petite majorité des professeurs de religion, soit 54%, optent pour le libre choix et estiment qu'*il faut inviter les élèves plutôt que les contraindre à participer régulièrement à une célébration eucharistique*; 30% ont une autre opinion et 16% restent indécis[25]. Reste à savoir dans quelle mesure il s'agit d'un «libre» choix et d'une invitation «ouverte», car seuls 29% des personnes interrogées trouvent que *l'on ne peut pas forcer les élèves qui se disent sincèrement incroyants à participer aux messes scolaires*; 55% des personnes interrogées rejettent toutefois cette affirmation[26].

Dans un autre domaine de la pastorale scolaire, à savoir la prière en classe, nous constatons, une fois encore, une attitude plus ouverte. Nous avons soumis aux diplômés louvanistes la proposition suivante: *le moment de recueillement prévu au début du cours de religion doit être conçu de manière variée en raison des opinions divergentes des élèves sur le plan religieux: il faut prévoir tantôt une prière chrétienne, tantôt un beau poème profane, ou encore, un texte de réflexion issu d'une autre religion mondiale, etc.* Près de 15% ne sont pas d'accord avec cet énoncé; en revanche, 76% approuvent cette attitude ouverte à l'égard du moment de recueillement au début du cours de religion. Environ 10% des enseignants ne savent pas très bien quelle orientation donner à l'action pastorale dans une école catholique «pluraliste».

5. *Concept d'éducation d'une école catholique*

La pluralité entraîne également un affaiblissement de toutes sortes de systèmes de valeurs. Les valeurs perdent leur validité universelle, abandonnant à lui-même l'individu en quête de sens. Cette quête de sens marque la vie de chaque jeune qui suit l'enseignement secondaire. Cette nouvelle tendance dans notre société place, dès lors, les écoles catholiques devant certains choix: peut-on transmettre aux jeunes un système de valeurs ou est-ce une affaire privée ? Dans l'enquête, nous avons repris quatre attitudes pédagogiques face à l'éducation aux valeurs en milieu scolaire. Elles sont extraites d'une

25. Dans les deux groupes, nous notons des chiffres parallèles.

26. Le groupe de l'ESTC réagit de façon analogue à cette affirmation; 25% se disent d'accord avec cette proposition, contre 61% d'opposants.

enquête de R. Rezsohazy menée dans les années 1977, 1982 et 1987 parmi les enseignants des écoles secondaires francophones de Belgique.

Seuls 7% des licenciés en sciences religieuses se déclarent d'accord avec l'attitude pédagogique suivante, à savoir que *l'école et les enseignants n'ont pas le droit de proposer un système de valeurs aux jeunes, (car) c'est à eux d'opérer un choix personnel.* Une très large majorité des enseignants, à savoir 86%, trouvent que l'école catholique a effectivement le droit de proposer un système de valeurs. Reste à savoir comment présenter ce système de valeurs et quel sera le contenu précis de ce «cadre de valeurs». Nous avons essayé de dégager ce concept en formulant plusieurs propositions dans l'enquête. Nous n'avons pas pu établir clairement si les anciens étudiants préféraient proposer un seul «cadre de valeurs» ou plusieurs systèmes de valeurs. En effet, 43% ont soutenu et 41% ont rejeté une deuxième attitude pédagogique, formulée comme suit: *il est préférable d'éduquer les élèves dans un cadre où différents systèmes de valeurs leur sont proposés afin de leur permettre de choisir et de suivre leur propre voie dans la vie.*

Les réponses des licenciés sont plus tranchées quant à l'attitude pédagogique suivant laquelle *il est préférable d'éduquer les élèves dans le cadre d'un système de valeurs cohérent afin de leur transmettre une vision fondamentale qui leur permettra de choisir leur voie dans la vie.* Trois quarts (74%) des personnes interrogées se rallient à cette attitude. Alors que la majorité se prononcent donc en faveur de la formulation d'une éducation aux valeurs à partir d'un système de valeurs «cohérent», la formulation «système de valeurs correct» suscite moins d'enthousiasme auprès des anciens étudiants. Seuls 19% d'entre eux approuvent une quatrième attitude pédagogique, à savoir qu'*il faut éduquer les élèves dans le cadre d'un système de valeurs correct afin de leur permettre d'emprunter le chemin correct dans la vie (un système de valeurs correct signifie que l'on part du principe que l'on sait clairement et avec certitude ce qu'est la vraie vérité et ce que sont les vraies valeurs)*; 68% rejettent cette conception[27].

27. Nous comparons brièvement les réponses des deux groupes sur ces quatre propositions, qui expriment quatre attitudes pédagogiques différentes face à l'éducation aux valeurs:

Bon nombre des personnes interrogées ont critiqué l'actuel concept d'éducation des établissements d'enseignement catholique. Ainsi, 59% des anciens étudiants se sont fait l'écho du mécontentement de voir que *dans une école catholique, les élèves reçoivent une vision trop empreinte d'objectivité exacte et de pragmatisme, une vision trop empirique de la réalité, au détriment d'une vision plus philosophique*. En outre, 63% des personnes interrogées regrettent que *l'école catholique accentue trop la formation à une profession et la préparation scientifique, au détriment du développement de la personne même*.

III. Satisfaction au travail dans le cadre de l'enseignement de la religion

Cette discussion sur le fonctionnement interne de l'école catholique dans tous ses aspects nous amène à la question de savoir comment un professeur de religion perçoit son rôle. Notre enquête a révélé que la très grande majorité des enseignants, à savoir 83%, éprouvent une réelle satisfaction dans leur tâche de professeur de religion; 26% optent pour le chiffre 5, 32% pour le chiffre 6 et 26% pour le chiffre 7[28]. Cet important score positif nous a, à vrai dire, quelque peu surpris; dans les «coulisses» de l'école, beaucoup d'enseignants entendent également pas mal de plaintes d'insatisfaction en rapport avec l'enseignement de la religion. Il faut sans doute se garder de «surestimer» ce score de 83%; peut-être convient-il de tenir compte du fait que ce sont surtout des anciens étudiants ayant une expérience positive de l'enseignement de la religion qui ont répondu à l'enquête. La grande majorité des professeurs de religion (presque trois quarts) ne souhaitent dès lors pas abandonner le cours de religion au profit d'une autre branche; 15%, en revanche, le souhaiteraient et 12% des

	Licenciés		«Régents»	
attitude pédagogique	positif	négatif	positif	négatif
n° 1	07%	87%	10%	82%
n° 2	43%	41%	46%	35%
n° 3	74%	15%	66%	14%
n° 4	19%	68%	42%	32%

28. La satisfaction au travail est même encore plus élevée chez les «régents», à savoir 89%.

licenciés en sciences religieuses ne se prononcent pas (score 4). Pourtant, 47% des anciens étudiants aimeraient donner un autre cours, en plus du cours de religion. En réalité, seuls 13% des anciens étudiants enseignent une autre branche en plus de la religion.

La satisfaction au travail ressort également du fait que 86% des licenciés affirment arriver régulièrement à avoir des discussions personnelles et sérieuses avec les classes. L'estime des autres collègues codétermine aussi la satisfaction au travail des professeurs de religion. Suivant 70% des anciens étudiants, leurs collègues qui enseignent d'autres matières témoignent de l'estime pour le cours de religion; 14% ne ressentent pas cette estime.

Suivant l'enquête, dans 58% des cas, l'enseignement de la religion n'occupe pas une place marginale au sein de l'école catholique; 28% des professeurs de religion se sentent en revanche relégués dans une position marginale. Ces chiffres peuvent être illustrés par les réponses à la question de savoir si, lors des délibérations, les points du cours de religion ont un même poids que ceux des cours de géographie, d'histoire et de néerlandais, par exemple. À cette question, 58% des licenciés répondent que le cours de religion est traité sur un pied d'égalité; un tiers des enseignants estiment toutefois que les points obtenus pour le cours de religion comptent moins. Tout bien considéré, 90% des professeurs de religion se sentent tout à fait intégrés dans le corps enseignant. La plupart des anciens étudiants affirment être satisfaits et bien intégrés en tant que professeurs. Ce fort pourcentage de satisfaction au travail n'empêche pas que la majorité des licenciés estiment qu'il est désormais plus difficile de donner le cours de religion. À la question de savoir si l'enseignement de la religion est plus facile maintenant qu'il y a trois ans, voici les réponses que nous avons notées. Le score des «indécis» est ici étonnamment élevé, à savoir 37%. Nous trouvons à peu près une même proportion de licenciés qui rejettent l'affirmation. Et suivant 26% des diplômés louvanistes, en revanche, l'enseignement de la religion est actuellement une tâche plus facile qu'il y a trois ans[29].

Crise dans la branche?

L'indifférence croissante à l'égard de la foi dans notre monde constitue un défi pour les professeurs de religion. Ce défi rend le

29. Près de 20% des «régents» trouvent *que l'enseignement de la religion est, de nos jours, plus facile qu'il y a trois ans*. Près de 50% le nient. Et 31% ne se prononcent pas.

cours de religion passionnant, mais il implique également des difficultés. La majorité des licenciés, à savoir 70%, considèrent cette indifférence à l'égard de la religion *comme la conséquence d'une rupture entre le christianisme et la culture contemporaine*. La très large majorité des enseignants estiment en outre que *l'enseignement de la religion ne récolte pas beaucoup de fruits parce qu'il ne peut compter sur des communautés de croyants actives dans son milieu*. L'efficacité de l'enseignement religieux est entravée, suivant 72% des anciens étudiants louvanistes, par l'image actuelle de l'Église. Les deux grandes objections à l'égard de l'Église actuelle sont que *l'Église s'occupe trop, en tant qu'institution, de ses problèmes internes* et *qu'elle accorde trop peu d'attention à l'intégration du témoignage de la foi dans la culture*. Une autre cause de l'indifférence religieuse de beaucoup de jeunes réside certainement dans la régression de l'éducation religieuse au sein du foyer familial. La majorité des professeurs de religion (65%) estiment toutefois *que les cours de religion ne peuvent compenser le manque d'éducation religieuse dans le foyer familial*.

À noter également le fait que 82% des licenciés louvanistes qui sont actifs dans l'enseignement de la religion s'estiment toujours aussi concernés par la foi qu'auparavant; 13% nient cette affirmation[30]. Contrairement à ces fortes attaches avec la foi, les liens avec l'Église, eux, se sont affaiblis; environ la moitié des personnes interrogées ont répondu qu'elles étaient toujours aussi fortement liées à l'Église; 40% infirment toutefois cette proposition[31].

IV. Réflexions en guise de conclusion

Ainsi s'achève notre présentation des premiers constats généraux extraits de notre enquête auprès des licenciés en sciences religieuses de Leuven. Quatre étudiants de licence se sont fixés pour objectif de décortiquer entièrement l'enquête pour juillet 1994. Nous disposerons alors des résultats de toutes sortes de corrélations et d'analyses factorielles, ainsi que d'une comparaison des données issues des deux enquêtes.

30. 85% des «régents» se sentent toujours aussi concernés par la foi qu'auparavant.

31. Le lien avec l'Église est toujours aussi fort qu'auparavant pour 66% des «régents»; pour 26% de ce groupe, ce n'est plus le cas.

Nous aimerions pourtant rappeler brièvement quelques-uns des constats marquants de l'enquête; le lecteur pourra établir le lien avec l'élaboration des théories en Flandre, telle qu'elle a été exposée dans ce recueil.

1. La distinction, d'origine allemande, répandue en Flandre depuis 1977 déjà et confirmée en 1988 par un document romain, qui n'est certes pas synonyme de séparation, entre la catéchèse ecclésiale et l'enseignement de la religion à l'école est suivie par trois quarts des licenciés en Sciences religieuses. Il est fort souhaitable que dans toutes sortes de documents officiels, on évite les termes «catéchèse» et «catéchèse scolaire» et que les programmes d'études de religion, à revoir, seraient moins élaborés dans le sens d'une «catéchèse (scolaire)». N'oublions toutefois pas que, dans ce contexte, suivant l'avis des enseignants interrogés, la très large majorité des élèves restent favorables à une information approfondie sur les questions religieuses *à condition* qu'ils puissent déterminer librement leur attitude vis-à-vis de celles-ci.

2. Le qualificatif de «branche scolaire» pour l'enseignement de la religion est approuvé dans une large mesure. Près de 95% des licenciés estiment en effet que l'enseignement de la religion est susceptible d'être évalué dans le cadre scolaire. Les tentatives visant à ranger l'enseignement de la religion parmi les matières dites «à pratiquer» s'opposent nettement aux conceptions des diplômés.

3. L'initiation aux autres religions est largement approuvée par les licenciés louvanistes et ne porte pas préjudice au souci de la tradition chrétienne originale. Toutefois, l'effet d'un tel dialogue sur les élèves doit faire l'objet d'une étude (y compris empirique) plus approfondie.

4. Le petit nombre (à peine 15%) de licenciés qui réagissent favorablement à la proposition de retirer les élèves musulmans du cours de religion à l'école catholique pour leur faire suivre un cours spécial de morale, basé sur les principes évangéliques, doit inciter les responsables de l'Enseignement catholique, qui accordent une priorité à cette proposition, à une réflexion plus approfondie.

5. En ce qui concerne ledit dialogue interreligieux dans l'enseignement de la religion au sein de classes qui comptent plusieurs élèves musulmans, l'incertitude règne tout de même encore dans une forte mesure.

6. Plus de 85% des personnes interrogées, qui sont au nombre total de 370 environ, se rallient à la conception d'une école catholique où – à partir de la foi chrétienne – «tous les élèves sont les bienvenus

dans le respect de leur croyance personnelle». La tension entre l'invitation chrétienne et le respect des propres convictions philosophiques des élèves n'est pas vécue de manière univoque. La majorité des enseignants sont favorables à un esprit d'«ouverture» plutôt qu'à une attitude «contraignante» vis-à-vis de la participation régulière des élèves à la célébration eucharistique à l'école. Chose frappante, toutefois, 55% des personnes interrogées rejettent l'affirmation suivante: *on ne peut obliger les élèves qui déclarent sincèrement être incroyants à participer aux messes scolaires.* Cette prise de position est sans doute liée au fait que le Secrétariat National de l'Enseignement Catholique a affirmé explicitement en 1986 que l'on ne pouvait «obliger» les élèves musulmans à participer aux messes scolaires, alors qu'il n'a pas encore adopté d'attitude motivée à l'égard de l'éventuelle participation «obligatoire» des élèves «incroyants» (ou non baptisés) aux messes scolaires. Reste à savoir si, à l'école, on peut «obliger» les élèves incroyants ou non baptisés, et non les élèves musulmans, à participer régulièrement à la célébration eucharistique.

7. Dans la pratique, la pastorale scolaire est clairement axée sur «une seule dimension»; c'est surtout la pastorale liturgique qui retient l'attention des équipes pastorales à l'école. On ferait bien de développer de manière plus équilibrée la pastorale scolaire dans ses quatre dimensions (communion, diaconie, kérygme, liturgie). Ceci suppose que la présence chrétienne à l'école soit conçue comme une spécification du problème «l'Église et le monde (de l'enseignement)».

8. Malgré les conditions de travail difficiles, la majorité des répondants (83 %) déclarent éprouver une satisfaction à accomplir leur mission de professeur de religion. Il est intéressant de noter qu'une enquête analogue menée en 1975 auprès des professeurs de religion du Secondaire dans le Brabant flamand a révélé une satisfaction au travail également exceptionnellement élevée : «plus de 80 % trouvent l'enseignement de la religion intéressant et sont le plus souvent enthousiastes et vraiment satisfaits»[32].

(trad. M. Deghilage)

Jozef BULCKENS
Dirk HUTSEBAUT

32. J. DHOOGHE, *Opvattingen en houdingen van Vlaamse schoolcatecheten. Een empirisch onderzoek*, Antwerpen, Patmos, 1977, p. 103.

L'ENSEIGNEMENT DE LA RELIGION CATHOLIQUE EN BELGIQUE FRANCOPHONE

Le statut du cours de religion catholique en Belgique d'expression française ne peut se comprendre qu'à la lumière d'une histoire commune à l'ensemble du pays; nous retracerons d'abord les étapes importantes de cette histoire. Nous dirons ensuite comment le cours est organisé, nous arrêtant surtout à la formation des enseignants et à la présentation des programmes et des publications destinées aux professeurs et aux élèves. Nous terminerons par quelques réflexions et questions sur l'avenir de l'enseignement de la religion dans la Communauté francophone.

I. Un éclairage historique

Pendant tout le moyen âge et jusqu'au milieu du XVIIIe siècle, l'Église catholique a détenu pratiquement le monopole de l'enseignement dans nos régions; les écoles primaires et les écoles secondaires étaient à la charge quasi exclusive des monastères, des cathédrales, des ordres religieux et, ça et là, des paroisses[1]. Les Habsbourgs d'Autriche, qui règnent chez nous de 1713 à 1792, inaugurent une politique de plus en plus interventionniste, au détriment de l'Église. L'impératrice Marie-Thérèse (1740-1780) profite de la dissolution de la Compagnie de Jésus par le pape Clément XIV en 1773, pour confisquer les dix-sept collèges des jésuites et les transformer en collèges royaux ou «thérésiens». Chaque collège a toutefois un directeur prêtre ou religieux, et un sous-directeur qui est l'aumônier de la maison et a en charge le cours de religion.

Lorsque nous sommes annexés à la France, le système scolaire est profondément bouleversé. Sous le Directoire (1795-1799), toutes les écoles primaires sont laïcisées et le cours de religion ne peut avoir

1. Les principales histoires de Belgique et histoires de l'Église en Belgique contiennent des informations fragmentaires. Nous utilisons surtout l'ouvrage récent de P. Clément, *L'enseignement en Belgique, particulièrement dans le diocèse de Tournai, des origines à nos jours*, vol. I: *Des origines à 1850* (p. 7-46, 52-65, 105-119, 150-169, 213-226 et 252-284); vol. II: *De 1850 à 1940* (p. 10-64, 167-192 et 337-371), Louvain-la-Neuve, Centre Galilée, 1988 et 1989.

lieu qu'en dehors de l'horaire hebdomadaire; les collèges royaux sont remplacés par des écoles centrales créées dans le chef-lieu de chacun des neufs départements de nos régions, et le cours de religion est remplacé par un cours de civisme portant surtout sur les droits de l'homme et du citoyen. Avec le Consulat (1799-1804) et ensuite sous l'Empire (1804-1814), le principe du monopole scolaire de l'État est maintenu mais, dans les faits, il connaît d'importants accommodements. Réaliste, Bonaparte admet que l'enseignement prenne pour base les principes catholiques et la religion de la grande majorité des citoyens; il réintroduit le cours de religion dans les horaires tant à l'école primaire que dans l'enseignement moyen.

La chute de Napoléon éveille dans le clergé l'espoir d'un retour à la liberté scolaire pour l'Église, entravée depuis un demi-siècle par les régimes autrichien et français. L'espoir est de courte durée car nos provinces forment en 1815 un seul royaume avec les Pays-Bas et le roi Guillaume Ier, despote éclairé, renforce la mainmise de l'État sur l'Église et particulièrement sur l'enseignement. L'article 226 de la Loi fondamentale du 24 août 1815 n'établit sans doute pas le monopole de l'État, mais, comme il passe sous silence la reconnaissance de la liberté d'enseignement, l'Épiscopat le déclare «subversif du droit des évêques sur l'enseignement public et religieux». Dans les faits, les écoles primaires créées après 1817 sont des écoles neutres, des écoles non confessionnelles où le cours de religion catholique, non directement interdit, se donne hors horaire les après-midi de congé. Dans l'enseignement secondaire, le gouvernement laisse aux parents et aux ministres de tous les cultes le soin d'assurer la formation religieuse des jeunes, le programme des cours ignorant tout à fait celle-ci. Face à cette situation et face aux restrictions apportées à la liberté d'enseignement dans les collèges privés, l'opposition de l'Épiscopat et des catholiques se durcit. En 1827-1828, un mouvement unioniste rassemble les militants catholiques et les libéraux modérés dans le but de conquérir les grandes libertés modernes fondamentales: les catholiques revendiquent surtout la liberté d'enseignement et la liberté de culte, les libéraux la liberté de presse et la liberté d'association. Le gouvernement tente d'apaiser les esprits, mais en vain; la rupture semble inévitable et elle le devient effectivement: c'est la révolution de septembre 1830 et l'indépendance de la Belgique.

Le jeune État met de suite en chantier une constitution qui est adoptée le 7 février 1831. Tous les pouvoirs émanent de la nation (art. 25); il n'y a pas de religion d'État ni de religion de la majorité. Les libertés de culte, d'association, de presse et d'enseignement sont reconnues. En ce qui concerne cette dernière liberté, l'article 17 stipule: «L'enseignement est libre; toute mesure préventive est interdite; la répression des délits n'est réglée que par la loi. L'instruction publique donnée aux frais de l'État est également réglée par la loi». C'est un texte de compromis. Les catholiques sont satisfaits: l'enseignement étant libre, ils pourront développer à loisir leurs écoles et ils interprètent le rescrit constitutionnel de cette manière: normalement, l'enseignement est libre, l'État n'a qu'un rôle supplétif, il ne crée des écoles qu'à défaut d'écoles libres. Les libéraux sont également satisfaits: l'enseignement public est reconnu, l'État peut créer ses propres écoles, lesquelles sont les seules à être déclarées «aux frais de l'État»; quant à l'enseignement catholique, il est laissé à la libre initiative et n'a qu'un rôle supplétif. Remarquons que la Constitution ne dit mot du cours de religion dans les écoles de l'État; il appartiendra dès lors au législateur de se prononcer en cette matière, qui va devenir un enjeu électoral des partis politiques.

Parmi toutes les lois portant sur l'enseignement primaire et l'enseignement secondaire, quelques-unes doivent retenir notre attention parce qu'elles statuent sur le cours de religion dans les écoles publiques. Il y a d'abord la loi sur le primaire, dite «loi Nothomb»; il règne encore à l'époque – nous en sommes en 1842 – un esprit unioniste. Elle prescrit que toutes les écoles primaires doivent assurer une instruction religieuse et morale, donnée sous l'autorité exclusive des chefs des cultes. Cette instruction est obligatoire pour tous les élèves; mais, comme la religion de la majorité des élèves, c'est-à-dire, en fait, la religion catholique, sera seule enseignée, les élèves des cultes minoritaires en seront dispensés. Le clergé catholique a le droit de surveiller et d'inspecter les écoles; les manuels des cours profanes, qui ont une incidence morale ou religieuse, devront être approuvés par les évêques[2].

En 1850, la «loi Rogier» porte sur l'enseignement moyen. Les libéraux sont majoritaires au Parlement; nombre d'entre eux supportent de plus en plus mal la «mainmise» de l'Église catholique sur les écoles publiques. Ils tentent dès lors d'instaurer un réseau d'écoles

2. Cf. J. STENGERS, *L'Église et l'orthodoxie des manuels scolaires au XIXe siècle*, dans *Église et enseignement. Actes du colloque du 10e anniversaire de l'Institut d'histoire du Christianisme*, Bruxelles, U.L.B., 1977, p. 137-168.

officielles et de s'opposer à «l'emprise cléricale». Ils envisagent la suppression de tout enseignement religieux et son remplacement par une instruction laïque. Devant les réactions des catholiques, ils renoncent à leur projet: le cours de religion est maintenu mais sans garantie d'être attribué à un prêtre car «le cours *peut* être donné par un ecclésiastique, *ou par un laïc* surveillé par les ministres du culte»[3].

Avec la «loi Van Humbeek» de 1879, appelée par les catholiques «loi de malheur», nous revenons à l'enseignement primaire. Le gouvernement libéral, fort de sa majorité imposante au Parlement, est décidé à «éliminer toute ingérence cléricale». Désormais, toutes les communes doivent organiser une école neutre où il n'y a plus de cours de religion au programme; le clergé peut donner les leçons de religion dans un local de l'école, mais aux seuls enfants qui le demandent et en dehors des heures de classe, et les enseignants diplômés d'une école publique sont seuls responsables de l'éducation morale des élèves. Ces dispositions soulèvent de violentes réactions dans le monde catholique et sont à l'origine de la première «guerre scolaire» de notre pays: le clergé ouvre un peu partout des écoles paroissiales et l'Épiscopat interdit aux catholiques (instituteurs et élèves) de fréquenter ces «écoles sans Dieu». En 1881, le même gouvernement modifie la loi sur l'enseignement moyen; il prévoit aussi la suppression du cours de religion mais finalement il y renonce, suite aux réactions toujours extrêmement vives à la loi de 1879, qui ont conduit à une importante diminution de la population scolaire des écoles primaires communales.

Sortis vainqueurs des élections de 1884, les catholiques se donnent pour objectif d'extirper les «mesures néfastes» prises par les libéraux. La «loi Jacobs» sur l'enseignement primaire, du 20 septembre 1884, contient un article 4 ainsi libellé: les communes peuvent inscrire «l'enseignement de la religion et de la morale» en tête du programme de toutes ou de quelques-unes de leurs écoles primaires. Cet enseignement se donne au commencement ou à la fin des classes;

3. «Un laïc surveillé par les ministres du culte»; cent ans après, cette formulation est encore reprise dans l'*Annuaire catholique de Belgique* de 1950, où nous lisons, p. 437: «En principe l'autorité diocésaine confie à des prêtres la mission d'enseigner la religion dans les établissements officiels. Rien ne s'oppose toutefois légalement à ce que des personnes laïques soient appelées à cette fonction. Dans ce cas, le prêtre est chargé de surveiller leur enseignement». Cette phrase ne disparaîtra de l'*Annuaire* qu'à partir de l'édition de 1975.

les enfants dont les parents en font la demande sont dispensés d'y assister. Ce «cours de religion et de morale» sera donné par le clergé ou par quelqu'un agréé par lui. À côté de ce cours, il peut y avoir un «enseignement spécial et laïque de la morale», en dehors des heures de classe. Et, lorsque vingt chefs de famille demandent que leurs enfants soient dispensés d'assister au cours de religion, la commune doit organiser pour eux une ou plusieurs classes spéciales. Le 30 août 1888, un Arrêté royal (complété par un Arrêté ministériel daté du même jour) réinscrit le cours de religion au programme des écoles moyennes; il reste toutefois bien entendu «que les pères de famille ont le droit de faire exempter leurs fils de la fréquentation de ce cours» (circulaire du 4 septembre 1888). La «loi Schollaert» sur le primaire du 15 septembre 1895 modifie la loi de 1884: désormais l'instruction primaire comprend nécessairement l'enseignement de «la religion et de la morale»; les ministres des divers cultes, cette fois, sont invités à le donner ou à le faire donner sous leur surveillance soit par l'instituteur, s'il y consent, soit par une personne agréée par le Conseil communal. Sont dispensés d'y assister les enfants dont les parents en font la demande expresse. Et, dans chaque école normale de l'État, un ministre du culte sera chargé de l'enseignement de «la religion et de la morale».

Au lendemain de la guerre 1914-1918, et jusqu'en 1950, plus aucun parti politique n'obtient la majorité absolue au Parlement. Les gouvernements de coalition successifs confirment la dernière législation en matière de cours de religion: le cours de «religion et morale» catholique, et aussi israélite et protestant, ainsi que le cours de «morale non-confessionnelle» pour ceux qui ne choisissent pas un des trois cours religieux, sont obligatoires à l'école primaire, dans le Secondaire et à l'école normale.

Après les quatre années de gouvernement social-chrétien (1950-1954), le gouvernement socialiste-libéral de 1954-1958 provoque, par sa législation méprisante pour l'enseignement libre catholique, une seconde «guerre scolaire». La «loi Collard», refusée par l'Épiscopat et les nombreux défenseurs des écoles catholiques, ne modifie cependant pas les dispositions en vigueur concernant les cours de religion et de morale et le cours de morale non-confessionnelle; un Arrêté royal, du 20 août 1957, confirme même que, dans toutes les écoles officielles, les élèves doivent choisir l'un de ces différents cours.

Voulant éviter à l'avenir toute nouvelle «guerre scolaire» et consacrer toutes leurs énergies au développement de l'enseignement, les partis politiques de l'époque (à l'exception du Parti communiste) signent entre eux, le 20 novembre 1958, un Pacte scolaire qui obtient force légale par la loi du Pacte scolaire du 29 mai 1959[4]. Les négociateurs du Pacte ont tenu à y inclure les dispositions fondamentales concernant les cours philosophiques et religieux.

> Dans l'enseignement primaire et secondaire de plein exercice de l'État, des provinces, des communes et de toute autre personne publique, l'horaire hebdomadaire comprendra deux heures de religion et deux heures de morale, au libre choix des parents.
>
> Par enseignement de la religion, il faut entendre l'enseignement de la religion catholique, protestante ou israélite et la morale issue de cette religion. Par enseignement de la morale il faut entendre l'enseignement de la morale non-confessionnelle.
>
> Les partis estiment qu'il y a lieu d'adresser aux professeurs de religion et aux professeurs de morale des recommandations quant au niveau des connaissances à exiger et à la cotation des épreuves, de façon à promouvoir une meilleure harmonisation.
>
> Dans l'enseignement primaire, il est tenu compte de la cote obtenue par l'élève dans la cotation générale.
>
> Dans l'enseignement secondaire, il est fait une mention spéciale du diplôme; la cote n'est pas reprise dans la cotation générale mais il est attribué un prix distinct. L'élève qui n'a pas satisfait ne peut passer à une classe supérieure, sous cette réserve que, comme pour les autres matières, il peut présenter une seconde épreuve (article 8 du Pacte).

La loi du Pacte, en ses articles 8 à 11, et d'autres lois postérieures, apporteront quelques compléments ou précisions. Citons-en quelques-uns. Par religion, il faut entendre aussi, depuis 1975, la religion islamique. Le chef de famille, le tuteur ou la personne qui a la garde de l'enfant déclare son choix lors de la première inscription de l'enfant, lequel choix peut toutefois être modifié au début de chaque année scolaire. Si l'élève a atteint l'âge de 18 ans au début de l'année scolaire, le choix du cours est alors de son ressort. Dans l'enseignement secondaire le cours est donné par les ministres des cultes ou leurs délégués, nommés par le Ministre (par le Conseil provincial ou le Conseil communal) sur proposition des chefs des cultes intéressés;

4. Cf. *Le Pacte scolaire et son application*, dans *La Revue politique* 9 (1960) n° 5-6 (Bruxelles, Centre d'études politiques, économiques et sociales). Voir aussi M. SIMON, *Le cours de religion dans les écoles officielles en Belgique. Vingt ans de Pacte scolaire*, dans *Lumen Vitae* 35 (1980) 75-92.

dans les écoles primaires des provinces et des communes, les ministres des divers cultes sont invités à donner eux-mêmes le cours ou à le faire donner sous leur surveillance par l'instituteur s'il y consent ou par une personne agréée par le Conseil provincial ou communal. L'inspection du cours est assurée par des délégués des chefs des cultes nommés sur proposition des chefs des cultes. La notion de neutralité, du 8 mai 1963, précise que «le cours de morale non-confessionnelle est un guide d'action morale fondé sur des justifications sociologiques, psychologiques et historiques. Il ne fait pas appel à des motivations de caractère religieux; il ne tend pas non plus à la défense d'une ultime conception philosophique déterminée».

Un Arrêté royal, du 25 octobre 1971, fixe le Statut légal des maîtres, professeurs et inspecteurs des religions catholique et protestante des écoles de l'État. La plupart des dispositions sont identiques à celles qui figurent dans le Statut de tous les autres professeurs des écoles de l'État (ainsi, celles qui concernent les devoirs, les incompatibilités, le régime disciplinaire, le recrutement, la cessation des fonctions); quelques-unes sont spécifiques aux enseignants de la religion parce qu'ils dépendent à la fois du chef du culte et du ministre de l'Éducation nationale. Le Statut précise en outre quels sont les titres requis pour pouvoir enseigner la religion à l'école primaire et dans les établissements secondaires de l'État[5].

Jusqu'à présent, la législation sur le cours de religion et de morale dans l'enseignement officiel et son application étaient du ressort du ministre de l'Instruction publique ou de l'Éducation nationale. À partir de 1961, le ministre francophone ou néerlandophone est secondé par un secrétaire d'État issu de l'autre régime linguistique et, à partir de 1968, il y a deux ministres agissant en collaboration au sein du gouvernement national, l'un néerlandophone et l'autre francophone. Depuis la révision constitutionnelle de 1988, l'enseignement est du ressort des trois communautés du pays: la communauté flamande, la communauté française et la communauté germanophone; chacune a son ministre chargé de l'enseignement. Pour éviter que des luttes scolaires ne reprennent dans les communautés, l'article 17 de la Constitution de 1831 a été révisé et les principes fondamentaux du Pacte scolaire de 1958 y ont été insérés:

5. À ce jour, les maîtres et les professeurs de religion des écoles provinciales et communales n'ont pas encore de Statut légal; les pouvoirs organisateurs s'inspirent souvent de l'Arrêté royal de 1971 pour régler leurs rapports avec eux.

> L'enseignement est libre; toute mesure préventive est interdite; la répression des délits n'est réglée que par la loi ou les décrets.
> La Communauté assure le libre choix des parents.
> La Communauté organise un enseignement qui est neutre.
> La neutralité implique notamment le respect des convictions philosophiques, idéologiques ou religieuses des parents et des élèves.
> Les écoles organisées par les pouvoirs publics offrent, jusqu'à la fin de l'obligation scolaire, le choix entre l'enseignement d'une des religions reconnues et celui de la morale non-confessionnelle (art. 17, § 1).
> Tous les élèves soumis à l'obligation scolaire ont droit, à charge de la Communauté, à une éducation morale ou religieuse (art. 17, § 3).

Le cours de religion et le cours de morale non-confessionnelle sont désormais inscrits dans la Constitution: chaque élève a le droit de recevoir une éducation religieuse ou morale tout le temps de sa scolarité et les pouvoirs publics doivent offrir le choix entre l'un des cinq cours actuellement organisés. La loi de 1959 oblige toujours les élèves à suivre un de ces cours mais la Constitution n'interdit pas aux Communautés d'exempter certains élèves de l'obligation d'en suivre un, uniquement pour des cas précis et limités, par exemple pour des enfants de parents qui adhèrent à une religion non reconnue ou dont l'enseignement n'est pas organisé, et qui auraient des raisons de ne pas être satisfaits des cours de religion ou de morale donnés à l'école qu'ils ont choisie.

II. L'organisation du cours de religion

Les accords politiques n'ont pu être envisagés qu'avec l'approbation ou du moins l'acceptation des autorités religieuses concernées, qui s'engageaient ainsi à organiser au mieux l'enseignement de la religion à l'école publique. Les évêques des diocèses francophones ont été amenés à prendre un certain nombre de décisions en ce qui concerne la formation des maîtres et des professeurs à présenter à la nomination, et en ce qui concerne le programme du cours, que les enseignants auront à suivre tant à l'école primaire que dans les classes du secondaire.

1. La formation des enseignants

Jusqu'au milieu de ce siècle, la pratique était globalement la suivante: à l'école primaire catholique, le cours était donné par l'instituteur ou l'institutrice, préparés à cette tâche par la formation donnée à l'école normale catholique; à l'école communale, l'instituteur (trice) était aussi, en principe du moins, chargé du cours, quelle que fut sa formation; dans les autres écoles primaires officielles, le cours était généralement donné par un prêtre, à défaut par un laïc jugé compétent.

Dans les classes du Secondaire, la religion était enseignée par un prêtre, un religieux ou une religieuse; un laïc pouvait éventuellement se voir confier ce cours et dans ce cas, «le prêtre était chargé de surveiller son enseignement».

L'augmentation de la natalité au lendemain de la guerre 1939-1945 et la démocratisation des études secondaires ont eu pour conséquence la création de nouvelles écoles. La diminution progressive des vocations sacerdotales et religieuses a entraîné une présence de plus en plus rare de prêtres, de religieux et de religieuses dans l'enseignement et il a fallu faire davantage appel aux laïcs pour donner le cours de religion. La question des titres requis pour pouvoir enseigner la religion dans les écoles officielles s'est posée dès la signature du Pacte scolaire. Une première réglementation, datant du 31 août 1959, précise que le laïc devra être porteur d'un diplôme requis pour l'enseignement des cours généraux ou d'un diplôme d'enseignement religieux.

L'autorité religieuse prévoit dès lors la formation de laïcs à qui elle donnera un diplôme d'enseignement religieux et confiera le cours de religion à l'école officielle. À Leuven, l'Institut supérieur des sciences religieuses – fondé en 1942 – dispensera à partir de 1959-60 un enseignement théologique, équivalent au cycle de théologie des séminaires et aboutissant à la licence en sciences religieuses au terme de quatre années d'étude; il sera accompagné d'un programme assez développé d'agrégation d'enseignement religieux des degrés secondaires inférieur et supérieur. Pour la formation à l'enseignement dans le Secondaire inférieur ainsi que dans les écoles primaires, il y aura, à Charleroi, l'Institut supérieur de sciences religieuses; à Liège, l'Institut supérieur de catéchèse et de pastorale; à Carlsbourg, l'Institut supérieur des sciences religieuses; et à Bruxelles, l'École supérieure de catéchèse tenue par les jésuites de *Lumen Vitae*. Dans ces quatre instituts, la durée des études était initialement de deux ans, elle est actuellement de trois ans, comme dans toutes les écoles normales du pays, écoles normales qui ont une «option religion» accessible aux futurs professeurs désirant avoir une qualification également pour le cours de religion.

Le Statut légal de 1971, nous l'avons dit plus haut, précise quels sont les titres requis pour l'enseignement de la religion dans le Secondaire supérieur, dans le Secondaire inférieur et à l'école primaire des établissements de l'État (de la Communauté, devons-nous dire depuis 1988). Ces titres sont nombreux (pour le Secondaire supérieur, par exemple, il y a la qualité de ministre du culte, l'agrégation d'enseignement religieux du degré secondaire supérieur, la licence en théologie, toute agrégation de l'enseignement secondaire supérieur, les licences en pédagogie, en psychologie, en sciences de l'éducation et, finalement, toute licence de quatre années d'étude dans une université belge), car il y a beaucoup de postes d'enseignants à pourvoir et le nombre des candidats ayant une formation spécifique pour le cours de religion n'est pas suffisamment élevé. Pour éviter cependant que le cours ne soit attribué sans discernement, les évêques ont indiqué leur préférence dans un document appelé *Dispositions d'engagement ecclésial des maîtres, des professeurs et des inspecteurs de religion catholique des établissements d'enseignement de l'État,* paru en 1974: ils nommeront d'abord les personnes qui ont une spécialisation en théologie et en catéchèse; les autres candidats pourront se voir imposer, comme condition préalable à l'admission au stage, l'obligation de parfaire leur formation notamment dans un institut supérieur de sciences religieuses[6]. Les instituts de Charleroi, Liège et Bruxelles accordent un certificat de complément à ceux qui ont suivi un minimum de trois cents heures de cours et exercices. Louvain-la-Neuve, depuis 1990-1991, accorde une licence complémentaire en sciences religieuses aux titulaires d'une licence universitaire et d'une agrégation pour le Secondaire supérieur, qui auront suivi, à l'Institut supérieur des sciences religieuses, neuf cents heures de cours, séminaire et exercices répartis sur deux années.

La formation initiale obtenue dans les instituts de sciences religieuses et les écoles normales se poursuit par une formation continue organisée par les inspecteurs diocésains, par l'Office diocésain d'enseignement religieux de Charleroi (O.D.E.R.), l'I.S.C.P. de Liège et *Lumen Vitae* de Bruxelles, par la Faculté de théologie de Louvain-la-Neuve (concrètement par les responsables de

6. Cf. *Dispositions d'engagement ecclésial et Statut légal des maîtres, des professeurs et des inspecteurs de religion catholique des établissements d'enseignement de l'État*, Bruxelles, S.E.R.E.O., 1974, p. 9-10 (nos 6 et 7).

l'Agrégation d'enseignement religieux et par la Société théologique de Louvain). Il faut aussi mentionner l'Icafoc (Institut catholique pour la formation continuée de professeurs des enseignements secondaire et supérieur), section «religion», qui organise régulièrement des journées de réflexion et, par son bulletin, se veut un instrument d'information, d'échanges d'idées et de projets.

2. Le programme du cours de religion

Les évêques attendent des maîtres et des professeurs de religion qu'ils aient «une sérieuse conviction religieuse catholique, une situation personnelle qui concorde avec la morale catholique dont ils doivent témoigner, une formation pédagogique suffisante» Ils leur demandent d'«observer les prescriptions en fait de statuts, de programmes, de manuels et de directives pédagogiques»[7]. Arrêtons-nous d'abord aux programmes.

Il a toujours existé des documents officiels précisant les matières à enseigner dans un cycle d'études ou dans chaque année du cycle. Ces programmes ont été diocésains ou interdiocésains et s'adressaient aussi bien aux enseignants des écoles catholiques que des écoles officielles. À l'époque où l'attention se portait d'abord sur les vérités de la foi à transmettre et où les centres d'intérêt des élèves ne relevaient que de la pédagogie, il allait de soi que les programmes devaient être les mêmes pour tous, quel que soit le réseau scolaire fréquenté. Depuis qu'on cherche, «pour chaque étape de l'existence, le mode d'approche possible et bénéfique de la Révélation», et qu'on a la conviction que «l'enseignement religieux doit consister en un développement progressif des divers aspects du Mystère chrétien en fonction des étapes de la croissance»[8], la question d'un programme spécifique pour l'enseignement de la religion dans les écoles officielles s'est posée et a été résolue négativement. Des enquêtes postérieures portant sur les jeunes du Secondaire ont confirmé globalement les intuitions des auteurs des programmes. Je pense aux travaux du professeur R. Rezsohazy sur les jeunes et le problème religieux et à

7. *Dispositions d'engagement*, p. 8-9 (n°s 2 et 3).

8. Marie-Carmel PLISSART, *«Reste avec nous». Catéchèses pour la quatrième année primaire selon le nouveau programme interdiocésain de religion. Livre du maître*, Bruxelles, Lumen Vitae, 1971, p. 3.

l'enquête menée en avril-mai 1985 auprès de 1.500 élèves fréquentant les cours de religion de l'enseignement libre et officiel de Bruxelles et du Brabant wallon[9].

Le programme du Primaire

Très longtemps, chaque diocèse a possédé son propre programme, comportant, pour chaque année, des leçons de catéchisme, d'histoire sainte, de vie chrétienne et de liturgie. La matière était enseignée selon la méthode «concentrique»[10]. Une nouvelle édition de ces programmes diocésains a suivi la parution, en 1946, du *Catéchisme à l'usage de tous les diocèses belges.*

En 1957, le diocèse de Tournai entreprend une réforme du cours de religion: l'évêque demande aux enseignants d'utiliser désormais

9. R. REZSOHAZY, *Les jeunes et le problème religieux* («Diagnostic social». Les Cahiers de la Wallonie et de Bruxelles, 46), Louvain-la-Neuve, G.S.W., 1987; voir aussi, du même auteur, *La désaffection religieuse en Belgique: faits et interprétations*, dans *Revue théologique de Louvain* 15 (1984) 184-206.

Danielle RUQUOY, *Jeunes et religion. 1500 élèves s'expriment*, dans *Informations* (mensuel des professeurs de religion de l'enseignement secondaire dans le Brabant et le Hainaut) 10 (1986) n° 8; l'enquête a été présentée par Ch. NOLF, dans *La foi et le temps* 17 (1987) 166-180, par P. RENARD, dans *Humanités chrétiennes* 30 (1986-87) 120-123 et par A. FOSSION, dans la même revue 30 (1986-87) 294-310.

D'autres enquêtes et réflexions existent, qui ont porté principalement sur l'opinion de professeurs et sur les réactions d'élèves: M. CORDIER, *Le cours de religion catholique. Enquête menée auprès des professeurs de religion de l'enseignement moyen de l'État dans le diocèse de Tournai*, Louvain-la-Neuve, Mémoire de licence en sciences religieuses, 1977; Chantal VAN DER PLANCKE, *Comment le problème de l'annonce de Jésus-Christ est perçu par les professeurs de religion*, dans *Humanités chrétiennes* 21 (1977-78) 241-255; J. NIZET, J.-P. HIERNAUX, *Le cours de religion dans l'Enseignement secondaire. Analyse des opinions et des comportements des enseignants*, Louvain-la-Neuve, 1/13, Place Montesquieu, s.d. [1978] (l'enquête porte sur les professeurs du cycle supérieur du Secondaire du «Grand Namur»); J. RIGA, *Le professeur de religion face au problème «science et foi»*, dans *Humanités chrétiennes* 24 (1980-81) 268-281; Chantal TUERLINCKX, *Qu'en est-il du cours de religion?*, Louvain-la-Neuve, Mémoire de licence en sociologie, 1980 (dix professeurs de neuf écoles catholiques secondaires de l'agglomération bruxelloise ont été interrogés); Ph. BOULET, R. DEPRIT, M. MAURY, J. NIZET, P. TOBIE, *Le cours de religion dont ils rêvent. Enquête auprès de 860 élèves de l'enseignement secondaire de l'État dans les provinces de Namur et de Luxembourg*, Louvain-la-Neuve, 1/13, Place Montesquieu, 1980; Bruxelles, Licap, ²1981; *Une enquête sur la foi et la pratique religieuse en classes terminales*, dans *Humanités chrétiennes* 25 (1981-82) 336-342 (227 filles d'un établissement catholique ont été interrogées); *Enquête religieuse*, Bruxelles, Collège Saint-Hubert, s.d. [1985] (*pro manuscripto*; enquête sur la sensibilité religieuse des élèves des six années du Secondaire).

10. Sur la méthode concentrique, voir J. COLOMB, *Le service de l'Évangile. Manuel catéchétique*, t. 1, Paris-Tournai, Desclée, 1968, p. 307-312.

les ouvrages de J. Colomb, ses trois «catéchismes progressifs» qui unifient contenu doctrinal, Bible, liturgie et vie chrétienne et visent à susciter une foi vécue dans le réel, tout en communiquant un savoir[11]. Les autres diocèses francophones verront surgir, dans l'esprit du concile Vatican II qui est annoncé et qui débute ses travaux, des propositions nouvelles qui, en 1964, aboutiront à la publication d'un programme pour la première année dans le diocèse de Malines-Bruxelles, puis à l'élaboration d'un programme interdiocésain, dont le texte définitif paraîtra en 1975[12].

Le document de 1975 est un *Programme de catéchèse:* il propose un cheminement en fonction des phases successives de l'existence des enfants, une découverte du Père, du Fils et de l'Esprit déjà présents et agissants dans leur vie mais non encore reconnus, à qui nous rendons grâce et adressons nos louanges et demandes au cours des leçons. L'enfant pourra ainsi s'éveiller puis progresser dans la foi, se préparer à la réception des sacrements d'eucharistie et de pénitence, en symbiose avec la catéchèse prévue à cet effet en paroisse. En cinquième et sixième primaires, lorsque les enfants entrent dans une période de maturité et d'équilibre, propice à un enseignement plus structuré, le maître de religion fera une première synthèse des connaissances déjà acquises et donnera des références nouvelles en situant davantage les éléments fondateurs de notre foi dans leur situation historique et dans leur extension actuelle. Au cours de ces deux dernières années, beaucoup d'enfants font leur communion solennelle ou profession de foi; pour pouvoir s'inscrire à la catéchèse paroissiale qui y conduit, ils sont tenus de suivre le cours de religion à l'école.

Il y a quelques années, une évaluation du chemin parcouru a été tentée, qui a mis en évidence la démarche fondamentale («vivre l'Évangile avec les enfants, leur faire connaître cet Évangile et prier

11. Ces trois «catéchismes progressifs» sont: *Parlez, Seigneur! Catéchisme de 7 à 9 ans*; *Dieu parmi nous. Catéchisme de 9 à 11 ans*; *Avec le Christ Jésus. Catéchisme de 11 à 12 ans* (Lyon, Vitte, 1950). Les instituteurs et les catéchistes disposaient de livres du maître: *Aux sources du catéchisme. Histoire sainte et liturgie*, 3 vol., Paris-Tournai, Desclée, 1946-1947, et *La doctrine de vie au catéchisme*, 3 vol., Paris-Tournai, Desclée, 1953-1954. Des *Guides pour les catéchistes*, Tournai-Casterman, 1964 et ss., indiquaient comment répartir l'enseignement au cours de chaque année.

12. ENSEIGNEMENT NATIONAL CATHOLIQUE, *Programme de catéchèse pour l'école primaire élaboré par la Commission interdiocésaine mandatée par l'Épiscopat de Belgique*, (Liège), Conseil central de l'Enseignement primaire catholique, 1975, 63 p.

avec eux») et a reconnu quelques lacunes: le manque d'initiation à l'Ancien Testament, la place trop peu importante donnée à la mémoire, l'insuffisance de l'initiation à la prière et le manque d'animation religieuse dans la plupart des écoles[13]. Une étude critique du programme ainsi que des manuels, dont il sera question plus loin, et des enquêtes approfondies auprès des parents, des enseignants et des élèves aideraient à déterminer s'il faut ou non poursuivre dans la direction suivie depuis maintenant vingt ans[14].

Le programme du Secondaire

Dans l'immédiat après-guerre[15], un programme de religion et de morale, à titre d'essai à partir de l'année scolaire 1949-1950, est publié; il s'adresse aux professeurs de religion catholique des établissements d'enseignement moyen de l'État. En 1960, il est réédité par les soins du Ministère de l'instruction publique[16].

Fondamentalement, ce document est identique à celui qui sera destiné aux professeurs de l'enseignement catholique et publié en 1953 par la Fédération nationale de l'Enseignement moyen catholique[17]. Le but recherché par ces programmes est d'assurer l'approfondissement et l'enrichissement de la vie de foi des élèves, de leur communiquer une connaissance de foi solide et vivante, qui satisfasse aux exigences de la doctrine et soit adapté à leur développement. L'explication de notions précises, l'exposé de preuves rationnelles, la

13. Cf. Marie-Carmel PLISSART, *La catéchèse à l'école primaire. Après dix ans d'expérimentation du nouveau programme d'enseignement religieux pour l'école primaire, en Belgique*, Bruxelles, Lumen Vitae, 1979, 24 p. Une enquête a été menée auprès de 193 élèves; il s'agissait de préciser quelle idée de Dieu les enfants se font et comment ils se le représentent: *Parle-moi un peu de Dieu. Enquête effectuée dans la province de Luxembourg, auprès de 193 élèves de l'enseignement primaire*, Arlon, Centre diocésain de documentation-Bastogne, Librairie du Séminaire, 1983.

14. Le programme de 1975 est actuellement remis en chantier. À l'heure présente, nous ne pouvons encore en préciser les orientations fondamentales.

15. Pour les programmes antérieurs, voir *Où en est l'enseignement religieux? Livres et méthodes de divers pays*, Paris-Tournai, Casterman, 1937, et P. RANWEZ, *L'enseignement religieux dans les écoles secondaires de langue française. Son évolution durant les vingt dernières années et les manuels employés*, dans *Lumen Vitae* 6 (1951) 538-555.

16. MINISTÈRE DE L'INSTRUCTION PUBLIQUE, *Instructions concernant la réforme de l'enseignement. Enseignement religieux. Religion et Morale catholiques*, Bruxelles, 1960 (il en existe deux tirages de 21 p., identiques quant au contenu, différents quant à la typographie).

17. FÉDÉRATION NATIONALE DE L'ENSEIGNEMENT MOYEN CATHOLIQUE, *Programme. Religion*, Lier, Van In, 1953, 52 p.

mémorisation textuelle constituent l'armature intellectuelle nécessaire. En première, le professeur expose les vérités de la foi; en deuxième, il présente la prière, la messe et les sacrements; en troisième, la grâce et les commandements, les vertus et le péché; en quatrième et cinquième, le Christ et l'Église; en dernière année, le sens chrétien de la vie: il fait percevoir les structures fondamentales du message chrétien et montre comment la morale chrétienne réalise les valeurs de vie de la personne et de la communauté humaine. La première édition étant épuisée, une nouvelle édition paraît en 1961, qui reste pratiquement inchangée[18].

Avec le temps, des critiques à l'égard du programme se font jour, tant de la part de professeurs que d'inspecteurs de religion. Les esprits évoluent, le concile Vatican II encourage un aggiornamento, la société belge se sécularise peu à peu, la population des classes n'est plus aussi homogène, la foi ne peut plus être supposée chez tous les élèves. Le programme apparaît trop abstrait, notionnel, philosophique, donnant une matière éloignée de la vie et aride pour des élèves peu conscientisés; son souci pédagogique et son attention aux élèves sont déficients, l'adaptation à l'âge laisse à désirer. Aussi beaucoup souhaitent l'élaboration d'un nouveau projet pour l'enseignement religieux.

En 1967, les évêques des diocèses francophones mettent sur pied une commission chargée de rédiger un nouveau programme. Après une vaste consultation auprès des professeurs de religion, la commission élabore les orientations fondamentales d'un programme renouvelé, engage les premières expérimentations dans les classes de l'«enseignement rénové» et publie, en 1971, le nouveau programme pour les deux premières années du Secondaire. En 1972, le programme pour toutes les années du Secondaire est approuvé par l'Épiscopat; il comprend deux fascicules, l'un pour l'enseignement moyen et technique rénové, l'autre pour le degré d'accueil et les classes professionnelles; son titre indique qu'il s'agit d'un *Programme de catéchèse*. Une *Introduction générale* fait percevoir en quoi consiste la nouveauté du programme et en quel sens il est un programme de catéchèse[19].

18. FÉDÉRATION NATIONALE, *Programme et directives. Religion*, Lier, Van In, 1961, 44 p.

19. COMMISSION CATÉCHÉTIQUE POUR L'ENSEIGNEMENT SECONDAIRE, *Programme de Catéchèse. Enseignement moyen et technique. Enseignement rénové*, Bruxelles, Licap, 1972, 55 p.; ID., *Programme de Catéchèse. Degré d'accueil et classes professionnelles*, Bruxelles, Licap, 1972, 23 p.; COMMISSION CATÉCHÉTIQUE, R. WAELKENS, *Introduction générale au Programme de Catéchèse pour l'Enseignement secondaire*, Bruxelles, Licap, 1972, 220 p. Le Ministère de l'Éducation nationale et

Un programme de catéchèse

Il ne s'agit pas d'identifier le cours de religion avec toute la catéchèse des adolescents: des aspects tels que la conversion, l'animation spirituelle, la vie de prière, la participation à des actions caritatives et à des célébrations liturgiques sont à situer en d'autres lieux que la classe. «L'enseignement religieux scolaire a tout à gagner à se concentrer sur sa fonction spécifique qui est de fournir une infrastructure intellectuelle à l'épanouissement de la foi[20]. Le cours de religion voudrait contribuer à un aspect de la formation chrétienne des jeunes qui le désirent. Il est plus qu'un simple cours de connaissances religieuses, mais il ne se propose pas comme fin immédiate de susciter des actes de croyant. Il vise à rendre les jeunes plus conscients de la signification profonde de leur existence, telle qu'elle se manifeste à la lumière de Jésus-Christ; par là, il est une invitation à s'ouvrir au mystère du Christ vivant.

Cette conception du cours veut tenir compte de la situation religieuse des jeunes des classes du Secondaire. Le professeur se trouve en présence d'adolescents qui se situent à des niveaux très différents sur le plan de la foi (cela va de l'engagement à l'indifférence et même au refus de la foi chrétienne) et qui, dans les écoles catholiques, sont dans l'obligation de suivre ce cours. En outre, l'idée qu'on se fait de la catéchèse a évolué et a permis de mieux établir la différence entre une communauté de croyants se réunissant pour approfondir sa foi et rencontrer son Seigneur et un groupe scolaire tenu par un cadre et des rythmes établis en fonction de critères qui n'ont rien à voir avec la vie de foi.

Un programme nouveau

Le programme de 1972 se distingue des programmes précédents en ce que, au lieu de rechercher la répartition la plus judicieuse, la plus adaptée des éléments d'une synthèse doctrinale préexistante, il s'efforce de rejoindre les jeunes là où ils sont en fait. Il choisit comme point de départ l'expérience concrète, les valeurs, les requêtes, les critiques des adolescents et prend ainsi l'allure d'une

de la Culture française publie en un seul fascicule les deux documents des Éditions Licap sous le titre: *Religion catholique. Programme provisoire. Enseignement secondaire rénové*, Bruxelles, 1974, 69 p. Une étude comparative des programmes de 1953 à 1972 a été faite par H. DERROITTE, *L'enseignement religieux dans le Secondaire en Belgique francophone. Étude du «Programme de catéchèse»*, Louvain-la-Neuve, Mémoire de licence en sciences religieuses, 1981.

20. *Enseignement moyen et technique* (n. 19), p. 25.

succession de thèmes de vie, répartis suivant les étapes de la maturation et les questions qui apparaissent progressivement.

Pour les auteurs de ce programme, l'important est de rejoindre non une vérité intellectuelle immuable mais un destinataire, le jeune avec sa vie, ses questions, son langage. Car c'est au cœur du quotidien que le message du Christ peut retentir comme une bonne nouvelle. Cette option a été appelée «existentielle» parce que le message ne peut être reçu que lorsqu'il vient donner sens à une expérience vécue, lorsqu'il trouve un lieu pour s'incarner, lorsqu'il concerne l'existence des personnes à qui il est destiné.

Le programme de 1972 a été généralement bien accueilli par les professeurs de religion. Ça et là, cependant, des parents et des enseignants ont fait connaître leurs réserves, leurs critiques, voire leur opposition à un cours jugé par eux insuffisant ou même subversif[21]. Deux publications sont à épingler. D'abord celle de L. van den Bruwaene: *À propos d'un essai de catéchèse scolaire;* l'auteur s'interroge sur le recours aux sciences humaines, s'étonne de silences à propos de points de l'Évangile qui, selon lui, devraient figurer dans le programme et énonce des écueils découlant de l'option existentielle; ce programme, estime-t-il, prive les élèves d'une «catéchèse plus franchement informative», d'une présentation complète de la doctrine[22]. Ensuite, la publication de J. Léonard, *Pour une catéchèse scolaire;* inspecteur de religion dans les écoles secondaires catholiques du diocèse de Namur, l'auteur exprime les réticences que la démarche existentielle lui inspire et propose, en remplacement du programme, «un cours de religion à visée objective où l'on osera encore montrer de manière explicite les réalités de la foi dans toute leur beauté et leur plénitude de sens»[23].

21. Le quotidien bruxellois *La Libre Belgique* a ouvert plusieurs fois ses colonnes à ceux qui voulaient donner leur avis sur le cours de religion; cf. Hedwige REZSOHAZY, *«La Libre Belgique» et le cours de religion dans les écoles catholiques du Secondaire en Belgique francophone*, Louvain-la-Neuve, Mémoire de licence en sciences religieuses, 1985.

22. L. VAN DEN BRUWAENE, *À propos d'un essai de catéchèse scolaire. Lettre aux Pères synodaux de la IVe Assemblée générale des évêques*, Bruxelles, Éditions de l'Action catholique générale, 1976, 36 p. (*pro manuscripto*).

23. J. LÉONARD, *Pour une catéchèse scolaire* (Le Sycomore), Paris-Namur, Lethielleux - Culture et vérité, 1978, 230 p. (la citation est aux pages 9-10). Des réactions favorables ont paru dans *Nouvelle revue théologique* 101 (1979) 441-442, *Science et esprit* 31 (1979) 413, *Esprit et vie* 89 (1979) 272. Des critiques plus ou moins sévères ont été formulées dans *Informations* 4 (1979) 19-21, *Lumen Vitae* 35 (1980) 121, *Humanités chrétiennes* 23 (1979-80) 10-27 et 305-308 (sous la plume de A. FOSSION), *La foi et le temps* 9 (1979) 448-468 (M. SIMON, *À propos d'un livre récent sur la catéchèse dans l'enseignement secondaire catholique*).

Une nouvelle rédaction du *Programme de catéchèse* devenait nécessaire, l'édition de 1972, qui se voulait provisoire, étant épuisée. Elle paraît en 1982, accompagnée d'une lettre des évêques de la partie francophone du pays destinée à tous les professeurs de religion de tous les établissements secondaires. Il revient au professeur de religion, écrivent-ils, «d'écouter les jeunes avec patience et ouverture, de les aider à discerner les vraies questions qu'ils portent souvent confusément et de leur révéler avec compétence et fidélité toute la richesse du mystère du salut». Ils approuvent le nouveau texte, souhaitant qu'il soit pour chacun «le point de départ d'un travail catéchétique plus vivant, mieux structuré et davantage susceptible de toucher la jeunesse de notre temps»[24].

Il ne s'agit pas d'un programme entièrement neuf par rapport au document de 1972, mais bien d'une nouvelle rédaction, d'une édition plus soignée en un seul volume, qui évite les redites, unifie la structure, met mieux en évidence les objectifs à poursuivre[25]. L'«option existentielle» est confirmée et, pour rencontrer les mises en garde et les critiques formulées, elle est précisée: il s'agit de donner un véritable enseignement du message intégral du Christ, un enseignement articulé sur la vie des jeunes, projetant sur elle la lumière de l'Évangile et faisant percevoir ce que la foi apporte à la vie.

La description de la vie des jeunes a été revue pour mieux correspondre à la réalité des années '80. Le contenu de l'enseignement proprement dit est mieux précisé: il est désormais indiqué «que faire en classe» au cours de chacune des six années du Secondaire. Pour marquer davantage la spécificité d'un enseignement dans un cadre scolaire, le terme «catéchèse» a été remplacé par «cours de religion».

24. La lettre des évêques, datée de Pâques 1982, insérée dans la nouvelle édition, a été publiée ensuite dans *Forum* 13 (1982) n° 11, 1-3, et dans *Humanités chrétiennes* 26 (1982-83) 1-4.

25. COMMISSION CATÉCHÉTIQUE POUR L'ENSEIGNEMENT SECONDAIRE, *Cours de religion catholique. Programme pour les classes de l'enseignement secondaire de transition, technique de qualification et professionnel*, 2e édition, entièrement renouvelée, Bruxelles, Licap, 1982, 125 p.; COMMISSION CATÉCHÉTIQUE, R. WAELKENS, *Introduction Générale au programme du cours de religion catholique dans l'enseignement secondaire*, Bruxelles, Licap, 21982; MINISTÈRE DE L'ÉDUCATION NATIONALE ET DE LA CULTURE FRANÇAISE, *Religion catholique. Programme. Enseignement secondaire*, Bruxelles, 1982, 121 p. Une comparaison entre le programme de 1972 et celui de 1982 a été faite par H. VANDENSCHRICK, *La catéchèse scolaire dans l'enseignement libre du degré secondaire en Belgique francophone. Étude comparative de la catéchèse de l'échange symbolique et de la catéchèse existentielle*, Louvain-la-Neuve, Mémoire de licence en sciences religieuses, 1984, p. 43-71.

Et pour donner aux professeurs l'occasion de prendre connaissance ou de se rappeler ce qui constitue l'essentiel de la foi, une annexe reproduit intégralement un texte des évêques français paru en 1978: *Il est grand le mystère de la foi. Prière et foi de l'Église catholique*[26].

Tel est le programme actuellement en vigueur dans tous les établissements d'enseignement secondaire. Comme son prédécesseur de 1972, il est nécessairement situé dans le temps et, parce qu'il est destiné à tous les professeurs, il ne peut satisfaire tout le monde et répondre à toutes les situations rencontrées. Il se veut une aide offerte à ceux qui sont sur le terrain et attend d'eux imagination et initiatives[27].

3. Des publications destinées aux enseignants

«Les programmes déterminent, selon les âges, les temps ou les lieux déterminés, les buts éducatifs à atteindre, les critères méthodologiques àadopter, le contenu à transmettre»[28]. Les auteurs du programme du Primaire de 1975 et ceux des programmes du Secondaire de 1972 et 1982 étaient bien conscients qu'un texte de ce genre ne pouvait donner que des directives et des orientations générales. L'enseignant sera parfois tout heureux de trouver des documents plus élaborés, des manuels, des dossiers, des fiches de travail, des références précises à l'Écriture, à la liturgie, à l'histoire de l'Église d'hier et d'aujourd'hui. Les centres catéchétiques et les maîtres et professeurs de religion eux-mêmes sont donc invités à publier les documents de tout genre qu'ils estiment aptes à rendre service. Une commission spéciale a été constituée en 1975 pour examiner les manuels pour l'école primaire publiés par des auteurs et faire savoir s'ils sont

26. On en trouve le texte dans *La Documentation catholique* 75 (1978) 1062-1073.

27. Quelques mois après le début de la mise en œuvre de cette nouvelle édition dans les écoles, A. Léonard, à ce moment professeur de philosophie à l'U.C.L. et président du Séminaire Saint-Paul de Louvain-la-Neuve, a publié dans *La Libre Belgique* des 14 février, 14 mars et 11 avril 1983, une critique intitulée *L'enseignement religieux à l'école*, reprise ensuite dans la revue de son séminaire *Résurrection* 12 (1983) 2-14. Il regrette les orientations approuvées par l'Épiscopat et propose à leur place une «catéchèse culturelle» qui déploie l'histoire du catholicisme et de sa tradition dogmatique, théologique, liturgique, institutionnelle. Nous avons tenté un dialogue avec lui dans *Catéchèse «existentielle» ou catéchèse «culturelle»? À propos du cours de religion catholique dans l'enseignement secondaire en Belgique francophone*, Louvain-la-Neuve, Publications de la Faculté de théologie, 1984.

28. *Directorium catechisticum generale*, 1971, n° 118.

ou non conformes au programme. Le 22 mars 1984, le cardinal G. Danneels, au nom de la Conférence des évêques francophones, a reconnu officiellement le collège des inspecteurs de religion en tant que «Commission d'accompagnement du Programme du Secondaire». Pour chaque ouvrage destiné aux professeurs et aux élèves, cette Commission donne un avis précis portant sur quatre points: sa conformité au Programme, la valeur de son contenu, ses qualités pédagogiques et son adaptation préférentielle à tel ou tel milieu.

À ce jour, des manuels pour l'élève et/ou pour le maître, des cours polycopiés, des documents de tout genre sont à la disposition des enseignants. Ils peuvent les utiliser s'ils le désirent. Certains s'en servent effectivement, tandis que d'autres préfèrent élaborer leurs cours à partir du *Programme* et en fonction de leurs propres élèves.

Pour le Primaire:

Au premier degré, pour éveiller l'enfant à la foi, les maîtres de religion peuvent utiliser les ouvrages de Marie-Carmel Plissart: *Venez et voyez* en première année, et *Heureux ensemble* en deuxième année; ils ont aussi à leur disposition *Ouvre ton cœur* et *Domino,* publiés par l'Office diocésain d'enseignement religieux de Charleroi[29].

Au deuxième degré, en vue d'aider l'enfant à progresser dans sa foi, il y a, pour la troisième année, de Cécile Rome, *Un cœur nouveau,* du frère Jean, *Seigneur, je t'écoute,* de Marie-Carmel Plissart,

29. M.-C. PLISSART, *«Venez et voyez». Initiation chrétienne des enfants de 6 à 7 ans selon le nouveau programme interdiocésain de religion pour la première année primaire. Livre du maître*, Bruxelles, Lumen Vitae, 1968; *Livre de l'enfant et de ses parents*, 1969 (devenu, en 1981, *Cahier de l'enfant*); *80 dessins* de I. Vincent, 1974; ID., *Heureux ensemble. Catéchèses pour la deuxième année selon le nouveau programme de religion. Livre du maître*, Bruxelles, Lumen Vitae, 1974, [2]1984; *Cahier de l'enfant*, 1982; *72 dessins* de I. Vincent, 1975.

O.D.E.R., *Comme un soleil. Catéchèse pour les 6-7 ans*, s.d., a été remplacé par *Ouvre ton cœur*, en 1988; ID., *Domino. Catéchèse pour les 7-8 ans*, s.d.

Alors que le programme en vigueur est en train d'être remanié, une nouvelle collection, *Champs de grâces*, dirigée par A. Fossion, sort de presse. Le premier volume, *«Il a bien fait toutes choses»*, comprend un *Guide pédagogique* et un *Cahier de l'enfant*, destinés à la première année. En même temps paraissent un volume de techniques catéchétiques, *Animer un groupe d'enfants*, et un volume d'itinéraires de lecture pour la catéchèse, *Bible ouverte* (Bruxelles, De Boeck - Lumen Vitae, 1992).

Seigneur, à qui irions-nous? et de l'O.D.E.R. *La clé des champs*; pour la quatrième, M.-C. Plissart a publié «*Reste avec nous*» et l'O.D.E.R *Au pays des vivants*[30].

Au troisième degré, pour que l'enfant puisse structurer sa foi, il y a, en cinquième année, de H. Elsen et J. Verdeur, *Lève-toi et marche*, de M.-C. Plissart, *Souviens-toi et va!*, et de l'O.D.E.R., *Étincelles;* pour la sixième année, les maîtres ont un choix entre Roche-Rive, *Église de Dieu, Peuple de Dieu,* A. Kesch et G. Dechambre, *Bâtisseurs de communauté,* M.-C. Plissart, *Il est grand le mystère de la foi,* et l'O.D.E.R, *Toutes voiles dehors*[31].

Pour le Secondaire:

Aidés par les avis de la Commission d'accompagnement du Programme, les enseignants ont à juger eux-mêmes si les ouvrages

30. C. Rome, *Un cœur nouveau. Livre du maître*, Bruxelles, Éd. de l'O.P.E.M., 1970; *Livre de l'enfant*, 1970.

Frère Jean, *Seigneur, je t'écoute. Livre du maître*, Liège, Éd. de l'I.S.C.P., 1973; *Livret de prières et de réflexion pour enfants de 8 à 10 ans*, 1973.

M.-C. Plissart, *Seigneur, à qui irions-nous? Catéchèses pour la troisième année primaire selon le nouveau programme interdiocésain de religion. Livre du maître*, Bruxelles, Lumen Vitae, 1973; *Cahier de l'élève*, 1975; *64 dessins* de I. Vincent, 1977; Id., «*Reste avec nous*». *Catéchèses pour la quatrième année primaire selon le nouveau programme interdiocésain de religion. Livre du maître*, Bruxelles, Lumen Vitae, 1971; *Cahier de l'élève*, 1974, ^{2}1979.

O.D.E.R., *La clé des champs. Catéchèse pour les 8-9 ans*, s.d.; *Au pays des vivants. Catéchèse pour les 9-10 ans*, s.d.

31. H. Elsen et J. Verdeur, *Lève-toi et marche. Catéchèses pour la 5e primaire. Livre du catéchiste*, Namur-Bruxelles, La Procure, 1972, ^{2}1981; *Cahier de l'enfant*, 1972, ^{2}1974; *Panorame de Lève-toi et marche*, 1974.

M.-C. Plissart, *Souviens-toi... et va! Catéchèses pour la cinquième année primaire. Livre du maître*, Bruxelles, Lumen Vitae, 1988; *Documents pour l'élève*, s.d. [1988]; Id., *Il est grand le mystère de la foi. Catéchèses pour la sixième année primaire. Livre du maître*, Bruxelles, *Lumen Vitae*, 1989; *Document pour l'élève*, 1989.

Rive-Roche, *Église de Dieu, Peuple de Dieu. Catéchèse pour la sixième année primaire, Notes pour le catéchiste*, Namur-Bruxelles, La Procure, 1974.

A. Kesch et G. Dechambre, *Bâtisseurs de communauté. Catéchèses pour la sixième année primaire. Livre du catéchiste*, Namur-Bruxelles, La Procure, 1976; *Livre de l'élève*, 1977.

O.D.E.R., *Étincelles. Catéchèse pour les 10-11 ans*, s.d.; *Toutes voiles dehors. Catéchèse pour les 11-12 ans*, s.d.

Deux ouvrages de J. Rauwens ont aussi rendu service à plus d'un maître de religion: *Tes fils et tes filles prophétiseront. Leçons composées de religion à l'usage des 10-11 ans. Partie du maître. Fichier de l'élève*, Bruxelles, Éd. de l'U.O.P.C., 1973; *Si quelqu'un écoute ma voix. Leçons composées de religion préparatoires à la communion solennelle et à la confirmation (à l'usage des 11-12 ans). Partie du maître et cahier-modèle de l'élève*, Bruxelles, Éd. de l'U.O.P.C., 1966 (nouvelle édition de la partie de l'élève en 1973).

publiés peuvent leur être utiles. Pour l'enseignement général et pour l'enseignement technique, ils trouvent actuellement en librairie:

- des manuels pour les élèves des deux premières années, rédigés par F. Baron, professeur de religion[32];
- des manuels pour les élèves des quatre premières années, publiés par un groupe de professeurs de religion du Plateau de Herve[33];
- des dossiers pour les élèves et d'autres pour les professeurs des trois premières années, dûs au Père J.-M. Schiltz et à son équipe, de *Lumen Vitae*[34];
- des manuels pour les élèves de chacune des six années et des propositions méthodologiques pour les professeurs de ces classes, rédigés par R. Smet, professeur d'école normale[35];
- des manuels pour les élèves des quatre dernières années, rédigés par des professeurs avec et sous la coordination du Père A. Fossion, de *Lumen Vitae*[36];

32. F. BARON, *Grandir pour servir. Outil de catéchèse pour la première année du secondaire* (Au service de la parole [Appels]), Namur, La Procure, 1989; *Grandir pour servir. Outil de catéchèse pour la deuxième année du secondaire*, 1989.

33. A. HAUGLUSTAINE, A. MEERTENS, G. STASSEN-DENIS, G. VANDEGAART, M.J. VAN WOLPUT-ROCKS, *Bonne nouvelle pour toi*, Gemmenich, Imprimerie Aldenhoff, [3]1981; *Cris et signes*, 1981. J. CHAMBEAU, N. CLAVIER-BARONHEID, A. HAUGLUSTAINE, D. VAN ESPEN, *Le vent souffle*, 1984. G. VANDEGAART, *Obéissant jusqu'à la mort. Pour une étude critique des mécanismes de l'obéissance-désobéissance et de l'engagement solidaire*, 1985 (remplace *Libérés pour aimer*, s.d. [1981]).

34. J.-M. SCHILTZ et P. DEFOUX, *Regarde qui te fait signe. Cours de religion pour la première année du secondaire.* Partie du maître, Dossier de l'élève, Bruxelles, Lumen Vitae, 1983. J.-M. SCHILTZ, *Vie de Dieu, souffle en nous. Cours de religion pour la deuxième année du secondaire.* Partie du maître, Dossier de l'élève, 1982; *Tous appelés à être heureux. Cours de religion pour la troisième année du secondaire.* Partie du maître. Dossier de l'élève, [2]1984.

35. R. SMET, *Où puises-tu donc l'eau vive? Outil pour le cours de religion catholique en première année du Secondaire*, Namur, La Procure, [4]1982; *Je suis le chemin. Outil pour le cours de religion catholique en deuxième année du Secondaire*, [3]1982; *Une vie de qualité. Outil pour le cours de religion catholique en troisième année du Secondaire*, [5]1987; *Tu as des paroles de vie. Programmation pour le cours de religion catholique en quatrième année du Secondaire et Outil pour les groupes occupés à découvrir le Christ et l'Évangile*, [3]1987; *Méditation sur le Royaume. Outil pour le cours de religion catholique en cinquième année du Secondaire*, [2]1987; *Ces grandes questions qui nous habitent: les trois dimensions du réel. Outil pour le cours de religion catholique en sixième année du Secondaire*, 1984.

ID., *Où prends-tu donc l'eau vive? Notes d'introduction pour les professeurs*, Namur, La Procure, 1970; *Propositions méthodologiques pour la catéchèse au premier degré du Secondaire. Notes pour les professeurs*, [2]1985; *Propositions méthodologiques pour le cours de religion catholique au deuxième degré du Secondaire. Notes pour les professeurs*, [3]1987; *Méditation sur le Royaume. 5ème année du Secondaire. Propositions méthodologiques pour les professeurs*, [2]1987; *Propositions méthodologiques pour la classe terminale. Notes pour le professeur*, [2]1985.

36. P. MASSART, Y. NISSEN, J. TRIBOLET, V. WATHELET, *Des idées pour vivre* (Passion de Dieu, Passion de l'homme, 3), Bruxelles, De Boeck, 1989 (aussi à Paris,

- la cinquantaine de cahiers pour les professeurs de toutes les années, publiés par l'Office diocésain d'enseignement religieux de Charleroi[37];
- deux ouvrages destinés aux professeurs de cinquième et de sixième, dûs à J. Bonfond, I. Ponet et d'autres professeurs[38].

Pour l'enseignement professionnel, les publications sont beaucoup moins nombreuses. Sont à mentionner un ouvrage pour la première année, du Père J.-M. Schiltz, deux *Projets* pour les élèves des divers degrés, présentés par un groupe de professeurs du Plateau de Herve, et trente-huit cahiers pour les professeurs, publiés par l'Office d'enseignement religieux de Charleroi[39].

À côté de ces publications, il y a bien d'autres documents stencilés ou polycopiés qui n'ont d'autre ambition que de faire connaître «un cours qui a bien marché», de donner à penser, d'offrir des textes intéressants à analyser avec les élèves[40].

Desclée, sous le titre *Manuel de catéchèse. Des idées pour vivre pour les jeunes de 13 à 15 ans*); A. DAWANCE, M. DELTOUR, Ph. MASSART, J. TRIBOLET, V. WATHELET, *Le sens de la vie. Chemins évangéliques* (Passion de Dieu, Passion de l'homme, 4), Bruxelles, De Boeck, 1985 (à Paris, Desclée, sous le titre *Manuel de catéchèse. L'Évangile pour les jeunes de 14 à 16 ans*); Fr. ALLARD, J. BORREMANS, L. CROMMELINCK, M. DELTOUR, M. DETRY, Chr. GOHY, *Vivre en relation, vivre en Église* (Passion de Dieu, Passion de l'homme, 5), Bruxelles, De Boeck, 1983, ²1987. Le volume pour la dernière année est dû aux mêmes auteurs, auxquels il faut ajouter R. MYLE, et porte comme titre *Passion de Dieu, Passion de l'homme*, 6, 1983 (les volumes 5 et 6 ont paru à Paris, Desclée, sous le titre *Manuel de catéchèse pour jeunes et adultes*, en 1985).

37. Il y a dix cahiers pour la première année, dix pour la deuxième, sept pour la troisième, neuf pour la quatrième, et onze pour la cinquième et la sixième.

38. J. BONFOND, I. PONET, *«Qu'il y ait des espaces dans votre communion». Pour une étude critique des couples, des groupes et des communautés chrétiennes* (Programmation pour les 5es rénovées), chez les auteurs, 4085 Lorcé et 4601 Vaux-sous-Chèvremont, 1984. J. BONFOND, J. DEPASSE-LIVET, E. SCHYNS, I. PONET, G. VANDEGAART, *Visages de Dieu, visages de sociétés. Dis-moi quel est ton Dieu, je te dirai quel est ton projet de société*, Bruxelles, Vie Ouvrière - Lyon, Chronique sociale, 1989.

39. J.-M. SCHILTZ, *Mes pas dans tes pas. Cours de religion pour la première année B du secondaire*. Partie du maître. Dossier de l'élève (en collaboration avec P. DEFOUX), Bruxelles, Lumen Vitae, 1986. GROUPE DE PROFESSEURS DU PLATEAU DE HERVE, *Projets n° 1* et *Projets n° 2*, Gemmenich, Imprimerie Aldenhoff, s.d.

40. Ainsi, par exemple, de D. FRÉDÉRICK, *Découvre ce monde qui t'est confié* (pour la première année), *Partir pour un horizon nouveau* (pour la deuxième) et *Prendre en main son avenir* (pour la troisième), s.l., s.d.; de J.-M. MOUTON et D. COURTOY, *Sur les pas de Jésus-Christ. Cours de religion catholique pour la troisième année de l'enseignement secondaire*, Waremme, Centre scolaire libre, 1987; d'une équipe de professeurs de Bruxelles, *En quête de soi, Programmation, Troisième année*, s.d. [1988]; de E. ERNENS et de professeurs des provinces de Liège, Namur et Luxembourg, *Dieu nous appelle à vivre* (pour l'Enseignement secondaire spécial de l'État), Angleur, chez E. Ernens, 1988. Ce ne sont que des publications parmi bien d'autres; un relevé complet mériterait d'être entrepris.

On peut encore citer les recherches d'ordre pédagogique et méthodologique entreprises par les inspecteurs E. Ernens et A. Fossion. Le premier, avec des professeurs enseignant dans des établissements de la Communauté française, a mis en œuvre une «pédagogie d'appropriation par apprentissage». Cette pédagogie, écrit-il, «donne au cours de religion d'être un véritable lieu de recherche et d'interpellation. Elle favorise, comme y invite le programme officiel, un enseignement authentiquement chrétien articulé sur la vie. Mais elle l'effectue dans la perspective d'une *recherche de sens,* tant humain que chrétien. Elle permet que les désirs d'accomplissement des élèves se confrontent tant au projet d'accomplissement pour l'homme que Dieu révèle en Jésus-Christ qu'aux projets d'accomplissement que les hommes se cherchent et se donnent»[41]

A. Fossion, et d'autres inspecteurs dans l'enseignement catholique avec lui, parle lui aussi d'une «pédagogie d'apprentissage», à côté d'une «pédagogie d'exposition» et d'une «pédagogie d'animation». Au cours de religion, pense-t-il, il y a à la fois place pour des moments où le professeur expose le contenu de la foi chrétienne, donne des explications autorisées et des informations claires, pour d'autres moments où il part des acquis et des expériences des élèves et les invite à échanger et à exprimer le contenu de la Révélation; et il y a place pour d'autres moments encore où il met les élèves «en situation de recherche face à des documents qui expriment le donné de la foi et de la vie chrétienne, de telle sorte qu'ils puissent travailler ce donné de manière méthodique, en constante confrontation avec la diversité des expériences humaines, de telle sorte qu'ils puissent découvrir de manière personnelle les enjeux pour la vie du message chrétien et se déterminer librement à son sujet»[42].

41. E. Ernens, *Pédagogie d'appropriation et cours de religion catholique dans l'enseignement secondaire. Orientations de base*, Angleur, chez l'auteur, 1989 (ce texte reprend pour l'essentiel les p. 10-33 de *Un chemin de vie. La pédagogie d'appropriation et sa mise en œuvre au cours de religion catholique dans l'enseignement secondaire et technique. Orientations de base, programme et contenus prioritaires, démarches d'enseignement: canevas de développement*, Angleur, 1989). L'auteur est revenu sur cette pédagogie dans *Jalons d'une recherche. À propos de pédagogie d'héritage et de pédagogie d'appropriation au cours de religion catholique dans l'enseignement secondaire*, Angleur, 1991.

42. A. Fossion, R. Moulin, J. Piton, J. Tilquin, *Guide méthodologique pour l'enseignement religieux au cycle secondaire* (Pédagogie catéchétique, 3), Bruxelles, Lumen Vitae, 1990; le texte cité se trouve à la page 27.

III. L'AVENIR DU COURS DE RELIGION

Le cours de religion dans les écoles officielles semble avoir un avenir assuré puisque, depuis 1988, la Constitution fait aux Communautés l'obligation de l'organiser. Il nous faut cependant rester vigilants car le nouvel article 17 de notre loi fondamentale pourrait connaître diverses interprétations. Avant d'évoquer les craintes qui se sont déjà exprimées, nous dirons ce que le Traité de Maastricht dit de l'enseignement dans la Communauté européenne. Et nous terminerons par quelques questions posées aux responsables ecclésiaux s'ils veulent que l'enseignement de la religion catholique garde toute sa place dans l'éducation des enfants et des adolescents.

1. L'enseignement de la religion et le Traité sur l'Union européenne

La législation belge concernant le cours de religion dans les écoles officielles n'a pas d'équivalent dans les onze autres pays de la Communauté européenne[43]. Le Traité de Maastricht, signé le 7 février

43. Pour une connaissance de la situation de l'enseignement de la religion à l'école dans différents pays d'Europe, voir Fl. PAJER (éd.), *L'insegnamento scolastico della religione nella nuova Europa*, Leumann (Turin), Elle Di Ci, 1991. En langue française, on peut consulter J.-B. D'ONORIO, A. TALAMANCA, M. PALLASCIO, V.-V. DEHIN, J.-P. GRIDEL, J. MICHEL, *Liberté d'éducation et école catholique. Étude des juristes catholiques d'Italie, du Québec, de Belgique et de France*, Paris, Téqui, 1982; Fl. PAJER, *Une approche culturelle du catholicisme: l'enseignement de la religion dans l'école publique en Italie*, dans *Dimensions culturelles de la catéchèse* (Cahiers de l'Institut supérieur de Pastorale catéchétique, 4), Paris, Desclée, 1989, p. 27-42; J.-P. WILLAIME (éd.), *Univers scolaires et religions* (Sciences humaines et religions), Paris, Cerf, 1990 (outre l'URSS et la France, des auteurs envisagent aussi les USA, le Québec et l'Iran).

Il y aurait à lire l'ensemble du n° de *Lumen Vitae*: *L'Europe en chantier. Aspects catéchétiques et religieux* 47 (1992), où figure l'article de Fl. PAJER, *Dieu au programme pour cent millions d'élèves*, p. 67-75, et le n° 181, *École et religions dans la Société moderne*, juillet 1992, de la revue *Le Supplément*.

On trouvera dans *Catéchèse*: R. ILGNER, *La situation de l'enseignement religieux dans les écoles publiques en Europe*, 124 (1991) 91-105 ; J. CHARYTANSKI, *Les cours de religion en Europe centrale et orientale*, 124 (1991) 107-116; G. COQ, *Culture religieuse et école publique: ne pas se tromper d'enjeu*, 125 (1991) 63-82; K.-H. SCHMITT, *Culture et éducation dans l'Europe à venir. Un défi pour l'Église*, 125 (1991) 85-90; J. JONCHERAY, *L'enseignement de la religion à l'école dans l'Europe nouvelle*, 25 (1991) 91-94; ID., *L'enseignement de la religion catholique dans l'école d'État en Italie: une matière scolaire qui cherche sa voie*, 125 (1991) 95-99.

Dans *Études*: D. PONNAU, *Laïcité et patrimoine religieux*, 369 (1988) 61-69; D. SALIN, *Un enseignement religieux à l'école?*, 370 (1989) 529-539; U. HEMEL,

1992, ne va-t-il pas obliger les États membres à uniformiser leur législation en cette matière?

L'article sur l'éducation qui figure dans le Traité donne une compétence à la Communauté européenne dans ce domaine, mais une compétence limitée, qui consiste à «encourager la coopération entre les États membres et, si nécessaire, à appuyer et à compléter leur action tout en respectant pleinement la responsabilité des États membres pour le contenu de l'enseignement et l'organisation du système éducatif ainsi que leur diversité culturelle et linguistique»[44]. Ce même article se termine par cette affirmation importante qui donne le cadre et les limites de l'action communautaire: «le Conseil de la Communauté adopte des mesures pour contribuer à la réalisation des objectifs visés au présent article, à l'exclusion de toute harmonisation des dispositions législatives et réglementaires des États membres»[45]. Depuis 1974, les Ministres de l'éducation n'ont cessé d'affirmer la nécessité de préserver «l'originalité des traditions et des politiques éducatives de chaque pays et de ne pas uniformiser des structures, des méthodes et des contenus»[46]. La solution typiquement belge ne devrait donc pas être mise en question par nos partenaires européens. Par contre, les contacts entre les responsables et les enseignants des divers pays ne pourront qu'être bénéfiques.

2. *L'interprétation de la Constitution*

Au cours de notre histoire, les catholiques et les partis politiques d'esprit laïque, anticlérical, voire antireligieux, présents surtout à Bruxelles et en Wallonie, se sont violemment affrontés sur la question de la liberté de l'enseignement et sur l'influence de l'Église

L'enseignement religieux dans les écoles publiques en Allemagne. Avant-garde culturelle ou anachronisme?, 370 (1989) 541-554.

L'Actualité religieuse dans le monde a consacré plusieurs dossiers à l'enseignement de la religion: *Pourquoi? Comment? La religion à l'école*, 60 (1988) 18-27; *Métier: professeur de religion*, 72 (1989) 18-26 (concerne le canton de Fribourg, les Pays-Bas, l'Italie, l'Irlande, la Belgique francophone, l'Alsace et la R.F.A.); *Doit-on enseigner les religions au lycée?*, 82 (1990) 6-24.

44. *Traité sur l'Union européenne*, Titre II, 3e partie, *Politique sociale, éducation, formation professionnelle et jeunesse*, 36, nouvel article 126, 1, Luxembourg, Office des publications officielles des Communautés européennes, 1992, p. 47.

45. *Traité sur l'Union européenne*, nouvel article 126, 4, p. 48.

46. Citation de Mme Francine Vaniscotte, représentante des Communautés européennes, lors de son intervention à la Journée de l'Agrégation, Louvain-la-Neuve, le 20 mai 1992.

catholique dans la formation des jeunes. Le Pacte scolaire de 1958, la loi du Pacte de 1959 et finalement le nouvel article 17 de la Constitution de 1988 reconnaissent aux parents le droit de choisir une école qui soit conforme à leurs conceptions philosophiques ou religieuses et imposent aux écoles organisées par les pouvoirs publics l'obligation d'inscrire au programme des études l'enseignement de la religion et celui de la morale non-confessionnelle.

Selon la loi de 1959, tout élève du Primaire et du Secondaire *doit* choisir un des cinq cours actuellement organisés. La Constitution de 1988 stipule que les élèves *ont droit* à une éducation religieuse ou morale; elle ne dit cependant pas qu'ils doivent obligatoirement exercer leur droit, car il n'est pas possible de s'opposer à la Déclaration des droits de l'homme, qui exige le respect de la liberté de religion. La porte doit donc rester ouverte à des exceptions à la règle générale: dans des cas précis, des parents pourraient estimer qu'aucun des cours donnés ne concorde avec leurs convictions religieuses ou philosophiques. Ce n'est pas qu'une hypothèse d'école: des Arrêts du Conseil d'État, chambre néerlandophone, ont dispensé l'un ou l'autre élève dont les parents, témoins de Jéhovah, considéraient que le cours de morale non confessionnelle donné à leur enfant était inacceptable (il n'était pas un cours non-confessionnel, mais un cours engagé, basé sur la doctrine du «libre examen»). Depuis lors, des centaines de dispenses ont été accordées par le ministre néerlandophone.

Les enseignants francophones ont craint que le ministre de leur Communauté, lui aussi, n'accorde trop facilement des dispenses et qu'ainsi, peu à peu, les cours ne soient considérés comme des «cours facultatifs». Les ministres de l'Éducation de la Communauté française ont tenu à apaiser les esprits; ils ont confirmé l'interprétation donnée en commission parlementaire lors de la révision constitutionnelle: les dispenses ne pourront qu'être exceptionnelles. Et ils ont déclaré qu'ils n'en ont encore accordé aucune, même pas pour des élèves dont les parents sont d'une religion non enseignée à l'école.

Les professeurs de religion et les professeurs de morale non-confessionnelle restent cependant vigilants car rien n'empêcherait qu'un jour, une majorité politique modifie la loi du Pacte scolaire et déclare que les cours sont désormais «à option», ou ne comptent plus qu'une heure par semaine au lieu de deux. Il y a peu, en «front commun», ils ont réagi énergiquement lorsque le ministre a pris, le 26 juin 1990, la décision de supprimer l'examen pour le cours d'éducation physique, pour les cours pratiques de laboratoire et pour les cours de religion et de morale. Leur détermination à défendre l'importance de leur cours pour la formation intégrale des élèves a amené le ministre à retirer sa directive et à déclarer que «ni l'existence des cours philosophiques ni leur apport à la formation des élèves ne sont en danger»[47].

Les professeurs de religion catholique dans l'enseignement officiel n'ont pas pour autant relâché leur vigilance. Ils ont créé un «Collectif des Professeurs de Religion» (C.P.R.), qui s'est donné notamment pour mission de prêter attention à tout ce qui touche au statut du cours et du professeur, de défendre et surtout de valoriser l'organisation des cours dits «philosophiques». «Si l'on veut en effet que l'école, selon sa spécificité, soit un lieu d'éducation globale de la personne, non seulement en vue d'un savoir et d'un savoir-faire mais également d'un savoir-être, il paraît indispensable au C.P.R. que les cours de morale et de religion continuent à être intégrés dans le programme scolaire et que rien ne soit tenté qui risque de leur porter atteinte ou de les dévaloriser»[48].

En ce qui concerne le maintien du statut actuel des cours de religion et de morale, le C.P.R. relève un certain nombre d'opinions ou suggestions émises par des groupes philosophiques, politiques ou sociaux, qui viseraient à les rendre facultatifs, voire même à les supprimer. Ainsi, par exemple, *Le Ligueur,* hebdomadaire des familles, fait remarquer que «dans les pays voisins, les cours de religion à l'école ça n'existe pas. C'est une tâche qui est du ressort des familles. Assez curieusement ce choix couteux n'est pas évoqué dans les économies»[49]. Ou encore, dans *Espace de Libertés,* la revue du Centre d'Action laïque, on peut lire: «dans l'enseignement officiel, il serait certes rationnel et démocratique que les différentes autorités religieuses organisent désormais elles-mêmes – hors de l'horaire scolaire – pour leurs adeptes, des cours philosophiques; ainsi disparaîtraient un très grand nombre de classes à deux ou trois élèves. Et l'école officielle pourrait organiser pour tous ses élèves un cours d'éducation civique (...) mais à cette fin, une nouvelle révision de la Constitution

47. Y. YLIEFF, dans *Espace de libertés*, n° 189, mars 1991, p. 12: *le Ministre défend le cours de morale*.
48. *Collectif. La gazette du Collectif des Professeurs de Religion*, n° 1, 15 février 1991, p. 3.
49. J. LIESENBORGHS, cité dans *Collectif*, n° 1, 15 février 1991, p. 15.

(...) serait nécessaire»[50]. Dans l'hebdomadaire *L'Instant,* c'est à partir du coût «inconsidéré» de l'enseignement qu'il est question des cours de religion: «Quid de la charge financière des professeurs de morale et de religion? Ce système contraignant n'existe ni en France, ni en Allemagne. Il a été abandonné en Italie. En Pologne, en revanche, Lech Walesa fait pression sur la Diète pour le rendre obligatoire! la suppression de cette contrainte (...) représenterait à elle seule une économie annuelle de 2,8 milliards!»[51]. Un dossier du Parti Ecolo propose, en janvier 1991, l'instauration d'un cours d'éthique sociale, les cours de religion et morale étant rendus à option dans les écoles officielles: au terme du forum où il en fut débattu, le document de synthèse se veut en retrait par rapport à la proposition initiale: «Ce cours spécifique ne vise pas à supprimer d'une manière ou d'une autre les cours de philosophie ou morale laïque ou les cours de religion. Leur contenu sera certainement complémentaire à bien des égards»[52]. Au Parti Socialiste, la tendance majoritaire prône le maintien des cours; une minorité voudrait cependant les retirer de l'école et les placer ailleurs parce qu'ils relèvent non de l'école mais des parents, parce que d'autres religions demandent leur reconnaissance et que cela va aller à l'encontre de l'économie budgétaire, et parce que le retrait de tous les cours permettrait de ne choquer les susceptibilités d'aucune religion et notamment celles de la religion islamique qui pose tant de problèmes à Bruxelles[53]. Au sein de la Centrale générale des Services publics, de tendance socialiste, un groupe, chargé de préparer un congrès de réflexion sur les réformes à proposer pour l'enseignement secondaire, publie d'abord un premier texte disant que de 12 à 16 ans, les élèves suivront un

50. G. de Bievre, *Cours philosophiques et Conseil d'État*, dans *Espace de libertés*, n° 184, octobre 1990, p. 17.

51. Cf. M. Peeters, *École: les chèques de l'ignorance*, dans *L'Instant, l'hebdo des années nonante*, n° 9, 1er novembre 1990, p. 39.

52. Cf. *Partis politiques et cours de religion et morale. Écolo*, dans *Collectif*, 1, 15 février 1991, p. 11; 2, 15 mai 1991, p. 5-7.

53. Cf. *Partis politiques et cours de religion et morale. Les points de vue du Parti Socialiste*, dans *Collectif*, 3, 8 novembre, 1991, p. 8-9.

Les problèmes posés par l'organisation du cours de religion islamique sont abordés dans *Enseignants et enseignement de l'Islam au sein de l'école officielle en Belgique. Actes de la journée d'étude du 25.11.1986 réunis par A. Bastenier et F. Dassetto*, Louvain-la-Neuve, ciaco, 1987. Voir aussi, dans une perspective plus large, Commission Justice et Paix, *Chrétiens et musulmans. Problématiques*, dans *Lumen Vitae* 47 (1992) 261-269, et *Perspectives*, p. 271-279.

cours d'éducation philosophique, civique et sociale, le cours de religion étant rendu facultatif et organisé hors du nombre global de «période-professeur»; une deuxième version ne mentionne plus la religion et ne précise plus ce qu'il faut entendre par «éducation philosophique, civique et sociale», et par «enseignement de la philosophie et de la logique» destiné aux 16-18 ans qui suivront la filière de transition. Les documents récents de la Centrale, concernant la réforme des rythmes scolaires, mentionnent cependant encore la religion et la morale non-confessionnelle[54].

Il est impossible d'évaluer l'importance et le poids réel des groupes dont nous venons de résumer les positions. Lancent-ils des ballons d'essai? Veulent-ils éprouver la détermination des défenseurs des cours de religion et de morale? Espèrent-ils créer un courant d'opinion favorable au changement? Comptent-ils vraiment trouver une majorité politique prête à reprendre et à faire aboutir leurs projets? Pensent-ils qu'un jour, il n'y aura plus, au sein de la Communauté française, suffisamment d'hommes et de femmes décidés à exiger le maintien de ces cours au programme des écoles officielles?[55]

54. Cf. *Syndicats et cours de morale et religion. À propos des projets* C.G.S.P. *Un cours de religion facultatif, un cours de morale rebaptisé et obligatoire!*, dans *Collectif*, 4, 1er avril 1992, p. 4-7.

55. La pratique religieuse dans la Région de Bruxelles-capitale et en Région wallonne (communauté francophone et germanophone), ne cesse de décroître:

	1967	1979	1988	1989
pourcentage de la pratique dominicale au cours du troisième dimanche d'octobre				
Bruxelles-capitale	20,45	10,47	9,1	8,6
Wallonie	28,28	18,79	15,8	15,3
pourcentage de baptèmes				
Bruxelles-capitale	81,6	46,6	37,7	36,4
Wallonie	92,8	84,9	75,1	74,6
pourcentage de mariages par rapport au mariage civil				
Bruxelles-capitale	61,5	46,7	33,6	28,9
Wallonie	83,5	73,7	62,9	58,2
pourcentage de funerailles religieuses				
Bruxelles-capitale	72	66,3	61,6	61,6
Wallonie	79,3	78,7	76,8	76,9

Cf. L. VOYÉ, *Approche sociologique de la situation religieuse en Belgique*, dans CONFÉRENCE ÉPISCOPALE DE BELGIQUE. SERVICE DE PRESSE, *Radioscopie de l'Église catholique en Belgique* [dossier 8], mai 1985, p. 57-63; vour aussi, en ce qui

3. Le contenu du cours et le recrutement de professeurs

La défense du cours de religion est une chose, la mise en valeur de sa place dans la formation de tout élève en est une autre tout aussi indispensable. Sa visée et ses objectifs ont été précisés dans le Programme du primaire de 1975 et dans le Programme du Secondaire de 1972 et de 1982.

En ce qui concerne le Primaire, une question fondamentale me semble devoir être posée. Les autorités responsables ont officiellement opté pour un *Programme de catéchèse,* et le cours se présente bien comme une catéchèse si l'on en juge par les manuels publiés à ce jour; en effet, le maître de religion invite les enfants à prier, célébrer, rendre grâce et leur propose des démarches qui ressortissent davantage d'une éducation de la foi au sein de la famille et de la communauté chrétienne que d'un enseignement dans un cadre scolaire. L'école semble ainsi suppléer la famille et la paroisse et plus d'un pasteur compte beaucoup sur l'école pour l'initiation sacramentelle des enfants. Faut-il poursuivre dans cette voie ou mieux marquer la distinction entre un cours de religion à l'école et une catéchèse?[56]

concerne les années 1988 et 1989, les informations reprises dans la presse (ainsi dans *Vers l'avenir* du 7 février 1992, p. H).

En même temps, les statistiques de l'enseignement catholique indiquent que la fréquentation des écoles catholiques est en constante progression depuis 1972-73, surtout au détriment de l'enseignement de la Communauté (voir *Forum* 22 [1991] n° 6, p. 2).

En ce qui concerne le cours de religion catholique dans les écoles secondaires officielles, la dernière information que j'ai pu recueillir indique une croissance du nombre d'élèves fréquentant le cours de morale non-confessionnelle: en 1983-84: 82.879 suivent la religion catholique et 86.779 le cours de morale et en 1984-85: 78.973 suivent la religion catholique et 87.952 le cours de morale (la religion protestante passe de 2.938 à 3.012, la religion israélite de 801 à 812 et la religion islamique de 5640 à 6339; cf. *Bulletin des questions et réponses*, Sénat de Belgique, session 1985-1986, n° 21, mai 1986, p. 1164).

56. Sur la distinction et la complémentarité entre l'enseignement de la religion et la catéchèse, voir JEAN-PAUL II, *Discours aux prêtres de Rome*, 5 mars 1981, n° 3, dans *La Documentation catholique* 78 (1981), p. 344; CONGRÉGATION POUR L'ÉDUCATION CATHOLIQUE, *Dimension religieuse de l'éducation dans l'école catholique*, 7 avril 1988, n° 68, dans *La Documentation catholique* 85 (1988), p. 823 ; SYMPOSIUM EUROPÉEN SUR L'ENSEIGNEMENT DE LA RELIGION, Rome, 13-15 avril 1991, n° 9 du texte de conclusion: «dans la réflexion ecclésiale sur l'enseignement de la religion, il est nécessaire d'étudier avec une grande attention les tâches et les buts de cet enseignement par rapport à la catéchèse de la communauté, selon le principe de la distinction et de la complémentarité»; JEAN-PAUL II, *Discours à un Symposium du Conseil des Conférences épiscopales d'Europe*, 15 avril 1991, dans *La Documentation catholique* 88 (1991) 618-620.

En ce qui concerne le Secondaire, les rédacteurs du programme de 1982 ont abandonné le terme «catéchèse» encore présent dans le document de 1972 et lui ont préféré l'expression «cours de religion». Quel est dès lors le but du cours? Sachant qu'il s'adresse à des jeunes dont 32% se déclarent croyants, 9% se disent athées, 25% agnostiques, 21% indécis et 9% indifférents, sachant aussi que l'enseignement est donné dans le cadre de l'obligation scolaire et que la foi est une démarche essentiellement libre, A. Fossion décrit ainsi l'objectif recherché: «Dans un esprit de service, le cours de religion veut offrir au plus grand nombre d'élèves les conditions, particulièrement sur le plan intellectuel, qui leur permettent de se situer librement et en connaissance de cause face au message chrétien, et cela dans le champ des questions existentielles – personnelles ou sociales –qu'ils se posent, ainsi que dans le champ de toute la culture véhiculée par l'école»[57]. L'inspecteur E. Ernens écrit, de son côté: «Le christianisme constitue un univers de significations toujours présent et vivant dans notre culture occidentale. Le cours de religion aborde ce champ de savoir propre et spécifique que nul autre cours n'a la responsabilité d'aborder... (Il) permet à tous ceux et celles qui sont en train d'élaborer un sens de se confronter à la force structurante et motivante d'une vision du monde». Il est une éducation aux valeurs humaines et chrétiennes qu'inspire le christianisme[58].

S'inscrivant dans le champ scolaire, il fait découvrir et met en valeur le patrimoine de la foi chrétienne en vue de promouvoir la réflexion et la liberté des élèves. Il ne s'identifie pas à l'animation chrétienne et n'est pas la catéchèse telle qu'elle se déroule dans les communautés croyantes. Il n'est pas non plus le cours réservé à la culture chrétienne ou le cours de sciences religieuses faisant apprendre toute et rien que l'Écriture, toute et rien que la Tradition catholique. Il n'est pas simplement un cours à contenu objectif mais un lieu de confrontation entre l'expérience de vie des élèves et celle dont témoignent l'Écriture et toute l'histoire des chrétiens.

Cette optique doit-elle être maintenue? Nous pensons que oui et nous nous demandons s'il ne faudrait pas y apporter un complément. À l'heure du cours de religion, les élèves des écoles officielles se séparent: les uns vont au cours catholique, les autres aux cours

57. A. Fossion, R. Moulin, *Guide méthodologique* (n. 42), p. 11.
58. E. Ernens, *Pédagogie d'appropriation* (n. 41), p. 42.

protestant, israélite, islamique ou au cours de morale. Ne devraient-ils pas – et les élèves des écoles catholiques aussi, qui n'ont que la religion catholique à leur programme – découvrir d'une manière ouverte les diverses traditions qui se côtoient dans le pays? Dans un cours qui invite à la recherche du sens de l'existence et en appelle à la liberté de détermination des élèves, n'y a-t-il pas normalement place pour une telle ouverture à l'autre, aux autres? Et ce qui vaudrait pour le Secondaire ne devrait-il pas se trouver déjà à l'école primaire?

La rédaction de programmes et leur adaptation continuelle est une tâche importante. La formation des enseignants en est une autre qui, pour l'instant, est très préoccupante: les instituts de sciences religieuses ne manquent pas, ce sont plutôt les candidats qui se font de plus en plus rares. Ainsi, par exemple, à Louvain-la-Neuve, la moyenne annuelle d'étudiants, de 1959 à 1975, a été de 12 licenciés-agrégés; de 1976 à 1982, cette moyenne est montée à 25 et est, par après retombée à 10; en septembre 1992, il n'y a eu que trois inscriptions en première année d'étude. Les autres instituts et les écoles normales secondaires connaissent la même évolution. Les jeunes terminant leurs études secondaires s'engagent de moins en moins dans la profession d'enseignant de la religion: est-ce pour des motifs religieux? Est-ce parce qu'ils ne veulent pas s'engager dans une voie qui ne leur permettra d'enseigner que la religion? Seraient-ils plus nombreux si on leur offrait la possibilité d'obtenir un diplôme en une branche profane et un diplôme en sciences religieuses? Des questions connexes, tout aussi importantes, viennent à l'esprit: faut-il maintenir en activité cinq instituts ayant un nombre réduit d'étudiants? Des regroupements ne sont-ils pas à envisager, tant pour rassembler des auditoires plus consistants que pour engager des professeurs qualifiés? À qui confiera-t-on le cours de religion, en l'absence de diplômés préparés à cette tâche? Comment rendre crédible un cours qui serait attribué à des personnes n'ayant qu'un diplôme en sciences profanes? Quelle formation complémentaire minimum devrait être exigée? Si tout diplôme peut, en fait, donner accès à l'enseignement de la religion, faut-il encore maintenir les diplômes en sciences religieuses? Autant de questions qu'il est urgent de poser et auxquelles des réponses sont attendues.

Maurice SIMON

L'ENSEIGNEMENT RELIGIEUX DANS LES ÉCOLES D'ENSEIGNEMENT SECONDAIRE

À la recherche de la vérité

Deux choses essentielles nous animent tous. D'une part, le souci d'une véritable éducation à la foi et d'un enseignement sérieux de la religion, d'autre part un besoin intellectuel, moral et pastoral de vérité. Dans ce colloque on a cherché amplement à montrer la vraie situation de l'enseignement de la religion, les vraies difficultés rencontrées par les enseignants et les vrais besoins et questions des jeunes. En bref, il s'agissait de découvrir la vraie problématique et les vraies possibilitiés.

Je tiens à souligner combien, en tant qu'évêques, nous apprécions cette recherche de vérité, même si finalement elle doit se révéler douloureuse et source d'inquiétude. Il nous faut en effet vivre dans la vérité, non seulement au bénéfice de notre action pastorale, mais surtout parce que «seule la vérité nous rendra libres».

Dans cette recherche d'un fondement vrai et solide on ne doit pas oublier que la vérité qui se découvre par les enquêtes et les expériences n'est pas la seule vérité. Les «choses» ont leur vérité interne, leur vérité propre et, dans le cas précis qui nous intéresse, il s'agit de la vérité propre à l'enseignement de la religion. Ceci paraîtra peut-être très abstrait à certains, mais en fait, cette forme de vérité est aussi très concrète et très déterminante pour notre travail. Si un jour, par inattention ou pour je ne sais quelle autre raison, nous nous plaçons hors de cette vérité, notre travail perdra son sens, pis encore, il deviendra «insensé». Et là, nous en sommes en plein dans le concret!

«Mais comment trouver cette sorte de vérité?» se demandera-t-on. Je ne crois pas qu'elle puisse se découvrir par une étude empirique de ce que pensent aujourd'hui les jeunes et les professeurs. Ce sera plutôt par une rencontre positive avec les sources profondes de notre foi et par un sincère examen des conséquences de cette étude sur l'enseignement religieux. Le mode de pensée qui peut nous aider dans cette démarche est du type même de la saine théologie: d'abord adhérer à la foi, ensuite réfléchir, en s'aidant de la saine raison, au sens concret de cette adhésion, tirer les conséquences de ce qui apparaît comme vrai, voir comment cela influencera notre théorie et pratique didactiques et enfin rechercher les perspectives dans lesquelles la foi pourra s'épanouir dans sa pleine vérité.

C'est ce que je tenterai de faire dans cet exposé de clôture. Le temps m'est mesuré, le thème est large et plein de nuances et ma capacité à y découvrir l'essentiel est restreinte... Bref, disons que je compte sur votre compréhension.

1. La foi est libre, mais elle est nécessaire.

Le mot «croire» est biblique, par son origine même, et plus précisément encore, néo-testamentaire. On a trop tendance à lui donner un sens trop large, voire même déliquescent. Il est nécessaire de retourner sans cesse à son acception originelle qui est celle de fermeté et de confiance basées sur la Parole salutaire de Dieu. C'est arriver à cette confiance parce que la promesse de Dieu est tenue pour vraie et sûre. La foi suppose l'obéissance, prise dans son sens d'écoute. Dans le langage courant le mot «écouter» est d'ailleurs souvent synonyme de «obéir».

Nous pouvons dire que croire renvoie à l'acte et à l'attitude par lesquels un homme ou un peuple répondent d'une façon adéquate et juste à une parole du Dieu personnel. Si cette Parole est un message de salut, cette réponse est un acte de confiance. Si elle est un commandement, la réponse est l'exécution de ce qui est demandé. Si elle énonce une vérité, la réponse est adhésion. Croire est toujours réponse à une parole, et cet aspect est déterminant.

Dieu qui, d'après la Révélation des Écritures, est liberté souveraine, attend de ses enfants une réponse libre. Certes, l'Ancien Testament montre des actions violentes venant de «zélateurs de Dieu»; mais, par ses paroles, ses faits et gestes, Jésus refuse cette approche. Il refuse d'accomplir des signes qui forceraient la foi. Il rejette la demande de ses disciples qui veulent faire tomber la foudre sur les Samaritains incrédules. Affirmer que la foi doit naître d'un acte libre et non de la force ou d'artifices méthodologiques, n'est donc pas une simple concession à la mentalité moderne. Ceci est évidemment capital pour notre enseignement de la religion.

D'autre part nous ne pouvons pas reprendre à notre compte l'idée qui est dans l'air du temps et qui dit qu'il est indifférent d'avoir la foi ou non. Il suffirait de «croire en quelque chose». Ces opinions, qui sont hélas très répandues même dans les milieux des enseignants, vont dans un sens radicalement opposé au véritable enseignement de la Bible.

Pour la Bible il n'est pas indifférent si on croit ou si on ne croit pas. La conviction ferme, tant de l'Ancien que du Nouveau Testament, est qu'il n'y a de salut pour l'homme que par la foi. «Mon juste vit de la foi.» Celui qui voit la réalité de Dieu dans la lumière de la révélation biblique, comprend et accepte ce principe. La vie, la vraie vie, celle d'ici-bas et de l'au-delà, ne nous est donnée que par la grâce créatrice et rédemptrice de Dieu, par son alliance avec nous et avec sa création. Mais, «le Saint parmi nous» met une condition sine qua non à la participation à cette alliance: l'exigence d'une justice radicale qui n'est possible que par «l'obéissance de la foi» devant la sainte volonté de Dieu.

Non, la vie n'est possible que par la foi. Tout le bien que l'homme peut faire ou penser s'enracine dans la foi. Toute bonne œuvre et toute initiative salutaire jaillit de la foi, même si cette vérité reste cachée à la personne impliquée.

Et c'est pourquoi la foi n'est pas facultative; c'est une nécessité vitale. C'est pourquoi nous devons continuer à l'annoncer comme telle même dans ce temps moderne.

2. La foi en Jésus-Christ, elle aussi est nécessaire.

Croire que Jésus-Christ a été et reste la Parole parfaite et définitive de Dieu, est la clé de voûte du christianisme. Cette affirmation n'enlève rien au caractère universel de la Parole de Dieu, ni à la foi qui sauve. Plus que quiconque, le chrétien croit à cette universalité, mais pour lui Jésus-Christ reste par ses paroles, par ses exemples, par sa vie, par sa mort et par sa glorification céleste «l'ultime Parole».

Oui, avec tout le Nouveau Testament, le chrétien reconnaît, en la personne de Jésus, le Verbe éternel du Père, le Fils céleste et l'archétype de tout ce qui est. Ce qui l'a précédé a été assimilé par Lui, ce qui le suit vit et agit par le mouvement de son Esprit. La foi dans le Fils est indispensable au salut et ceci reste vrai à notre époque.

Cette affirmation scandalise l'homme moderne; il la trouve intolérable et d'une inacceptable prétention. Mais celui qui veut vivre la vérité de la foi doit y croire et confesser cette foi. Cet aspect est lui aussi déterminant pour notre enseignement de la religion.

3. Cette vérité est valable pour l'école ou pour notre enseignement religieux

Il y a des écoles publiques et des écoles chrétiennes, en particulier des écoles catholiques. Ces dernières font partie intégrante de la communauté ecclésiale et donc participent dans leurs limites propres à la mission de l'Église. Pour vivre dans la vérité, elles doivent reconnaître cette vocation d'annonce de la foi afin que, par la foi, les jeunes puissent vivre. Cela ne diminue en rien leur mission première sur le plan social et pédagogique qui est d'être un centre d'enseignement. Mais elles perdraient le droit d'etre appelées écoles «catholiques» ou écoles «chrétiennes» si elles oubliaient leur mission de proclamer la foi.

Ce qui vient d'être dit reste valable pour l'enseignement officiel, en ce qui concerne l'enseignement de la religion au moins. Le principe que cet enseignement tombe sous la responsabilité de l'Église, est reconnu par les pouvoirs organisateurs publics et vaut aussi pour les professeurs et le contenu de leur enseignement. L'enseignement religieux dans les écoles publiques partage, lui aussi, la mission de proclamer la foi au bénéfice de la vie des jeunes.

4. Mais l'enseignement de la religion doit également respecter l'authenticité de l'école et de l'événement didactico-pédagogique.

Si l'enseignement religieux ne peut renoncer à sa mission de proclamer la foi sous peine de perdre son identité, il ne peut se placer hors de la vérité propre de l'école, et du processus didactico-pédagogique. En d'autres termes, s'il convient de se rappeler que la proclamation de la foi est le but premier, il faut respecter les lois propres et les finalités de l'école.

Pour préciser davantage encore, disons que le témoignage direct trouve à certains moments sa place dans l'enseignement de la religion, mais que, dans le cours normal des choses, il faut enseigner d'une façon qui entre dans le cadre habituel de l'école. Un tel témoignage est plein de discrétion et de retenue. Il est voilé par une présentation objective de la foi. Il n'est question ici ni de peur, ni de stratégie mais de respect de l'authenticité et de la valeur propre du fait scolaire. La discrétion du témoignage n'est pas synonyme de faiblesse, bien au contraire. Il peut être très efficace dans le cadre-même de l'école.

L'élève toutefois doit pouvoir sentir une chaude sympathie envers la foi sous l'apparente neutralité de la présentation. La foi du professeur doit rester perceptible. Les élèves poseront de toute façon un jour ou l'autre la question fondamentale: «Y croyez-vous vous-même?». Le témoignage ne peut se refuser lorsqu'il est demandé, l'incroyance ne peut se cacher sous la présentation «neutre» de la foi. Les élèves ressentent d'ailleurs ces choses intuitivement.

Une telle pédagogie peut révéler et faire sentir la propre pédagogie de Dieu envers l'homme: un immense respect de la liberté humaine et un ardent désir de donner par la vérité la vie et le salut à ses enfants.

Que l'Esprit du Seigneur de toute bonté et de toute sagesse, premier et dernier Pédagogue, nous accorde cette grâce. Je vous remercie de votre attention et je souhaite que la quête de vérité dans votre enseignement religieux porte du fruit en abondance.

Paul VAN DEN BERGHE
Évêque d'Antwerpen

CONCLUSIONS

À la fin de ce parcours qui retrace de façon fort partielle la situation actuelle de l'enseignement de la religion dans les écoles (surtout catholiques) en Europe, la question se pose: quels en sont les enjeux pour la *nouvelle Europe*? L'enseignement de la religion est-il acculé à prendre congé de la nouvelle Europe? Faut-il laisser le terrain à d'autres instances, instruments des enjeux politiques et économiques du continent? Comme R. Englert l'a signalé, il y a différentes formes de distanciation entre l'école et la religion, de marginalisation de la religion dans l'école, tout comme dans la société. L'enseignement de la religion peut-il se donner une tâche nouvelle au cœur de la réalité socio-politique, face aux nouveaux défis, risques et incertitudes?

Les auteurs de ce volume ne se sont pas limités à donner une description, une analyse de la situation, mais ils formulent aussi un diagnostic, alertant les responsables des impasses vicieuses. Ils se sont efforcés d'indiquer des perspectives pour l'avenir: quels sont les défis et les enjeux qui émergent dans le contexte de la construction de la nouvelle Europe? quelles responsabilités l'enseignement de la religion peut-il s'approprier dans ce contexte?

L'intérêt premier du colloque portait sur l'importance et le rôle de l'enseignement de la religion dans les écoles catholiques, en se demandant si la situation propre des écoles publiques s'impose également au sein des écoles catholiques. Si cette «égalisation» se confirme, il y a lieu d'en évaluer les conséquences pour l'Église dans les pays dits «catholiques», notamment en Flandre.

Une mutation?

Dans sa présentation schématisée de l'évolution de l'enseignement de la religion en Europe durant ces trente dernières années, F. Pajer conclut que les catégories utilisées jusqu'à présent pour identifier le positionnement de l'enseignement de la religion à l'école sont devenues inadéquates. Effectivement, à la lecture des différentes contributions, le lecteur constate que les phénomènes identifiés par les auteurs sont d'un autre ordre. Les cadres de référence se sont modifiés. Le «bouleversement» (P. Lamotte) est d'un ordre tel qu'une insécurité fondamentale s'installe chez les «agents» de la transmission de la tradition chrétienne. Nous sommes invités à repenser l'enseignement de la religion pour repréciser en quel sens il peut constituer un lieu spécifique et qualitativement significatif dans le contexte scolaire.

De fait, depuis quelques décennies le débat dépasse de loin les questions de pédagogie et de méthodologie religieuses. La mutation invoquée pour caractériser l'évolution récente concerne tous les aspects qui affectent l'enseignement de la religion dans l'école. Les auteurs se sont efforcés de reconnaître le terrain complexe d'où émergent les multiples mutations en vue d'en apprécier l'importance pour l'avenir de l'enseignement de la religion à l'école.

Enseignement de la religion à l'école comme symptôme

Ce n'est plus une religion établie au cœur d'une société qui détermine de façon exclusive l'orientation de la vie scolaire. La scolarisation généralisée a modifié les interactions et les rapports de force. De ce fait, c'est plutôt la société juridique qui peut mettre en place les conditions d'un enseignement de la religion scolaire et garantir le respect des aspirations des «clients».

Étant donné les multiples changements qui s'opèrent dans la société contemporaine, il n'est pas étonnant de constater que tant de difficultés se cristallisent autour de l'enseignement de la religion à l'école. En effet, l'école est un indicateur sensible d'une transformation qui s'impose de l'extérieur sans qu'elle n'ait été planifiée comme telle. Les conséquences émergent dans les zones où le lien avec un système de valeurs et avec le sens de la vie est le plus manifeste: le cours de religion et le caractère confessionnel ou non-confessionnel de l'institution scolaire. Ces phénomènes ne demandent pas en premier lieu une «solution» propre à la pédagogie religieuse. Ces phénomènes réclament d'abord une attention nouvelle, une lecture et une analyse pertinentes afin de saisir jusqu'à quel point les présupposés de l'enseignement de la religion, jusqu'à présent considérés comme évidents, se trouvent mis en question par des mutations plus globales.

Le symptôme le plus significatif se manifeste au niveau de la population scolaire. À plusieurs reprises les auteurs soulignent qu'il est de plus en plus difficile de distinguer les élèves d'une école de l'État de ceux d'une école catholique ou confessionnelle. Les populations scolaires se ressemblent de plus en plus. Une population plus ou moins pluraliste se présente au cours de religion, avec des préparations et motivations fort différentes. Cette problématique s'impose progressivement dans tous les pays du continent européen. Les auteurs insistent sur la nécessité de reconnaître cette réalité et de repenser l'orientation de l'enseignement de la religion en conséquence.

Devant cette situation où le cours de religion s'adresse à un public multiculturel et multireligieux, il s'avère que l'Église éprouve des difficultés à renoncer aux aspirations catéchétiques et évangélisatrices. La discussion ne peut se laisser enfermer dans une polarisation stérile. Tous les partenaires impliqués dans l'enseignement de la religion à l'école doivent être invités à dépasser les cloisonnements du passé, et à créer un climat nouveau où l'identité propre des croyants et/ou des non-croyants soit reconnue dans sa valeur spécifique.

Un négociateur averti

Les professeurs de religion se trouvent dans une situation délicate et fragile, voire conflictuelle. D'une part, en tant qu'agents de la transmission institutionnalisée d'une tradition (de l'Église catholique), les professeurs vivent l'expérience que l'évidence de leur fonction est mise en cause non seulement par l'opinion publique, mais aussi par des collègues, des parents ou des élèves. D'autre part, en tant que personnes, membre de la société contemporaine au même titre que les parents, les élèves et les collègues, ils sont marqués par les mêmes expériences socio-culturelles, économiques et politiques. Cette réalité les invite à une démarche fort différente, s'ils veulent se soustraire à une dualité insupportable.

Les professeurs se trouvent devant un dilemme. Ils se sentent obligés de choisir entre d'une part une fidélité formelle vis-à-vis de l'institution, et le risque de perdre ainsi la sympathie du public, et d'autre part l'insertion dans le milieu social et culturel du public visé, ce qui amène à porter un regard «désenchanté» sur l'évolution actuelle de la société, de l'école et de l'enseignement de la religion à l'école. C'est en ces termes que se présente le défi auquel les professeurs sont confrontés. Une interpellation qui a un effet stimulant pour certains, menaçant ou paralysant pour d'autres. Devant ce dilemme, les professeurs se sentent souvent abandonnés par l'Église. Ils éprouvent une inquiétude et une déception par rapport aux orientations qui émergent dans la politique ecclésiale de ces dernières années. Ils ont l'impression que leurs efforts pour lancer des ponts entre l'évolution de la société contemporaine et la foi chrétienne ne sont pas toujours pris en considération.

Le statut de l'école

«L'enseignement de la religion à l'école» se décode de façon différente. Autrefois, l'école catholique et l'enseignement de la religion s'accordaient harmonieusement, sous l'hypothèse que l'école catholique faisait partie de l'Église. L'enseignement de la religion y avait une fonction catéchétique, voire évangélisatrice, l'école offrant, en tant qu'institution sociale, l'occasion de rassembler – obligatoirement – les enfants et les jeunes pour les instruire: d'où l'intérêt manifeste pour le «comment» de l'enseignement de la religion à l'école. Dans les écoles publiques, l'enseignement de la religion jouissait du statut d'un îlot sacré dans un environnement séculier, grâce à un accord politique (lois parlementaires ou conventions concordataires) entre l'Église et l'État.

À présent, les questions se cristallisent autour de l'école en tant qu'instrument de socialisation de la société et du programme politique des gouvernements. La prudence à l'égard de toute forme d'endoctrinement et d'influence idéologique fait prendre conscience que l'école en tant qu'institution sociale est investie d'une autorité nouvelle. Les autorités mandatées pour surveiller le fonctionnement de la scolarisation généralisée dans une société démocratique se sont multipliées. C'est plutôt le statut socio-politique et culturel de l'école qui semble s'imposer pour déterminer le statut de l'enseignement de la religion à l'école. D'où la nécessité de bien distinguer les intentions des éducateurs, de revoir le contenu des concordats, et d'établir de nouveaux objectifs concernant la collaboration entre professeurs et élèves. Dans ce sens, l'option adoptée par le Synode catholique de l'Allemagne de l'Ouest, en 1974, reste un événement qui, pour la première fois, a reconnu l'ampleur de la mutation. Depuis, les données ayant inspiré l'option de distinguer – mais pas séparer – l'enseignement de la religion scolaire de la catéchèse ecclésiale se sont radicalisées et généralisées.

Le déplacement de la confessionnalité

Le statut de l'école, confessionnelle et non-confessionnelle, occupait une place importante dans le colloque. Une fois de plus, il est parfois difficile pour une institution catholique ou protestante d'honorer les résultats de ses nombreuses initiatives et du service de haute qualité rendu pendant des décennies, voire pendant des siècles. Durant cette deuxième moitié du XXe siècle, la société (occidentale) dans sa totalité a fait un saut qualitatif. Les peuples européens ont intégré une prise de conscience permettant de gérer leur vie personnelle, professionnelle et familiale avec une plus grande autonomie. Ce passage est en partie dû au progrès scientifique et technologique, au développement spectaculaire de la communication médiatique, à l'accès à un circuit mondial de consommation. Cette évolution se doit en grande partie aussi, en Europe, à l'éducation propagée notamment par les écoles catholiques. Mais, l'institution scolaire est-elle capable d'assumer aussi la portée des résultats obtenus? Une «bonne éducation» rend les adultes capables de contribuer au développement d'une société autre, imprévisible lors de leur passage par l'école. L'ensemble de toutes ces transformations au sein de la société exige que les écoles catholiques repensent fondamentalement le service qu'elles peuvent rendre, de façon complémentaire, dans une société en pleine évolution.

Plusieurs auteurs insistent sur le fait que maintenir le caractère 'missionnaire' de l'école catholique dans l'optique de l'unité entre école et Église, dans la situation actuelle, risque d'introduire une ambiguïté fondamentale, justement quant à l'essence même de la foi chrétienne qu'elle entend propager. La fidélité à la confessionnalité exige que les partenaires engagés dans les écoles catholiques, au nom de leur foi, revoient leur position. Une interpellation semblable émerge aussi au sein des écoles non-confessionnelles. La réflexion de P. Lamotte, à partir des changements dans l'interprétation de la «laïcité», en France, est éclairante dans ce sens. Quand la militance antireligieuse se dissipe ou se transforme en une attitude plutôt tolérante, la question concernant le statut de la religion dans la société et dans l'école peut être posée de façon plus ouverte.

Les multiples mutations ont en quelque sorte forcé «la religion» à adopter une attitude plus discrète. Devant un public jeune qui n'a pas appris beaucoup sur la religion, il est important que les professeurs de religion se présentent en toute clarté, sans dissimuler leur attitude personnelle, capables de dépasser les ambiguïtés de l'hésitation.

Lors du colloque deux professeurs de religion, anciens étudiants de la Faculté de théologie de Leuven, Christine Waegeman et Peter Malfliet, ont évoqué leur expériences en réponse aux analyses des conférenciers. Ils percevaient bien la «mutation»; ils constataient une certaine marginalisation structurelle de la religion dans le monde scolaire. Mais face à cette évolution peu encourageante, ils ont souligné l'importance d'assumer leur travail avec les jeunes, d'horizons multiples, à partir de leur position face aux questions à l'étude. L'enseignement de la religion, en tant qu'institution, a perdu beaucoup de sa crédibilité et de sa signification. Les jeunes passent outre. Mais les professeurs en tant que personnes avec une «identité confessionnelle» suscitent l'intérêt. La relation personnalisée constitue un lieu d'où émergent des moments privilégiés d'apprentissage. Quand les instances politiques et juridiques s'efforcent d'établir une base de tolérance et de co-existence constructive, les professeurs, capables d'assumer leur rôle dans ces circonstances nouvelles, sont d'autant plus importants.

Les partenaires

Le discours d'analyse des conférenciers a permis d'entrevoir un autre changement fondamental. Jusqu'à présent les pédagogues de l'enseignement de la religion ont souvent fait appel à un modèle fort réducteur de la situation scolaire: l'interaction didactique entre le professeur et ses élèves à propos d'un contenu bien délimité. En écoutant les orientations suggérées à la fin des exposés, il apparaît clairement que les personnes impliquées dans l'enseignement sont perçues de façon distincte. Désormais ils seront considérés comme des partenaires dans un processus de négociation continue. Les professeurs, les inspecteurs, les consultants, la direction, les collègues d'autres disciplines se retrouvent dans un processus de clarification avec les parents et les élèves ainsi qu'avec les représentants des médias, les représentants de la société de consommation, les autorités politiques... concernant le fonctionnement concret de l'école, le but et les enjeux de sa position sociale. Il est indispensable de tenir compte des observations et propositions des enseignants. De nombreux agents influencent la vie d'une école. En réalité, affectés par tout ce contexte, les élèves se présentent comme décideurs de ce qui a de l'importance dans le cours de religion, plus que les «commanditaires» des programmes de religion. Ainsi donc, la problématique de l'école et de l'enseignement de la religion dans l'école dépasse largement le cadre scolaire. Les objectifs fondamentaux de l'enseignement de la religion intéressent la société dans son ensemble, et non seulement les autorités et les membres d'une Église. Les négociations autour de la révision d'un concordat entre l'Église et l'État ou de la législation scolaire, illustrent à quel point l'autorité vis-à-vis de l'enseignement de la religion se déplace.

L'enseignement de la religion et la conception de la vie

Comment l'enseignement de la religion se justifie-t-il dans le cadre des écoles catholiques ou non catholiques? L'apport de C. Van de Wiel explique dans quel sens le Code de droit canonique de 1983 aborde cette question. Le Droit canonique a pour but de sauvegarder la continuité légitime de l'Église. Dans ce sens, «l'enseignement de la doctrine évangélique telle que l'Église catholique la transmet constitue l'élément fondamental de l'action éducative». Ce cadre juridique comme tel n'est pas mis en question, mais l'évolution de la situation concrète met les enseignants dans une situation délicate et conflictuelle. Souvent les accords implicites entre institution scolaire, parents et élèves concernant la justification de l'enseignement de la religion, ne se conçoivent pas en ces termes. La réalité concrète ne permet pas de s'inspirer simplement d'un raisonnement juridique et linéaire. Il est bien nécessaire de chercher une base plausible pour assurer le dialogue et la collaboration dans la salle de classe.

Le contenu explicitement religieux comme tel ne garantit pas un discours crédible. Il est essentiel que élèves et professeurs se retrouvent autour d'un centre d'intérêt qui les mobilise tous. F. Pajer, R. Englert, P. Lamotte, J. Gallagher, C. Hermans et J. Bulckens organisent leurs perspectives pour l'avenir à partir des conditions indispensables pour que les partenaires se retrouvent en fonction d'une quête de vérité. Les intérêts et questions initiant un tel travail émergent, souvent de façon inattendue, au cœur même d'une communication ouverte et réciproque. Que professeurs et élèves «entendent» ce que tenir un discours de foi représente est un critère plus important que la préoccupation que «ça parle religion». En prenant part à ce travail de façon loyale et lucide, les partenaires sont impliqués dans un processus éducatif. En principe tout un chacun peut contribuer de façon active à l'acte d'enseigner. En agissant ainsi, ils mettent en place les bases pour pouvoir se poser la question du sens et s'engager ensemble dans une quête de vérité. Ce climat de recherche, ouvert à tous, permet que les questions concernant une foi religieuse et la tradition chrétienne se posent de façon crédible. Les confrontations dures, vécues dans certains pays, ont contribué à chercher une base plus solide pour sauvegarder l'espace où la communication et le travail de clarification d'une conception de vie soient accessibles aux jeunes.

La diaconie

L'option de comprendre l'apport de l'enseignement de la religion à l'école comme une «diaconie pédagogique» (F. Pajer), ou comme une forme de »kirchliche Diakonie« (R. Englert), un «service à rendre au monde et à la société» (P. Lamotte), «la tâche diaconale de l'école catholique et de l'enseignement de la religion» (J. Bulckens), apparaît chez ces auteurs comme une vision plus respectueuse de la population si diversifiée de l'école (catholique). Cette option vaut donc tant pour un pays comme la France, où la fonction de «professeur de religion» n'existe pas, que dans les pays comme la Belgique ou l'Allemagne où, de longue date, l'enseignement de la religion a sa place constitutionnelle. Sans aucun doute, en se situant par priorité, mais pas de façon exclusive dans la perspective diaconale, l'enseignement de la religion peut s'intégrer plus facilement dans la réalité diversifiée et ouverte de la vie scolaire et faire face au «chantier de défis» qui s'y présente. La présence de l'Église au sein de l'école catholique est donc réelle, sans que tous les aspects de sa mission s'y manifestent de la même façon. L'école est un lieu où l'Église peut introduire par priorité une nouvelle approche du rapport entre la foi et le monde.

Le pluralisme religieux

Ce colloque n'a pu éviter la confrontation avec la sécularisation et avec la modernité. La tentation reste de vouloir déceler la cause et l'effet des phénomènes de régression par rapport à l'adhésion aux religions et aux systèmes éthiques et philosophiques. De plus en plus la plupart des pays européens sont obligés de réexaminer la présence de non-européens et de non-chrétiens sur leur territoire. Les écoles modifient leurs critères d'inscription et une politique souple s'introduit quant à la présence de non-chrétiens dans les écoles catholiques. En modifiant les normes, les responsables se rendent compte des conséquences. Les partenaires ne restent pas sur la touche: il y a des intérêts à défendre.

J. Gallagher nous a expliqué le courage qu'il a fallu pour introduire un programme d'enseignement de la religion pour les écoles catholiques en Angleterre et au Pays de Galles, intégrant l'ouverture aux religions non-chrétiennes. Pour lui, l'intérêt porté aux autres croyances et traditions de tous les élèves qui se trouvent dans le même groupe de classe, constitue une condition élémentaire pour approfondir le sens même de la foi chrétienne. L'option de tenir compte du pluralisme religieux de la population scolaire n'est pas présentée ici comme une tolérance provisoire, ni comme un calcul opportuniste, mais comme essentielle pour mettre en place un enseignement de la religion crédible. De même, dans la logique de la diaconie de l'Église, R. Englert propose de passer d'un enseignement de la religion confessionnel à un enseignement de la religion œcuménique, ouvert et engagé. J. Bulckens s'étend longuement dans les même termes. Bien que d'orientation chrétienne, le cours de religion dans l'école catholique se doit d'intégrer positivement élèves et professeurs appartenant à d'autres traditions. L'intérêt porté à la foi des autres constitue une base pour mieux sonder les fondements de sa propre appartenance religieuse.

Conclusion

Les différents colloques organisés récemment sur la situation de l'enseignement de la religion en Europe et les nombreuses publications à propos de ce thème ont contribué à ce qu'une prise de conscience se répande progressivement. Désormais nous ne pouvons plus nous isoler dans les situations particulières de nos pays respectifs. Le problème de l'enseignement de la religion se pose au niveau du continent européen et il s'étend bien au-delà.

L'enseignement de la religion dans les écoles catholiques secondaires: quels sont alors les enjeux pour la nouvelle Europe? Les perspectives se précisent. Il ne s'agit plus pour l'enseignement de la religion de se rendre conforme à un programme 'européen', normatif pour l'entièreté du continent.

Nos conférenciers nous confirment que la société européenne et l'institution scolaire ont besoin d'un enseignement de la religion. Mais pas n'importe lequel. Les exigences varient d'un pays à l'autre. La tâche implique que les partenaires se rendent capables d'écoute et discernent ce qui s'annonce dans la pratique et la réflexion dans les différents pays. De par les circonstances historiques et les conditions socio-culturelles, juridiques, politiques et économiques, nous sommes tous confrontés aux mêmes défis.

Il est urgent d'amorcer ou d'intensifier le dialogue pour que d'une part l'on s'informe, l'on organise des échanges de visées, de matériaux, de moyens et d'expertises, pour qu'une entraide réelle se mette en place. Mais aussi que, d'autre part, on s'entraide pour reconstituer et suivre de près le dossier de l'enseignement de la religion au niveau du continent, étant donné les mutations qui s'y effectuent. Si l'Église se félicite d'une foi aux aspirations universelles, à base d'une révélation historique, la valeur propre et la crédibilité de ces croyances se manifesteront dans la qualité de sa participation, en toute loyauté et lucidité, à la construction d'une nouvelle Europe, en particulier en participation à l'élaboration de la gestion de l'école et d'une culture organisationnelle. Dès lors, l'enseignement de la religion scolaire se doit de contribuer à une compétence du service, de la solidarité, de clarification et de réflexion critiques, au nom d'une appartenance personnelle, pour que la force dynamique d'une religion vécue apparaisse aux yeux de tous. Dans la société contemporaine, l'enseignement de la religion se doit de contribuer au développement d'une compétence de ne pas se tromper de discours dans le débat sur les priorités économiques et politiques, sociales et culturelles, sur le sens de la vie, les valeurs, l'éthique et la foi chrétienne. Il en vaut la peine d'investir sérieusement dans le développement d'une présence et d'une collaboration appropriées de l'Église dans l'école catholique. Il est donc essentiel aussi de repenser la formation des professeurs de religion dans cette optique.

Jozef BULCKENS
Herman LOMBAERTS

LISTE DES AUTEURS

Jozef BULCKENS (°1930)
Professeur de pédagogie de l'enseignement de la religion et de catéchétique fondamentale à la Faculté de Théologie de Leuven. Il a dirigé différentes collections de manuels tant pour l'enseignement de la religion que pour la catéchèse paroissiale. Il dirige les collections «Nikè» et «Didachè» (Acco, Leuven), groupant des textes de sessions d'été de formation permanente et des études de base au service des professeurs de religion. Il est l'auteur d'un ouvrage sur l'enseignement de la religion: *Godsdienstonderricht op de secundaire school. Een handzame godsdienstdidactiek* (1987). J. Bulckens est prêtre du diocèse d'Antwerpen.
Adresse: Platte-Lostraat 71/11, B-3010 Leuven, België.

Rudolf ENGLERT (°1953)
Depuis 1992 professeur de pédagogie de la religion à l'Université de Essen (Allemagne). Antérieurement il a assumé des charges scientifiques à l'Institut de pédagogie religieuse et catéchétique de l'Université de Bochum et de la Rheinische Friedrich-Wilhelms-Universität de Bonn.
Dans son enseignement à Münster et Köln et dans ses publications récentes, il a contribué de façon importante à l'étude théorique de l'enseignement de la religion à l'école. Ses publications: *Handbuch religionspädagogischer Grundbegriffe* (1986); *Glaubensgeschichte und Bildungsprozeß. Versuch einer religionspädagogischen Kairologie* (1985); et *Religiöse Erwachsenenbildung. Situation – Probleme – Handlungsorientierung* (1992). R. Englert est marié et père de trois enfants.
Adresse: Rathenaustraße 63, 45527 Hettingen, Deutschland.

Jim GALLAGHER (°1938)
Co-ordinateur du *National Project of Catechesis and Religious Education* du Département de l'éducation catholique de la Conférence Épiscopale d'Angleterre et du pays de Galles. Cette fonction lui donne la responsabilité de stimuler le renouveau de l'enseignement de la religion dans les écoles catholiques et de l'ouvrir à la réalité plurireligieuse. À ce titre, il a publié les projets *Weaving the Web* (pour l'enseignement secondaire) et *Here I Am* (pour l'enseignement primaire). Il anime de nombreuses sessions de formation permanente pour les enseignants à travers le Royaume uni. Antérieurement il fut professeur de religion dans l'enseignement secondaire et à l'*Institute of Higher Education* de Liverpool. Il est également auteur de *Guidelines*, *Our Schools and our Faith* et *Religious Education: The Primary Years*. J. Gallagher est père Salésien.
Adresse: 42 Cromwell Road, London SW7 2DJ, England.

Chris A.M. HERMANS (°1955)
Il assume un mandat auprès du Bureau Général de l'Enseignement Catholique à Den Haag. Il y étudie l'identité et les enjeux de l'apport propre des institutions scolaires catholiques dans la société contemporaine. Dans cette fonction il a publié *Vorming in perspectief. Grondslagenstudie over identiteit van katholiek onderwijs* (Étude des fondements de l'identité de l'enseignement catholique) (1993). Auparavant il a été chercheur auprès du Prof. J.A. van der Ven à l'Université catholique de Nijmegen. Ses recherches ont contribué au développement d'une «théologie empirique»: *Morele vorming. Empirisch theologisch onderzoek naar effecten van een katechesecurriculum in de morele vorming omtrent de milieukrisis* (1986) et *Wie werdet Ihr die Gleichnisse verstehen? Empirisch-theologische Forschung zum Gleichnisdidaktik* (1990). C. Hermans est marié et père de trois enfants.
Adresse: Stadhouderslaan 7, Postbus 82068, NL-2508 EB Den Haag, Nederland.

Paul LAMOTTE (°1936)
Responsable de la formation permanente, chargé de ministères non-ordonnés et accompagnateur de la Direction diocésaine de l'enseignement catholique et de l'Aumônerie de l'enseignement public. Jusqu'à peu il a été aussi conseiller ecclésiastique des Religieuses en Mission Éducative. Antérieurement il fut professeur dans l'enseignement catholique et chef d'un établissement scolaire. En tant que chargé des questions de pastorale au Secrétariat Général de l'Enseignement Catholique de France, il a développé une vision d'ensemble de la pastorale scolaire: *Guide pastoral de l'enseignement catholique* (1989). Mr. Lamotte est Vicaire Épiscopal du diocèse de Cambrai.
Adresse: 3, rue Louis Belmas, F-59400 Cambrai, France.

Herman LOMBAERTS (°1935)
Professeur de catéchétique et de théologie pratique à la Faculté de Théologie de Leuven. Il fut professeur de pédagogie de l'enseignement de la religion à l'Institut International *Lumen Vitae* (Bruxelles) et dans l'enseignement supérieur pour la formation d'enseignants. Il est co-rédacteur du livre *Jeugd tussen religieuze aanspreekbaarheid en levensbeschouwelijke onverschilligheid.* Co-fondateur d'un Centre de formation permanente d'adultes et de consultance organisationnelle, il intervient souvent auprès d'institutions d'orientation pastorale et éducative. H. Lombaerts est Frère des Écoles Chrétiennes.
Adresse: Monrosestraat 66, B-1030 Brussel, België.

Flavio PAJER (°1939)
Professeur de pédagogie de la religion à la Pontificia Università Salesiana di Roma et à l'Institut *Regina Mundi*. Professeur-animateur de la formation permanente de professeurs de religion de l'enseignement public. Il a été professeur à l'Institut Supérieur de Pastorale Catéchétique de Paris et à l'Institut de Pastorale de Padoue. Pendant de nombreuses années il a dirigé la revue

Religione e scuola. Il vient d'assumer la direction d'une nouvelle revue qui s'adresse aux professeurs de religion dans les établissements de l'État *Resnova* (1993). Auteur de *L'insegnamento scolastico della religione nella nuova Europa*, Leumann (Torino) (1991) et de *Religione. Introduzione al cristianesimo*, Torino (1993). F. Pajer est Frère des Écoles Chrétiennes.
Adresse: 476 Via Aurelia, I-00165 Roma, Italia.

Maurice SIMON (°1928)
Professeur d'ecclésiologie de catéchétique fondamentale et de pédagogie de l'enseignement de la religion à la Faculté de Théologie de Louvain-La-Neuve. Depuis des années, il a suivi de près les nombreux conflits et discussions concernant le statut de l'enseignement catholique et de l'enseignement de la religion dans le contexte scolaire. Tout récemment, il a publié un ouvrage historique sur la question du catéchisme, en reprenant les données dès le Concile de Trente jusqu'à la publication du Catéchisme de l'Église catholique: *Un catéchisme universel pour l'Église catholique. Du concile de Trente à nos jours* (1992). M. Simon est prêtre du diocèse de Tournai.
Adresse: Rampe de Floribois 2/boîte 1, B-1348 Ottignies/Louvain-la-Neuve, Belgique.

Constant VAN DE WIEL (°1924)
Professeur émérite à la Faculté de Droit Canon, Leuven. Il a publié en 1990 *De verkondigingstaak van de Kerk. Kerkelijk Wetboek 1983: Canons 747-833*. Il est prêtre de l'archidiocèse Malines-Bruxelles.
Adresse: Van Arenberghstraat 7, B-3000 Leuven, België

Paul VAN DEN BERGHE (°1933)
Mgr Van den Berghe est évêque du diocèse d'Antwerpen. Il a été professeur d'exégèse au Grand Séminaire de Gent. Pendant de nombreuses années il à collaboré à l'élaboration des programmes de l'enseignement de la religion à l'école secondaire et à l'évaluation critique de manuels d'enseignement de la religion.
Adresse: Schoenmarkt 2, B-2000 Antwerpen, België.

INDEX ONOMASTIQUE

BIBLIOTHECA EPHEMERIDUM THEOLOGICARUM LOVANIENSIUM

LEUVEN UNIVERSITY PRESS / UITGEVERIJ PEETERS LEUVEN

SERIES I

* = Out of print

*1. *Miscellanea dogmatica in honorem Eximii Domini J. Bittremieux*, 1947.
*2-3. *Miscellanea moralia in honorem Eximii Domini A. Janssen*, 1948.
*4. G. PHILIPS, *La grâce des justes de l'Ancien Testament*, 1948.
*5. G. PHILIPS, *De ratione instituendi tractatum de gratia nostrae sanctificationis*, 1953.
6-7. *Recueil Lucien Cerfaux. Études d'exégèse et d'histoire religieuse*, 1954. 504 et 577 p. FB 1000 par tome. Cf. *infra*, n°s 18 et 71 (t. III).
8. G. THILS, *Histoire doctrinale du mouvement œcuménique*, 1955. Nouvelle édition, 1963. 338 p. FB 135.
*9. *Études sur l'Immaculée Conception*, 1955.
*10. J.A. O'DONOHOE, *Tridentine Seminary Legislation*, 1957.
*11. G. THILS, *Orientations de la théologie*, 1958.
*12-13. J. COPPENS, A. DESCAMPS, É. MASSAUX (ed.), *Sacra Pagina. Miscellanea Biblica Congressus Internationalis Catholici de Re Biblica*, 1959.
*14. *Adrien VI, le premier Pape de la contre-réforme*, 1959.
*15. F. CLAEYS BOUUAERT, *Les déclarations et serments imposés par la loi civile aux membres du clergé belge sous le Directoire (1795-1801)*, 1960.
*16. G. THILS, *La «Théologie œcuménique». Notion-Formes-Démarches*, 1960.
17. G. THILS, *Primauté pontificale et prérogatives épiscopales. «Potestas ordinaria» au Concile du Vatican*, 1961. 103 p. FB 50.
*18. *Recueil Lucien Cerfaux*, t. III, 1962. Cf. *infra*, n° 71.
*19. *Foi et réflexion philosophique. Mélanges F. Grégoire*, 1961.
*20. *Mélanges G. Ryckmans*, 1963.
21. G. THILS, *L'infaillibilité du peuple chrétien «in credendo»*, 1963. 67 p. FB 50.
*22. J. FÉRIN & L. JANSSENS, *Progestogènes et morale conjugale*, 1963.
*23. *Collectanea Moralia in honorem Eximii Domini A. Janssen*, 1964.
24. H. CAZELLES (ed.), *De Mari à Qumrân. L'Ancien Testament. Son milieu. Ses Écrits. Ses relectures juives* (Hommage J. Coppens, I), 1969. 158*-370 p. FB 900.
*25. I. DE LA POTTERIE (ed.), *De Jésus aux évangiles. Tradition et rédaction dans les évangiles synoptiques* (Hommage J. Coppens, II), 1967.
26. G. THILS & R.E. BROWN (ed.), *Exégèse et théologie* (Hommage J. Coppens, III), 1968. 328 p. FB 700.
27. J. COPPENS (ed.), *Ecclesia a Spiritu sancto edocta. Hommage à Mgr G. Philips*, 1970. 640 p. FB 1000.
28. J. COPPENS (ed.), *Sacerdoce et célibat. Études historiques et théologiques*, 1971. 740 p. FB 700.

29. M. Didier (ed.), *L'évangile selon Matthieu. Rédaction et théologie*, 1972. 432 p. FB 1000.
*30. J. Kempeneers, *Le Cardinal van Roey en son temps*, 1971.

Series II

31. F. Neirynck, *Duality in Mark. Contributions to the Study of the Markan Redaction*, 1972. Revised edition with Supplementary Notes, 1988. 252 p. FB 1200.
32. F. Neirynck (ed.), *L'évangile de Luc. Problèmes littéraires et théologiques*, 1973. *L'évangile de Luc – The Gospel of Luke*. Revised and enlarged edition, 1989. x-590 p. FB 2200.
33. C. Brekelmans (ed.), *Questions disputées d'Ancien Testament. Méthode et théologie*, 1974. *Continuing Questions in Old Testament Method and Theology*. Revised and enlarged edition by M. Vervenne, 1989. 245 p. FB 1200.
34. M. Sabbe (ed.), *L'évangile selon Marc. Tradition et rédaction*, 1974. Nouvelle édition augmentée, 1988. 601 p. FB 2400.
35. B. Willaert (ed.), *Philosophie de la religion – Godsdienstfilosofie. Miscellanea Albert Dondeyne*, 1974. Nouvelle édition, 1987. 458 p. FB 1600.
36. G. Philips, *L'union personnelle avec le Dieu vivant. Essai sur l'origine et le sens de la grâce créée*, 1974. Édition révisée, 1989. 299 p. FB 1000.
37. F. Neirynck, in collaboration with T. Hansen and F. Van Segbroeck, *The Minor Agreements of Matthew and Luke against Mark with a Cumulative List*, 1974. 330 p. FB 900.
38. J. Coppens, *Le messianisme et sa relève prophétique. Les anticipations vétérotestamentaires. Leur accomplissement en Jésus*, 1974. Édition révisée, 1989. xiii-265 p. FB 1000.
39. D. Senior, *The Passion Narrative according to Matthew. A Redactional Study*, 1975. New impression, 1982. 440 p. FB 1000.
40. J. Dupont (ed.), *Jésus aux origines de la christologie*, 1975. Nouvelle édition augmentée, 1989. 458 p. FB 1500.
41. J. Coppens (ed.), *La notion biblique de Dieu*, 1976. Réimpression, 1985. 519 p. FB 1600.
42. J. Lindemans & H. Demeester (ed.), *Liber Amicorum Monseigneur W. Onclin*, 1976. xxii-396 p. FB 1000.
43. R.E. Hoeckman (ed.), *Pluralisme et œcuménisme en recherches théologiques. Mélanges offerts au R.P. Dockx, O.P.*, 1976. 316 p. FB 1000.
44. M. de Jonge (ed.), *L'Évangile de Jean. Sources, rédaction, théologie*, 1977. Réimpression, 1987. 416 p. FB 1500.
45. E.J.M. van Eijl (ed.), *Facultas S. Theologiae Lovaniensis 1432-1797. Bijdragen tot haar geschiedenis. Contributions to its History. Contributions à son histoire*, 1977. 570 p. FB 1700.
46. M. Delcor (ed.), *Qumrân. Sa piété, sa théologie et son milieu*, 1978. 432 p. FB 1700.
47. M. Caudron (ed.), *Faith and Society. Foi et Société. Geloof en maatschappij. Acta Congressus Internationalis Theologici Lovaniensis 1976*, 1978. 304 p. FB 1150.

48. J. KREMER (ed.), *Les Actes des Apôtres. Traditions, rédaction, théologie,* 1979. 590 p. FB 1700.
49. F. NEIRYNCK, avec la collaboration de J. DELOBEL, T. SNOY, G. VAN BELLE, F. VAN SEGBROECK, *Jean et les Synoptiques. Examen critique de l'exégèse de M.-É. Boismard,* 1979. XII-428 p. FB 1400.
50. J. COPPENS , *La relève apocalyptique du messianisme royal.* I. *La royauté – Le règne – Le royaume de Dieu. Cadre de la relève apocalyptique,* 1979. 325 p. FB 1000.
51. M. GILBERT (ed.), *La Sagesse de l'Ancien Testament,* 1979. Nouvelle édition mise à jour, 1990. 455 p. FB 1500.
52. B. DEHANDSCHUTTER, *Martyrium Polycarpi. Een literair-kritische studie,* 1979. 296 p. FB 1000.
53. J. LAMBRECHT (ed.), *L'Apocalypse johannique et l'Apocalyptique dans le Nouveau Testament,* 1980. 458 p. FB 1400.
54. P.-M. BOGAERT (ed.), *Le Livre de Jérémie. Le prophète et son milieu. Les oracles et leur transmission,* 1981. 408 p. FB 1500.
55. J. COPPENS, *La relève apocalyptique du messianisme royal.* III. *Le Fils de l'homme néotestamentaire,* 1981. XIV-192 p. FB 800.
56. J. VAN BAVEL & M. SCHRAMA (ed.), *Jansénius et le Jansénisme dans les Pays-Bas. Mélanges Lucien Ceyssens,* 1982. 247 p. FB 1000.
57. J.H. WALGRAVE, *Selected Writings – Thematische geschriften. Thomas Aquinas, J.H. Newman, Theologia Fundamentalis.* Edited by G. DE SCHRIJVER & J.J. KELLY, 1982. XLIII-425 p. FB 1400.
58. F. NEIRYNCK & F. VAN SEGBROECK, avec la collaboration de E. MANNING, *Ephemerides Theologicae Lovanienses 1924-1981. Tables générales. (Bibliotheca Ephemeridum Theologicarum Lovaniensium 1947-1981),* 1982. 400 p. FB 1600.
59. J. DELOBEL (ed.), *Logia. Les paroles de Jésus – The Sayings of Jesus. Mémorial Joseph Coppens,* 1982. 647 p. FB 2000.
60. F. NEIRYNCK, *Evangelica. Gospel Studies – Études d'évangile. Collected Essays.* Edited by F. VAN SEGBROECK, 1982. XIX-1036 p. FB 2000.
61. J. COPPENS, *La relève apocalyptique du messianisme royal.* II. *Le Fils d'homme vétéro- et intertestamentaire.* Édition posthume par J. LUST, 1983. XVII-272 p. FB 1000.
62. J.J. KELLY, *Baron Friedrich von Hügel's Philosophy of Religion,* 1983. 232 p. FB 1500.
63. G. DE SCHRIJVER, *Le merveilleux accord de l'homme et de Dieu. Étude de l'analogie de l'être chez Hans Urs von Balthasar,* 1983. 344 p. FB 1500.
64. J. GROOTAERS & J.A. SELLING, *The 1980 Synod of Bishops: «On the Role of the Family». An Exposition of the Event and an Analysis of its Texts.* Preface by Prof. emeritus L. JANSSENS, 1983. 375 p. FB 1500.
65. F. NEIRYNCK & F. VAN SEGBROECK, *New Testament Vocabulary. A Companion Volume to the Concordance,* 1984. XVI-494 p. FB 2000.
66. R.F. COLLINS, *Studies on the First Letter to the Thessalonians,* 1984. XI-415 p. FB 1500.
67. A. PLUMMER, *Conversations with Dr. Döllinger 1870-1890.* Edited with Introduction and Notes by R. BOUDENS, with the collaboration of L. KENIS, 1985. LIV-360 p. FB 1800.

68. N. LOHFINK (ed.), *Das Deuteronomium. Entstehung, Gestalt und Botschaft / Deuteronomy: Origin, Form and Message,* 1985. XI-382 p. FB 2000.
69. P.F. FRANSEN, *Hermeneutics of the Councils and Other Studies.* Collected by H.E. MERTENS & F. DE GRAEVE, 1985. 543 p. FB 1800.
70. J. DUPONT, *Études sur les Évangiles synoptiques.* Présentées par F. NEIRYNCK, 1985. 2 tomes, XXI-IX-1210 p. FB 2800.
71. *Recueil Lucien Cerfaux,* t. III, 1962. Nouvelle édition revue et complétée, 1985. LXXX-458 p. FB 1600.
72. J. GROOTAERS, *Primauté et collégialité. Le dossier de Gérard Philips sur la Nota Explicativa Praevia (Lumen gentium, Chap. III).* Présenté avec introduction historique, annotations et annexes. Préface de G. THILS, 1986. 222 p. FB 1000.
73. A. VANHOYE (ed.), *L'apôtre Paul. Personnalité, style et conception du ministère,* 1986. XIII-470 p. FB 2600.
74. J. LUST (ed.), *Ezekiel and His Book. Textual and Literary Criticism and their Interrelation,* 1986. X-387 p. FB 2700.
75. É. MASSAUX, *Influence de l'Évangile de saint Matthieu sur la littérature chrétienne avant saint Irénée.* Réimpression anastatique présentée par F. NEIRYNCK. *Supplément*: *Bibliographie 1950-1985*, par B. DEHANDSCHUTTER, 1986. XXVII-850 p. FB 2500.
76. L. CEYSSENS & J.A.G. TANS, *Autour de l'Unigenitus. Recherches sur la genèse de la Constitution,* 1987. XXVI-845 p. FB 2500.
77. A. DESCAMPS, *Jésus et l'Église. Études d'exégèse et de théologie.* Préface de Mgr A. HOUSSIAU, 1987. XLV-641 p. FB 2500.
78. J. DUPLACY, *Études de critique textuelle du Nouveau Testament.* Présentées par J. DELOBEL, 1987. xxvii-431 p. FB 1800.
79. E.J.M. VAN EIJL (ed.), *L'image de C. Jansénius jusqu'à la fin du XVIIIe siècle,* 1987. 258 p. FB 1250.
80. E. BRITO, *La Création selon Schelling. Universum,* 1987. XXXV-646 p. FB 2980.
81. J. VERMEYLEN (ed.), *The Book of Isaiah – Le Livre d'Isaïe. Les oracles et leurs relectures. Unité et complexité de l'ouvrage,* 1989. X-472 p. FB 2700.
82. G. VAN BELLE, *Johannine Bibliography 1966-1985. A Cumulative Bibliography on the Fourth Gospel,* 1988. XVII-563 p. FB 2700.
83. J.A. SELLING (ed.), *Personalist Morals. Essays in Honor of Professor Louis Janssens,* 1988. VIII-344 p. FB 1200.
84. M.-É. BOISMARD, *Moïse ou Jésus. Essai de christologie johannique,* 1988. XVI-241 p. FB 1000.
85. J.A. DICK, *The Malines Conversations Revisited,* 1989. 278 p. FB 1500.
86. J.-M. SEVRIN (ed.), *The New Testament in Early Christianity – La réception des écrits néotestamentaires dans le christianisme primitif,* 1989. XVI-406 p. FB 2500.
87. R.F. COLLINS (ed.), *The Thessalonian Correspondence,* 1990. XV-546 p. FB 3000.
88. F. VAN SEGBROECK, *The Gospel of Luke. A Cumulative Bibliography 1973-1988,* 1989. 241 p. FB 1200.
89. G. THILS, *Primauté et infaillibilité du Pontife Romain à Vatican I et autres études d'ecclésiologie,* 1989. XI-422 p. FB 1850.

90. A. VERGOTE, *Explorations de l'espace théologique. Études de théologie et de philosophie de la religion,* 1990. XVI-709 p. FB 2000.
91. J.C. DE MOOR, *The Rise of Yahwism: The Roots of Israelite Monotheism,* 1990. XII-315 p. FB 1250.
92. B. BRUNING, M. LAMBERIGTS & J. VAN HOUTEM (eds.), *Collectanea Augustiniana. Mélanges T.J. van Bavel,* 1990. 2 tomes, XXXVIII-VIII-1074 p. FB 3000.
93. A. DE HALLEUX, *Patrologie et œcuménisme. Recueil d'études,* 1990. XVI-887 p. FB 3000.
94. C. BREKELMANS & J. LUST (eds.), *Pentateuchal and Deuteronomistic Studies: Papers Read at the XIIIth IOSOT Congress Leuven 1989,* 1990. 307 p. FB 1500.
95. D.L. DUNGAN (ed.), *The Interrelations of the Gospels. A Symposium Led by M.-É. Boismard – W.R. Farmer – F. Neirynck, Jerusalem 1984,* 1990. XXXI-672 p. FB 3000.
96. G.D. KILPATRICK, *The Principles and Practice of New Testament Textual Criticism. Collected Essays.* Edited by J.K. ELLIOTT, 1990. XXXVIII-489 p. FB 3000.
97. G. ALBERIGO (ed.), *Christian Unity. The Council of Ferrara-Florence: 1438/39 – 1989,* 1991. X-681 p. FB 3000.
98. M. SABBE, *Studia Neotestamentica. Collected Essays,* 1991. XVI-573 p. FB 2000.
99. F. NEIRYNCK, *Evangelica II: 1982-1991. Collected Essays.* Edited by F. VAN SEGBROECK, 1991. XIX-874 p. FB 2800.
100. F. VAN SEGBROECK, C.M. TUCKETT, G. VAN BELLE & J. VERHEYDEN (eds.), *The Four Gospels 1992. Festschrift Frans Neirynck,* 1992. 3 volumes, XVII-X-X-2668 p. FB 5000.

SERIES III

101. A. DENAUX (ed.), *John and the Synoptics,* 1992. XXII-696 p. FB 3000.
102. F. NEIRYNCK, J. VERHEYDEN, F. VAN SEGBROECK, G. VAN OYEN & R. CORSTJENS, *The Gospel of Mark. A Cumulative Bibliography: 1950-1990*, 1992. XII-717 p. FB 2700.
103. M. SIMON, *Un catéchisme universel pour l'Église catholique. Du Concile de Trente à nos jours,* 1992. XIV-461 p. FB 2200.
104. L. CEYSSENS, *Le sort de la bulle Unigenitus. Recueil d'études offert à Lucien Ceyssens à l'occasion de son 90e anniversaire.* Présenté par M. LAMBERIGTS, 1992. XXVI-641 p. FB 2000.
105. R.J. DALY (ed.), *Origeniana Quinta. Papers of the 5th International Origen Congress, Boston College, 14-18 August 1989,* 1992. XVII-635 p. FB 2700.
106. A.S. VAN DER WOUDE (ed.), *The Book of Daniel in the Light of New Findings*, 1993. XVIII-574 p. FB 3000.
107. J. FAMERÉE, *L'ecclésiologie d'Yves Congar avant Vatican II: Histoire et Église. Analyse et reprise critique*, 1992. 497 p. FB 2600.
108. C. BEGG, *Josephus' Account of the Early Divided Monarchy (AJ 8, 212-420). Rewriting the Bible*, 1993. IX-377 p. FB 2400.

109. J. Bulckens & H. Lombaerts (eds.), *L'enseignement de la religion catholique à l'école secondaire. Enjeux pour la nouvelle Europe*, 1993. xii-264 p. FB 1250.
110. C. Focant (ed.), *The Synoptic Gospels. Source Criticism and the New Literary Criticism*, 1993. xxxix-670 p. FB 3000.

ORIENTALISTE, P.B. 41, B-3000 Leuven